산 넘어 강 건너
푸른 언덕을 찾아

성 팔 경 에세이

도서출판 천우

산 넘어 강 건너 푸른 언덕을 찾아

도서출판 천우

저자 연보

· 1957년 경북 선산에서 출생
· 1970년 선산국민학교 졸업
· 1973년 선산중학교 졸업
· 1976년 김천고등학교 졸업
· 1983년 대구대학교 영어교육과 졸업
· 1982년 상주공업고등학교 교사로 부임하여 2008년 2월 29일 명예퇴직

■ 수상 내역/ 주요 활동 사항

1989년, 1996년 두 차례에 걸쳐 제일은행 본부장으로부터 학생 저축 지도 모범 감사장 수상

1997년 경상북도 자연학습원 제16기 자연보호 교육 과정 우수 교원 표창장 수상

1998년 6월 20일 자연사랑연합회 상주시지회 초대회장 역임

1998년 경상북도 도지사님으로부터 지역사회를 위해 헌신적인 노력을 했을 뿐만 아니라 자연사랑운동을 몸소 실천한 공이 크다고 인정을 받아 표창장을 수상하였음

1999년 5월 말부터 2008년 현재까지 자연사랑연합회 상주시지회 고문으로 활동하고 있음

2000년 10월 5일 자연보호중앙협의회에서 개최한 자연보호활동 수기 공모전에서 자연보호중앙협의회 회장상을 수상

2001년 10월 5일 자연보호중앙협의회에서 개최한 자연보호활동 수기 공모전에서 환경부 장관상 수상

2001년 상주시 자연환경보전 명예지도원으로 임명받아 활동하고 있음

2001년 가을 호, 2002년 봄호(자연보호지) 「우리는 자연을 왜 보호해야 되는가?」

2002년 10월 5일 자연보호중앙협의회에서 개최한 자연보호활동 수기 공모전에서 자연보호협의회 회장상 수상

2002년 11월 19일 새 상주신문에 「상주 교육 무엇이 문제인가? 」라는 제목의 글을 실었음

2002년 겨울호 「자연사랑을 실천하기 위한 당면과제」라는 내용의 글을 기고(자연보호중앙협의회에서 발간한 자연보호지에 그 내용 수록)

2002년 상주시 명예산림보호지도원으로 발탁되어 솔선수범하여 열심히 활동하고 있음

2003년 상주시 남원동 자연보호 회원에 가입하여 자연사랑을 위한 일에 참여하여 열심히 활동하고 있음

2003년 10월 10일 주간 상주신문에 「삶의 큰 그릇」이라는 글을 실어 인생을 바로 사는 지름길과 인생을 바로 사는 방법을 제시하였음

2004년 4월 16일 상주신문에 「농촌 하천, 밭두렁 폐비닐과 쓰레기 뒤죽박죽 환경이 어지럽다」라는 글을 내놓아 깨끗하고 아름다운 농촌이 되기를 기원했음

2004년 5월 18일 뉴스 상주신문에 「준법정신으로 편안해지는 생활」이라는 글을 적어 정직하고 편안한 사회 만들기에 한 몫을 했음

2005년 2월 18일 한국환경교육협회에서 주관한 자연보호활동 수기 공모전에 「자연사랑지킴이! 변함없이 자연을 지킬래요」라는 글을 출품해 한국환경교육협회장상 수상하였음

2005년 2월 24일 삼백신문에 「존재의 의미」라는 글을 기고하여 가치 있는 인생의 기준에 대하여 논하였음

2006년 8월 4일 지역사회 자연보호활동에 지대한 공이 큰 관계로 상주시 자연보호협회장으로부터 자연보호 공로패 수상

2006년 12월 20 상주 고향신문에 「자연의 속성」이라는 글을 집필하여 자연보호의 중요성을 재인식시켰음

2007년 7월 21일 상주 삼백신문에 「자연은 항상 꾸밈없는 자태로 있는 그대로의 모습을 비춘다」라는 글을 기고하여 자연의 소중함과 자연보호의 중요성에 대하여 논하였음

2007년 8월 4일 상주시 자연보호협의회로부터 자연보호에 이바지한 공이 컸다고 해서 자연보호협의회 회장님 공로패 수상

2007년 12월 28일 상주 삼백신문에 「아름다움이란 다른 사람을 배려할 줄 아는 마음에서 생긴다」라는 내용의 글을 적어 남을 아끼고 소중하게 생각할 줄 아는 마음이 우리 사회 발전에 지대한 영향을 가져오는 것을 강조하였음.

2008년 1월 17일 김천신문에 「내가 알고 있는 인생이란?」이라는 글을 기고히여 인생을 가치 있게 살 수 있는 방안에 대해 피력을 하였음

2008년 2월 20일 상주 삼백신문에 「빛과 그림자 사이에 드리워진 인간의 속성」이라는 글을 기고하여 빛과 그림자의 관계처럼 우리 인간도 아무런 속임 없이 이 사회의 올바른 일에 공헌해야 한다는 것을 강조하였음

2008년 3월 17일 e-환경일보에 「자연과의 친숙한 대화」라는 글을 기고하여 자연에 함축되어 있는 깊고 오묘한 뜻을 풀이하였음

| 저자의 말 |

2006년도 초부터 2년 가까운 기간 동안 열과 성을 다해 집필을 해서 나의 수필집을 출판하게 되었다. 2006년도 3월 4일에 도서출판 天雨에서 출판한 나의 인생관에 대해 엮은 한 권의 수필집인 『바라보는 곳에 희망이 있다』는 독자 여러분들이 애지중지 아껴주신 덕분으로 성공을 거듭하고 있다. 여러분들의 그 정성에 보답하기 위하여 새로운 작품을 편집하기 위하여 하루도 쉬지 않고 혼신의 힘을 다하여 열심히 원고를 집필하여 하나의 작품을 완성했다.

2006년도 3월 초에 출판한 나의 책을 읽어본 사람은 잘 알 것이라는 생각이 들지만 읽어 볼 기회가 없어 한 번도 접해 보지 않은 사람들을 위하여 대략적인 개요만 소개하겠다.

어릴 때부터 지금까지 살아왔던 단아한 나의 삶을 있는 그대로 자세히 묘사했고 말로 표현하기 어려운 부분들은 임기응변을 발휘하여 적절하게 대처하는 생동감 넘치는 발상으로 하나하나의 장면들을 일목요연하게 설명하였다.

이 책은 읽으면 읽을수록 흥미진진함을 느낄 수 있고 누구든 자신이 살아온 과거의 인생의 의미를 자세히 그려 현재 생활을 촉진할 수 있는 효과를 얻을 수 있다. 이 책 속에 26년이라는 긴 교직생활 동안 내가 살아온 그대로를 집필해 놓았으니 이 책을 읽어 보면 사립학교의 실태를 알 수 있고 앞만 보면서 열심히 살아온 나의 존재를 인식할 수 있을 것이다.

현재 교직생활을 하고 있는 선생님들이 얼마나 어려운 생활을 하고 있는지도 자세히 느낄 수 있을 것이라고 본다. 모든 역경을 이겨내고 진취적인 기상으로 최선을 다해 열심히 살아온 나의 삶을 집필해 놓았다. 이 책을 읽어 보면 볼수록 점점 더 심취되어 그 내용으로 빠지고 싶은 충동감이 생길 것으로 기대된다. 아무쪼록 독자 여러분들이 많이 읽어 올바른 삶을 영위하는데 꼭 필요한 밑거름이 되었으면 하는 마음이다.

뭔가를 새로 만들고 싶은 충동이 생기고 보다 높은 이상을 추구하기 위해 펜을 다시 들고 잠시 멈추었던 집필을 다시 하겠다. 첫 내용은 26년이라는 긴긴 세월 동안 학생들을 가르치면서 있었던 일들을 일목요연하게 적어보았다. 학교 당국의 시대착오로 생긴 엄청난 오류와 학교에서 행하지 않아야 할 내용들을 발췌해서 학교를 졸업한 누구든 과거의 일들이 어렴풋이 기억에 나도록 문장으로 엮어서 생생하게 표현하였다. 26년이라는 긴 세월을 수업 현장에서 직접 학생들을 가르쳐 본 경험담을 바탕으로 전반적인 내용을 그려보았다. 그 내용들을 잠깐 비추어 보면 기나긴 교직생활을 하면서 교실에서 일어났던 정겨웠던 일, 교무실에서 벌어진 웃지 못할 해프닝, 학교 관리자들이 나한테 한 수많은 행위 중 무엇이 진실이고 무엇이 허구인지를 속속들이 파헤쳐 놓았으니 현재의 학교 실태를 자세히 알 수 있을 것이다.

26년이라는 긴 세월 동안 학생들을 가르치면서 있었던 무수히 많은 사연들 중 기억을 되살려 생생하고 솔직담백하게 적어보았다. 독자 여러분들에게 송구스러운 점이 있다면 내가 당했던 좋지 못한 일들만 너무 많이 적은 점이다. 하지만 이것은 모두 사실이며 너무나 피해를 많이 본 일들을 여러분에게 이야기하고 싶었을 뿐이다.

차 례

▲ 2002년 1월 말 서울 홍릉수목원 산림생태계 환경연수

▲ 2006년 교내 클럽(건전놀이반)활동 모습. 청소년 수련관 앞

▲ 자산교~연원교 300m에서 자연사랑운동을 하는 모습

▲ 구미 교원연수원에서 원어민교육을 받을 때

▲ 2008년 2월15일 명예퇴직 식사 발표 모습

▲ 2008 2월15일 상주공업고등학교 교직원 일동과 함께

▲ 1998년 경상북도 자연사랑연합회 상주지회 회원 일동

▲ 2008년 2월 15일 상주공업고등학교 교직원 일동과 함께

▲ 2008년 2월15일 명예퇴임식 가족들과 함께

▲ 2007년 교직원 집무를 보면서(직원 회의)

▲ 2004년 대전 수자원공사 환경교육 교육생 일동

▲ 2000년 5월말 제주도 수학여행 중 2학년 3반 학생들과 함께

| PROLOGUE |

교육의 의미와
교육 혁신을 이루게 하는 방안

교육이란 올바른 삶을 영위하게 하는 방법을 터득하게 하는 가르침이나 정규 교육 과정을 모두 마치고 일선 사회에 나가 생활하여도 선생님들의 올바른 가르침을 잊어버리지 않고 일상생활을 영위하도록 편성한 표준 행동 영역 과정이다.

진정한 삶의 의미를 부가할 수 있는 교육은 선생님의 올바른 가르침을 반복하여 학습함으로써 얻어질 수 있다. 인간 교육의 최종적인 목표는 만물과 조화를 이룰 수 있는 참된 인간을 형성하는 데 있다. 여기서 반드시 인지해야 할 것은 인간 모두는 올바른 사회생활을 영위하는 방향을 설정해 나아가게 해주는 방편을 선생님들로부터 교육 받지 않으면 안 된다는 점이다. 한마디로 교육의 범주를 뛰어넘어 독자적인 판단으로 생각을 구축해서는 안 된다고 본다.

교육은 학교를 졸업하고 난 뒤에 사회에 나가서도 인간다운 행동을 지속할 수 있게 하는 근본이다. 교육이란 졸업하고 사회에 나간 뒤에도 자기만의 모든 행동을 거의 완벽하게 설계할 수 있도록 하는 방향이나 지침이다. 교육 현장에서 아무런 교육을 받지 않은 사람에게 바른 행동하기를 바라는 것은 잘못된 생각이다. 오늘날, 우리 교육은 옛 성현들께서 가르친 훌륭한 교육의 바탕이 있음에도 불구하고 주먹구구식으로 적당히 현실에 맞는 프로그램을 짜서 보완 · 정비하여 활용하고 있을 뿐이다. 이러한 이론들을 현재의 교육 이론에 맞게 수정 · 보완하는데도 무수히 많은 시간과 예산만 낭비하고 있는 실정이다. 하루빨리 우리 실정에 맞는 체계적인 교육 이론을 정비하여 시행착오를 거듭하는 일이 없도록 해야겠다.

여기서 알아야 할 사항은 현재의 교육 실정에 대해 아무런 연구도 하지 않고 탁상공론만 되풀이 하여 올바른 교육 이론을 다방면으로부터 의견을 수렴하여 설정하지 않는다면 절대로 우리 교육은 미래지향적인 방향으로 그 어떠한 점진적인 변화가 일어나지 않을 것이다. 또한, 선진화된 밝은 교육은 염원할 것이고 상상하기도 어렵게 될 것이다. 빠른 시일 안에 교육 혁신을 가져오기 위한 방편은 일선 학교에서 학생들의 교육을 담당하고 있는 선생님들의 선진 교육을 향하여 변신을 하려고 하는 자세가 확립이 되어야 할 뿐 아니라 일선 학교에 교육 관계 기관의 적극적인 예산 지원도 있어야 하겠다.

교육 혁신은 교육 기관만의 몫이 아니라 지역 사회인들도 교육 발전을 위해 적극적으로 협조해야 한다. 혁신이란 말은 이제까지 존재한 것으로부터 탈피하여 새로운 방향을 설정하여 건설적인 모델으로 나아가려고 하는 기준일 것이다.

교육 혁신을 이루기 위해서는 혼자의 힘만으로 되는 것이 아니고 많은 사람들의 결집된 힘이 필요하다. 교육 혁신을 이루기 위한 다양한 이론과 연구 논문들이 많으나 그것들 대부분은 교육 현장에 직접 적용하여 활용되는 경우는 드물다. 현재 우리 교육의 실정은 몇몇 단위 학교에 이러한 좋은 이론들을 시범으로 적용하여 그냥 좋은 실제가 있다고 알리는 경우뿐이다. 몇몇 단위 학교에 교육 혁신을 가져오게 하는 원동력을 제공하는 데 그치지 말고 교육 혁신이 도래되지 않는 원인을 분석하여 모든 학교에 실정과 수준에 맞게 수정하여 적용한다면 이상적이고 바람직한 교육 혁신이 이루어진다고 믿는다.

희망과 열정으로 혼신의 힘을 다해

26년이라는 긴 세월을 한 학교에서 선생님으로 몸담고 있으면서 있었던 일들을 열과 성을 다해 진실 그대로 집필했다. 사람이면 누구나 지난 학창 시절을 돌이켜 보고 싶을 것이다. 진솔한 자세로 학생들과 사랑과 대화를 나누며 진정한 스승의 역할을 완수하려고 노력하면서 열심히 살았던 시절과 학교생활 과정 중 겪었던 마음 아픈 기억들 그리고 한 둑에서 8년의 기간을 특별한 개인적인 용무가 없거나 비가 오지 않으면 그 둑을 찾아 인고의 노력을 다해 자연사랑을 실천했던 과정을 연도별로 엮어 그려 보았다. 마지막으로 뜻하지 않은 의료 과실로 장애인이 된 나, 누구를 탓하지 않고 슬기로운 자세로 살아왔던 지나간 세월 등을 그렸다.

이 책의 내용 대부분은 나의 교직과 관련된 것이다. 독자들에게 내가 바라는 한 가지를 적어 보면 학생들의 백년대계를 위하여 성심성의껏 노력하는 우리 선생님들이 편안히 생활할 수 있는 장소가 마련되어 학생들의 밝은 미래를 책임지고 건설하는 데만 신경을 쓸 수 있도록 교육 여건이 조성이 되었으면 하는 것이다. 이 책을 여러 번 반복해서 읽어 보면 현재의 우리 교육이 아주 잘못된 길을 걷고 있다는 것을 알 수 있을 것이다. 재직 기간 동안 있었던 일들 중 중요하다고 생각한 것은 거의 한군데도 빠트림 없이 연도마다 여러 단계로 나누어 서술하였다.

푸른 꿈을 안고 교직에 입문한 시기

내가 교단에 처음 입문한 시기는 1982년 늦봄 무렵이었다. 군 제대 후 내가 다니던 대학교의 한 교수님의 추천을 받아 이제까지 한 번도 가본 적이 없는 경상북도 상주 시내에 있는 상주공업고등학교의 선생님으로 발령을 받았다.

학교에 첫 출근한다는 사실에 한참 동안 이상야릇한 기분에 젖어 마음에 갈피를 못 잡아 갈팡질팡하였다. 거기에다, 가슴까지 두근거려 이를 진정시키느라 한참 애를 먹었다. 조금 있으니 마음에 냉정함이 되찾아왔지만 그냥 정신을 놓고 묵묵히 빈 하늘만 물끄러미 쳐다보았다.

한 번도 수업을 해본 경험이 없는 내가 학생들 앞에 서서 날마다 강의를 해야 한다는 사실이 나의 뇌리에 스쳐 지나갈 때 갑자기 부담감이 생겨 전신이 경직되었다. 나의 인생에 대한 첫 시험무대인 교사생활을 잘 수행하겠다는 일념으로 아무런 말도 하지 않고 담담한 결의를 다졌다. 첫 출근에 대비해 저녁에 일찍 취침을 하였다.

다음날 새벽에 내 처가 나를 깨웠다. 어쩔 수 없이, 잠자리에서 억지로 일어나기는 했으나 정신이 몽롱하여 한참을 헤매었다. 세면을 대충하고 내처가 손수 장만한 따뜻한 아침밥을 대충 몇 술 뜨고는 큰방에서 나의 첫 출근을 기뻐하는 부모님에게 학교 다녀오겠다는 간단한 인사말을 건네고는 선산 버스 터미널을 향해 발걸음을 내딛었다.

버스터미널은 선산 본집에서 한 10분 정도 떨어진 곳에 있었다. 일선교행 버스를 타려고 내가 집에서 출발한 시간은 5시 45분경이었다. 일선교행 버스는 6시 정각에 있어 차를 탈 수 있는 시간은 넉넉하였다. 버스정류소에서 출발하여 한 십 분가량 버스를 타고 가면 일선교에 도착을 했다. 일선교에 도착을 한 시간은 6시 10분쯤이었다. 상주행 직행버스를 탈 여남은 시간의 대부분은 승객대합실 주변을 왔다 갔다 하면서 소일했다.

요즘 상주~선산까지 잘 정비된 고속도로, 준 고속도로 그리고 국도가 사통팔달로 뚫려 있어 시간이 많이 단축되었을 뿐만 아니라 도로 사정이 좋아 다니기도 편리했다. 최신형은 아니지만 중고 자가용이 있어 생각나는 시간에 언제든지 선산 부모님 집에 들려 문안 인사를 할 수 있어 좋았다.

출근 첫날, 아무런 생각 없이 버스에 오르긴 했으나 갑자기 이 생각 저 생각들로 젖어 정신이 혼미했다. 정신을 바짝 차리고 생각을 가다듬으니 몇 가지가 떠올랐다. 첫 출근하는 학교는 어떤 학교일까? 내가 정말 학생들을 잘 가르칠 수 있을까? 선배 선생님들께서 나에게 잘 해줄까? 하는 여러 가지 생각으로 정신이 혼비백산하였다.

여러 가지 생각으로 정신이 없는 상태라 잘 몰랐지만 다소 마음이 안정되어 사방을 둘러보았다. 버스 안에는 빈자리를 찾아볼 수 없을 정도로 많은 사람들이 빽빽이 둘러 서 있었다. 옆으로 한 발짝도 마음대로 내딛을 수 없을 만큼 비좁았다. 그런데다 버스가 비포장도로를 속력을 내어 내달리니 곳곳에 파여 있는 요철과 자갈 더미가 차바퀴에 부딪쳐 소리가 요란했을 뿐 아니라 몸 전체가 심하게 떨려서 평소 잘 하지 않던 차멀미가 났다.

새로운 승객을 태우기 위하여 차가 정차할 때마다 먼지가 보얗게 일어 정말 견뎌내기 힘들었다. 차 안은 한 10분간 있으니 턱이 얼얼하고 내 정신이 아니었다. 그런데다 숨까지 막혀오니 정말 견뎌내기 힘들었다. 이때의 나의 심정은 안하무인격이었다. 차 안에는 온통 먼지투성이였다. 그 이유인 적설, 다른 승객을 태우기 위하여 버스가 멈추어 설 때마다 먼지가 차 안으로 들어왔기 때문이다.

연신 숨을 가쁘게 내몰아 쉬면서 흩트려진 몸 상태를 재정비하려고 노력하였다. 혼이 빠진 상태로 40분 이상을 타고 가니 비록 낯선 곳이긴 했지만 잘 정비된 상주 시내가 눈에 들어오기 시작했다. 차창 너머로 시내의 전경을 대충 훑어보니 나의 고향인 선산보다 두 배 정도는 커보였다. 버스터미널에 내려 마음씨 좋게 생긴 한 가게 주인에게 상주공업고등학교로 가는 길을 정중하게 물어 보았다. 그 가게 주인은 약도를 그려가면서 찾기 쉽도록 자세히 설명을 해주었다. 많은 세월이 지났어도, 그때의 일을 잊을 수 없다. 잠깐 동안의 수고였지만 나에게 친절을 베풀어 주셨던 그 고마운 분에게 다시 한 번 더 감사드린다.

그분이 가르쳐준 대로 한참을 걸어 이 골목 저 골목으로 갔다. 30분 이상을 걸어서 가니 상주공업고등학교 팻말이 쓰인 정문이 눈에 들어왔다. 많은 세월이 지났지만 그때의 심정은 하늘에서 내가 찾는 별을 보는 것처럼 좋았다. 그리 많은 시간을 소요하지 않고 제대로 찾으니 기뻐서 어쩔 줄을 몰랐다. 하지만 학교 안에 들어가 어떻게 처신하는 것이 현명한지 생각이 나지 않아 혼쭐이 났다.

교문 앞에 이르러 이마에 줄줄 흘러내리는 땀을 닦으면서 몇 분 정도 걸렸는지 손목시계를 보니 한 40분 정도 경과되었음을 확인할 수 있었다. 막상 교문 앞에 들어서기는 했으나 다음 행동반경에 대하여 생각이 나지 않아 한참을 망설였다. 아주 짧은 순간이었지만, 여러 생각들이 나의 뇌리에 교차하여 지나갔다. 이 학교에는 어떤 선배 선생님들이 근무하고 계실까? 학생들이 몇 명 정도 있을까? 학생들이 나에게 잘 대해줄까? 수업을 하다가 실수하면 어쩌나? 막상 학교에 도착하기는 했으나 어느 것부터 일 처리를 먼저 해야 될지 몰라 한참을 망설였다. 혼비백산한 모든 자세를 정리하고 일의 순서를 되도록 바로 잡으려고 노력했다.

먼저, 교장실에 들려 교장 선생님에게 인사를 드리기로 하였다. 이것은 누가 가르쳐준 기발한 발상이 아니고 그렇게 하는 것이 맞는 것 같았다. 일단 서무실로 가서 교장실 위치를 물어보기로 하였다. 서무실 문을 여는 순간 전혀 생각하지 않은 일이 일어났다. 다름 아니라 교장실이 서무실 바로 옆에 있었다. 교장실 앞에서 한껏 겁에 질려 엉겁결에 문을 두드리기는 했으나 그 다음에 무슨 말을 해야 할지를 몰랐다.

교장 선생님께서 다정다감한 목소리로 들어오라 하였다. 그래서 나는 약간 떨리는 자세로 몇 걸음 걸어서 교장 선생님께 정중하게 인사를 드리고 떠듬대는 목소리로 간략하게 소개를 했다. 그러니 교장 선생님께서 얼굴에 환한 미소를 지으며 "만나서 반갑습니다."라고 부드러운 목소리로 맞아 주었다. 나는 안도의 한숨을 쉬었다. 교장 선생님께서는 나의 신상에 대해 간단히 묻고는 학교 동향에 관해서 간단히 몇 말씀을 잇고, 인터폰으로 교감 선생님을 불러 교무실로 안내하게 하였다.

교감 선생님을 따라 교무실로 가는 도중 다소곳한 자세를 취하려고 몇 번이나 노력을 했으나 마음먹은 것 같이 쉽게 되지 않았다. 한참을 걷다가 모든 것을 포기하고 될 대로 되라 식으로 교무실을 향했다. 교무실에 이르니 교감 선생님은 차분한 어조로 여러 선생님에게 나를 소개하였다.

혼돈된 마음을 억지로 정리하고 정중한 자세로 이 선생님 저 선생님에게 인사를 하니 정다운 표정을 지으며 내게 악수를 청하는 선생님들도 있었다. 또 다른 어떤 선생님들은 연신 고개를 끄덕이며 반가움을 표시했다. 모든 선생님들에게 인사를 마치고 교감 선생님께서 알려준 나의 자리로 발길을 돌렸다. 수업을 마치는 종이 울리자 서랍 정리를 잠시 멈추고 정자세로 앉았다. 수업을 마치고 교무실로 들어오는 선배 선생님에게 인사를 드리기 위해서였다.

수업을 마치고 교무실에 들어오시는 선배 선생님들에게 수시로 인사를 건넸다. 교무 과장님으로부터 내가 수업할 교과서를 건네받고는 앞으로 가르칠 내용을 한번 쭉 훑어보았다. 군 입대를 하기 전, 대학 다녔을 때는 그러한 내용에 대해서 공부를 하고 있던 중이라 아는 것이 많았다. 하지만 군대생활을 하면서 책을 한 번도 보지 않아 다 잊어버리고 기억하고 있는 것들이 별로 없었다.

학창 시절에 선생님한테 배웠던 대부분이 긴가민가하게 어렴풋이 떠올라 다행이었다. 그렇지만 이러한 내용들도 다시 연구해야 할 정도로 애매한 부분들이 너무나 많았다. 막상 그 다음날부터 수업에 임해야 되기 때문에 앞으로 수업해야 할 부분들을 요목조목 나누어 교재를 연구하기로 했다. 극히 다행스러운 것은, 이 학교는 실업계 학교라 영어 수업시간이 실과 과목보다 적은 단위로 편성이 되어 있었다. 그리고 학생들 대부분이 영어 학습에 관심이 적어 가르치기에 편리하다는 정보를 얻었다. 그래도 마음이 안정되지 않았다. 선생님이라 하면 학생들이 어떠한 것을 물어오더라도 분명히 대답을 할 수 있어야 한다는 생각이 들었다.

그날은 수업을 전혀 하지 않고 교무실 내 자리에 앉아 눈대중으로 옆의 선생님들의 동정을 살폈고 스스로의 힘으로 교무실의 분위기를 파악하려고 노력하였다. 하루의 일과를 모두 끝내고 퇴근을 하여 선산 집에 도착을 하니 전신이 노곤하고 많이 피곤하고 해서 저녁을 먹자마자 곧 취침하였다. 이렇게 된 근본 이유는 아마도 변화된 새로운 환경에 적응하느라 몹시 긴장을 한 탓인 것 같았다.

그 다음날 새벽에 나는 어제 하였던 절차를 밟아 학교에 출근하였다. 약간 상기된 표정으로 교무실 내 자리에 조용히 앉아 있으니 수업계를 맡은 선생님 한 분이 내 옆에 와서 반갑다고 이야기하면서 환한 미소를 지었다. 자기 자리에 돌아가 시간표 배정판을 들고 오더니 다정한 미소를 짓고는 나에게 교실 위치라든지 요일마다 배정된 수업시간을 자세하게 알려주었다.

배정받은 시간표를 보고 이런저런 생각에 젖어 앞으로 할 일들을 구상해 보았다. 가장 신경이 많이 쓰인 대목은 수업시간에 학생들을 어떻게 지도해야 하나? 하는 것이었다. 수업 시작을 알리는 벨이 울려 하던 일을 멈추고 자리에서 일어나 곧장 수업이 있는 반으로 향했다. 한 1분 정도 가니 수업할 반이 보였다. 교실 문을 살며시 열고 들어갔다. 자리에 옹기종기 앉은 학생들을 보는 순간 좀 얼떨떨하기도 하고 당황스러웠다. 그 순간 갑자기 온 사지가 경직되어 농담 한마디 못하고 교탁에 똑바로 서서 정신없이 교과서 진도를 나갔다. 지금 돌이켜 생각해보니, 3시간 수업 분량을 다하고도 시간이 절반 이상 남아 혼자서 이 문제를 해결하느라고 무진장 애를 먹은 기억이 났다. 이렇게 애를 먹은 이유를 지금 생각해보니, 수업 요령이 전혀 없어 그런 것 같았다.

며칠을 수업 시간표대로 각 교실을 다니면서 수업을 해보니 우리 학교 학생들이 지닌 특성도 조금씩 눈에 들어왔고 학생들 실태에 맞추어 수업 진행을 할 수 있었다. 대학에 다닐 때부터 학교 선생님이 되어서 학생들을 훌륭하게 가르쳐보겠다는 원대한 꿈이 있었다. 꿈으로만 여겨왔던 것이 마침내 현실로 도래되었다. 반년 이상을 생활해보니 교직생활에 입문하기를 잘했다는 생각이 들었다. 대학에서 열망해 왔던 학생들을 가르려던 나의 원대한 꿈이 현실로 도래되어 나에게 더없는 희망을 안겨주었다.

앞으로 내가 안은 당면 과제는 제자들을 열심히 교육시켜 훌륭한 산업 역군으로 키우는 것이었다. 군대를 제대한 지 얼마 안 되는 이십대의 혈기가 왕성한 한창 젊은 나이라 무엇이든지 해낼 수 있는 것 같았다. 수업에 임할 때는 언제나 학생들에게 새 출발한다는 자세로 임하였다.

모든 학생들에게 큰 뜻을 품고 그 이상을 실현할 수 있는 사람이 되어야 한다고 강조하여 가르쳐 왔다. 학급 담임을 처음 맡은 시기는 교사로 채용된 지 3년째 되는 해였다. 누구나 그런 생각을 하고 있겠지만 자기가 맡은 반 학생들을 잘 교육시키려고 할 것이다. 그와 대동소의하게 나의 바람도 그것과 같았다.

무엇이든지 할 수 있다는 희망과 포부를 가슴에 가득 안고 내가 학급 담임을 맡은 반인 1학년 3반 첫 아침 조례에 들어갔다. 교탁에 서니 앳된 모습을 한 학급 임시 반장이 나직하고 부드러운 목소리로 구령을 하였다. 그 학급의 학생들로부터 진심 어린 인사를 받으니 전신에 전율이 왔고 가슴이 뭉클해졌다. 나는 위엄에 찬 굵직한 목소리로 몇 마디를 이어 나갔다. '여러분 만나서 반갑습니다. 참되고 신선한 눈망울을 띤 여러분들의 모습에서 무언가를 이루어낼 수 있는 용기를 가지고 있다는 생각이 듭니다. 앞으로 이 담임 선생님과 여러분 모두가 협조하여 우리 반을 잘 이끌어 나갑시다. 당부하는 말이지만, 교실 내에서는 장난을 삼가도록 노력하고 친구들끼리 서로 사이좋게 지냅시다. 그리고 다른 사람을 먼저 생각하는 배려하는 마음을 가져야 합니다.' 등 몇 가지 훈시와 당부의 말을 하고 교실에서 나왔다.

발령을 받은 첫해는 선산 집에서 통근하였다. 하지만 그 이듬해인 1983년에 학교 출근하는데 장애 요소가 많다고 생각한 부모님이 분가하여 상주에 기거하라고 했다. 부모님 명이라 어쩔 수 없이 상주에 살 집을 알아보았다. 우리 가족들이 살 집으로 내가 구한 집은 양옥으로 된 2층이었다. 처음은 객지의 낯선 생활에 익숙하지 못해 방황했다. 하지만 며칠 지나니 슬슬

적응이 되었다. 세 살고 있는 집이 학교 인근이라 시간적인 여유도 많고 여러 가지로 편리했다.

아내가 정성스럽게 장만한 아침밥을 먹고 학교에 이르면 늦어도 아침 8시경이었다. 학급 담임이었을 때는 8시 5분까지는 학급에 들어가 아침 자율학습에 임했다. 주번과 청소 당번에게 간단한 아침 청소를 하게 한 후 학생들과 함께 아침 자율학습을 했다. 세월이 많이 지난 지금도 자세히 기억할 수 있는 한 가지는 작은 놈 기범이 돌잔치 때 우리 학급의 여러 학생들이 우리 집을 찾아와 밤늦게까지 우리 애들을 데리고 재미있게 같이 놀아주던 모습이다.

그날 종례 때 작은 놈 돌잔치를 하니 놀러 올 학생들은 오라고 했는데 우리 반 여러 명의 학생들이 케이크와 많은 선물들을 들고 왔다. 나는 이 학생들에게 아무것도 해준 것이 없는데 학생들에게 이런 큰 선물을 받으니 너무 고맙기도 하고 미안해서 어찔 줄을 몰랐다. 이 학생들의 따뜻한 마음에 보답하는 길은 정성을 다하여 잘 가르치는 것이란 생각이 들었다.

그날 이후로 나는 좀 더 열심히 수업에 임했으며 언제나 사랑과 대화가 어우러져 있는 반이 될 수 있게끔 혼신의 힘을 경주해 나갔다. 1985년에 처음 담임을 맡은 이후로 상주공업고등학교에서 담임을 맡은 것은 5번인데 학급 담임에 배정이 되었을 때는 언제나 항상 똑같은 마음으로 학생들에게 진솔한 인생을 살아나갈 수 있는 방편에 대하여 가르쳤다.

내가 한 방식들을 일목요연하게 적어보겠다. 대개 아침 8시 정도 출근을 하였다. 출근하여 5분 정도는 교무실에 머물고 있다가 교실에서 아침 자율학습을 했으며 점심시간이 되면 항상 똑같은 식으로 교실에 도시락을 들고 들어가 반 학생들과 같이 식사를 했다. 점심 식사 후에는 일상적인 일과로 중간 청소 지도를 하였다.

반 학생들 중 학교에 오지 않고 무단결석을 하는 사람이 있으면 가정 방문을 하여 학교에 오지 않는 원인과 이유를 알아내어 그 학생이 당면한 문제를 원만히 해결하여 그 다음날 학교에 나오게 했다. 그래도 학교에 나오지 않으면 수시로 가정 방문을 하여 긍정적인 사고를 가지도록 유도하여 학교에 다시 등교하게 했다. 가정 방문을 했던 곳 중에서 가장 먼 거리에 있는 학생의 집은 학교에서 100리 이상 떨어진 곳에 있었다.

학급을 운영하면서 가장 애먹었던 기억은 한 학생이 학교에 나오지 않을 별다른 이유가 없는데도 불구하고 학교에 나오지 않고 시내를 배회할 때였다. 반 학생들이 결석을 하면 가정 방문하여 그 학생의 부모님과 학교에 안 나오는 원인에 대해서 긴밀하게 분석하여 문제를 해결하였다.

이 학생이 학교에 등교하면 상담실로 데려가 이해하기 쉬운 말로 타일러 학교에 나오게 했다. 여러 가지 문제를 안고 있는 학생은 장시간에 걸쳐 진지하게 상담을 해도 별다른 효과를 얻지 못할 때도 있었다. 그럴 때의 나의 심정은 뼈를 깎는 것처럼 고통스러웠다. 이 학생을 난제에서 구제할 마땅한 해결책이 생각나지 않아 고민할 때도 있었다. 오직 그 문제를 풀 수 있는 답을 가지신 분은 전지전능한 하느님이라고 믿는다. 나는 그분에게 악의 수렁에서 이 학생을 구제해 달라고 기도드렸다.

나의 생애에 절체절명의 아픔과 고통을 준 사건

나의 인생에 치유할 수 없는 큰 아픔을 안겨 준 절체절명의 사건이 있었다. 그 사건은 믿기지 않는 엄청난 상처를 나에게 주었다. 이 어이없는 사건으로 인해 나는 평생을 장애인으로 살아가야만 했다.

1987년 봄 무렵, 치질이 심하여 상주적십자병원에 병을 치료하기 위하여 입원하여 수술을 받은 것이 지체장애 2급의 중증 장애인이 된 원인이었다. 병을 낫게 하기 위하여 병원에 입원하여 치질 수술을 받았는데 장애인이 되었다.

말도 안 되는 어처구니없는 일이었다. 이 수술을 받기 전까지만 하더라도 모든 운동을 다 소화해낼 만큼 몸동작이 유연했다. 대학교를 졸업할 무렵 전투 경찰에 지원하여 군 입대를 하였다. 논산 훈련소에서 2달간의 전반기, 후반기 훈련을 이수하고 자대에 배치받아 복무 기간 동안 정상 근무하여 군 복무를 마쳤다. 그 이후로도 등산, 하이킹, 테니스, 탁구, 배드민턴, 육상, 농구, 족구 등 운동이라는 운동은 거의 모두 다 즐겼다. 적십자병원이라 하면 박애와 희생정신으로 환자들의 고통과 아픔을 치유해주는 곳으로 알고 있었다. 하지만 수술을 한 후에 하반신 마비가 오고 다리를 뒤뚱거리고 몸의 상태가 비정상적으로 나타났으나 그들은 당황하면서 거짓말을 보태어 나를 전혀 모르는 사람으로 취급했다. 그 모습이 황당하고 안타까웠다.

한마디로, 상주적십자병원에서 치질 수술 받고 난 뒤부터 나의 몸 상태는 매우 나빠졌다. 그런 상태로 된 몸을 이끌고 그 병원을 찾아 다리를 낫게 해달라고 애원했다. 하지만 병원 당국은 감언이설로 병의 원인이 다른 곳에 있다고 주장하면서 합당한 병원을 찾아 치료 받을 것을 당부했다.

하여튼 상주적십자병원에서 받은 처사는 거짓말만 되풀이하는 인간 이하의 짓거리였다. 그 당시의 병원장인 박종욱은 자기가 저지른 죄에 대하여 피해자인 나에게 용서받을 행동은 취하지 않고 법을 악용하여 그렇게 한 적 없다고 시침을 뗐다. 돈이나 권력을 앞세워 서로 담합하여 온갖 수작을 부리는 현장이 병원이라는 것을 알고부터는 그 병원 당국이 몹시도 원망스러웠다.

그 많은 세월 동안 정상적으로 활동했던 사람이 갑자기 하반신 전체에 마비가 된 원인과 이유를 알려고 상주적십자병원에 분주하게 오고 가고 했다. 그렇게 해서 내가 얻은 것은 아무것도 없었다. 수술 때 생긴 하반신 마비 증세와 수술 이후에 그 병원에서 받은 골 깊은 마음의 상처뿐이었다.

병원 당국의 여러 사람들은 담합하여 거짓말을 일삼았다. 그렇게 하는 것으로 부족하여 급기야는, 나의 병원 진료 기록 카드와 그 당시에 있었던 수술 상황을 엄폐와 은폐하기에 급급하였다. 한 정상인이 거동하기 어려운 지체장애 2급이 된 것에 대해 어떠한 말로 위로를 해도 받아들이기 힘들었다. 비정상적인 방법으로 의사가 취해야할 본연의 임무를 수행하지 않아 엄청난 일이 발생되었다면 마땅히 책임의식을 느끼고 반성할 줄 알아야 하는데도 불구하고 힘이 있거나 권력이 있는 자들과 담합하여 거짓투성이의 일을 꾸민다면 우리 서민들은 누구를 믿고 살 수 있단 말인가?

내가 치질 수술을 받을 때의 경위를 자세히 적어 보겠다.

치질이 심하여 상주적십자병원에 입원을 하니 담당 의사 선생님은 수술해야 완치될 수 있다고 진단을 하였다. 그래서 나는 의사 선생님 말씀대로 학교에 전화를 걸어 교감 선생님에게 이 사실을 알렸다. 그랬더니 수술해서 빨리 나으라 당부하셨다. 그리하여 나는 병실에 입원하여 수술 절차대로 행했다. 수술을 받을 상태가 되는지 여부를 알아내기 위하여 여러 검사를 받았다. 수술하는 데는 아무 지장이 없다는 검사 결과가 나왔다.

다음날 수술받아야 한다고 생각하니 갑자기 겁이 났고 마음이 갑갑하여 견딜 수가 없었다. 언젠가는 수술을 받아야 하기 때문에 수술 시간이 빨리 오기를 기다리는 수밖에 없었다. 다음날 아침에 한 간호원이 나에게 수술을 받으니 병원복만 입고 병실에 대기하라고 했다. 여러 명의 간호원이 나를 수술실로 인도했다. 수술실 앞에서 가족들과 헤어졌다. 내 처는 나의 두 손을 꼭 잡고 '수술 잘해 빨리 나으라' 고 했다. 나는 그렇게 하겠다고 고개를 연신 끄덕였다.

간호원이 인도한 병원 침대에 누워 수술실로 들어갔다. 수술실은 너무도 조용하고 음산하여 다소 겁이 나기도 했다. 수술 담당 병원 의사가 빨리 수술을 끝낼 테니 아프더라도 참고 기다리라고 하면서 나의 마음을 진정시켰다. 간호원이 수술 받을 모든 절차를 마치고 대기하고 있었다. 그런데 문제는 여기서 야기되었다.

30분 이상을 기다려도 나의 척추에 마취를 시술할 의사가 오지 않았다. 그 당시에 이 병원에는 전문 마취 의사가 없었다. 그래서 상주에서 그리 멀리 떨어져 있지 않은 점촌에서 순회 마취 의사가 와서 시술을 했다. 평생을 장애자 신세로 보내야 할 운명을 가진 불행한 일을 당했던 장본인이 될 줄은 꿈에도 몰랐다. 상처 부위에 소독약을 바르고 내내 기다려도 마취 의사는 오지 않았다. 그 당시의 병원장인 동시에 외과 수술을 직접 시술했던 박종욱이 큰 걱정을 늘어놓으면서 수술 일정 때문에 차질이 많아 큰일 났다고 하였다. 다급한 마음에 그 병원에서도 근무하고 있지도 않고 더욱이 마취 의사 자격증이 없는 자기의 친구인 한 군의관에게 마취 시술을 부탁했다. 마취 시술 도중 잘못된 일이 발생하면 자신이 책임질 테니 마취를 맡아 달라고 애원했다.

지난날을 돌이켜 생각해보니 말도 안 되는 것이었다. 엉터리 시술이 환자의 신성한 생명을 담보로 엉뚱한 일을 마음대로 조장할 수 있다니. 친구의 간절한 부탁도 좋지만 환자의 생명을 일임하고 있는 병원에 그 병원에 근무하고 있지도 않은 군의관이 들어온다는 것은 말도 안 된다. 더구나, 그 병원에 근무하고 있지도 않은 민간인이 수술 환자를 마취하는 것이 병원에서 일어난다는 것은 말도 안 되는 일이다. 병원장의 간절한 요구에 의해 마취 시술을 하였다 하더라도 자신이 없으면 한번만 시도를 해보고 그만두어야 하는데도 불구하고 나를 자신의 시험 대상으로 생각해 척추에 6번을 마취하는 것은 살인행위나 다름없는 짓이다.

오랜 세월이 지난 지금도 마취 흔적이 그대로 남아 있다. 척추 여러 부분 중 마취를 받았던 그곳이 아파 통증을 호소한 적이 한두 번이 아니었다. 그 당시의 상주적십자병원의 병원장인, 박종욱은 자기 자신이 수술 이후에 나타나는 잘못에 대하여 전적으로 책임을 진다고 친구인 군의관에게 명명백백하게 선언을 했었다. 그런데 인간의 도리를 실천한 것이 무엇이 있단 말인가?

아무것도 없었다. 치질 수술을 받고 난 뒤에 집에서 지나온 과정을 생각해보니 한군데도 맞는 것이 없었다. 그들은 박애정신으로 환자들을 위하여 헌신적으로 돌본 것을 찾아볼 수 없었다. 일 처리가 잘못되어 사건화 되니 도리어 뜻을 함께하는 사람들과 담합하여 올바르지 않은 술수로 거짓 변명하기 바빴다.

도대체 그 병원에 입원하여 수술을 받아 얻은 것이 무어란 말인가? 신체적인 결함으로 생긴 정신적 장애와 지체장애 2급 증명서였다. 이것을 얻으려고 병원에 입원하여 수술을 받았단 말인가? 참 한심한 노릇이었다. 무수히 많은 학생들을 성실한 자세로 지도해 왔지만 이런 엉터리인 방식이 사회에 만연되어 있는 줄은 몰랐다.

이것으로 끝나지 않았다. 아주 잘못된 마취 시술을 받아 만신창이 된 몸을 이끌고 집에 돌아와 마비된 다리를 치유하는데 도움이 된다는 치료는 다 받아 보았다. 물리치료, 뜸, 침, 마사지, 활법 등을 되풀이하여 받아 보았으나 별 다른 호전을 얻지 못했다. 구호의 원조를 요청하기 위하여 여러 언론 기관, 각종 민간보호단체, 매스컴, 대한적십자사, 의료보험공단 등에 내가 억울하게 당한 장애의 원인에 대해 진상을 정확히 파악해 줄 것을 부탁했다. 하지만 민간단체(소비자보호원과 YMCA)에서만 나의 안타까운 현실을 위로하였다.

이 두 단체는 '실사를 해보니 병원에 입원하여 그렇게 되었다는 병원 입원 차트와 장애의 원인이 병원 입원 때문에 발생된 것인지에 대한 확실한 물적 증거 자료가 없어서 어떻게 할 수 없다.' 라는 답변을 주어 나의 마음을 더욱 더 안타깝게 했다.

보건복지부도 한 개인이 병원에서 당한 일을 골치 아픈 사건으로 간주하여 상주적십자병원 관계자들과 공모하여 엄폐와 은폐하느라고 바빴다. 그러면 상주적십자병원과 깊은 관계가 있는 대한적십자는 어떻게 처신했는가?

내가 억울하게 당한 사건 경위에 대하여 인터넷으로 연결하여 대한 적십자사에 얼마나 많은 글을 올렸는지 아는가? 자그마치 8번 정도였다. 시간으로 환산하면 48시간 이상 소요하여 도와줄 것을 간절히 호소했다. 그때마다 답변은 아주 간단했다. 상주적십자병원에는 성팔경 씨가 입원하여 수술을 받은 병원 차트가 없어 더 이상의 조사를 진행할 수 없고 내가 안고 있는 장애는 유전이거나 후천적인 정신 장애를 입어서 발생된 것 같다는 터무니없는 대답이었다. 안 그래도 병원에서 당한 일 때문에 정신적, 신체적인 고통이 심한 사람에게 이런 대접을 하다니 우리나라가 법치국가라는 말이 의아하기만 했다.

말도 안 되는 온갖 형국을 다 참아내고 다리를 낫게 하려고 심혈을 기울여 치료했다. 이런 나에게 동정의 따뜻한 손길을 주지 못할망정 얼토당토하지 않는 말을 덧붙여 가슴에 피멍이 들게 했단 말인가? 거의 반평생을 학생들을 가르치며 진실하게 보낸 나인데, 억울하게 당한 사건에 대한 진상을 바로 규명해줄 사람이 대한민국에는 아무도 없단 말인가? 못 찾아서 그렇지 아마도 있을 것이라고 믿는다. 나는 하느님에게 간절히 호소했다. 무엇이 진실이고 무엇이 허구인지를 정확히 파악해 달라고 두 손 모아 빌었다.

모두들 자기가 당한 사건 아니라고 관심이 없거나 거짓말로 변명하는 것은 절대로 인간다운 삶을 영위하는 방편은 아닐 것이다. 인간은 누구나 다 선생님으로부터 진실한 삶을 살라고 배웠을 것이다.

나 자신도 학생 시절에 선생님들로부터 올바른 삶을 살아가는 방식에 대해 배워서 터득하였다. 현재 나 자신은 선생님의 입장으로 수업 시간에 학생들에게 사회에 나가 바르게 살 것을 강조하여 가르치고 있다. 앞으로도 그렇게 할 것이라고 맹세한다.

나의 인생을 지체장애 2급이라는 신세로 망치게 한 장본인을 절대 용서하지 않겠다. 우리 모두는 조상님들의 은혜로운 혜택을 받아 이 땅에 태어났다. 누구든 다른 사람의 모든 것을 소중하게 생각할 줄 알아야 하는데 그렇게 하지 못하는 이유는 무엇 때문일까? 그것은 다름 아닌 사회 전반에 만연된 나쁜 풍토 때문인 것 같다.

다른 사람의 마음을 아프게 하여 얻은 이득이 무엇이 있는지 모르겠다. 또 그렇게 해서 자신의 권위가 올라간다고 생각하는 사람들의 얼굴은 어떠한 형상을 띠고 있을지 몹시도 궁금하다.

인간도 다른 동물들과 마찬가지로 누구든 나이를 먹으면 늙고 병든다. 한 세상을 살아가면서 좋은 일을 많이 못할망정 다른 사람에게 평생 치유할 수 없는 상처를 입혀 놓고 모른 체 하는 것은 인간의 도리가 아니다. 지금이라도 늦지 않았다. 자기가 저지른 죄를 나에게 사죄하고 무릎 꿇어 용서를 빌어야 한다. 그리고 그 당시에 저지른 잘못에 대해 나에게 관용을 베풀어 줄 것을 빌고 나와 같이 억울한 일을 당하여 딱한 처지에 놓인 자들을 도우면서 겸허한 자세로 사회를 위하여 봉사하는 마음으로 내재되어 열심히 산다면 그래도 가치 있는 인생을 살 준비가 되어 있다고 생각하겠다. 그러지 않고 자기의 영리를 추구하면서 산다면 내 목숨이 붙어 있는 한 끝까지 추적하여 나의 몸을 이렇게 엉망으로 만든 장본인(박종욱)에게 죄의 대가를 톡톡히 치르게 만들겠다.

두 눈에서 하염없이 흘러내리는 눈물을 손수건으로 연신 닦으며 두 주먹을 꽉 쥐고 나와 같이 억울하게 장애를 당한 모든 이들이 다 잘되기를 간절히 빌었다. 1987년의 엉터리 같은 치질 수술의 악몽에서 벗어나려고 해도 거동이 많이 불편하여 내가 하고 싶은 욕구대로 몸이 제대로 말이 듣지 않아 괜히 짜증이 나는 등 정신적인 충격이 너무나 컸다. 하지만 나는 직업이 학생들을 지도하는 선생님이어서 내가 안은 아픔을 되도록 잊고 학생들에게 귀감을 주는 행동을 많이 하기로 마음을 먹었다. 그때부터 어떠한 고통이 나를 괴롭혀도 인내하고 참으면서 살았다. 상주적십자병원은 인간으로서는 도저히 견뎌내기 어려운 시련을 주었다. 하지만 학생들을 가르치는 교내생활외 다른 일상 활동은 되도록 자재하기로 하고 학교생활에만 전념했다. 말을 내뱉는 것은 쉬우나 행동에 옮기기가 보통 힘든 것이 아니었다. 인고의 참을성과 노력이 오늘의 나를 있게 만들었다.

꿈으로만 여겨왔던 환상적인 제주도 수학여행

내가 6번째 담임 선생님을 맡을 때 있었던 일이었다. 전혀 예견하지 않았던 곳으로 수학여행을 가게 되었다. 다름 아닌, 꿈으로만 그려왔던 환상적인 섬, 제주도였다. 그 이전까지만 하더라도 수학여행 코스는 매년 육지에서 가장 아름답고 빼어난 산으로 알려진 설악산이었다. 제주도로 수학여행 코스를 바꾼 것은 육지에 있는 대부분의 학교가 수학여행 코스를 제주도로 선정했기 때문이었다. 학교 당국이 시내에 있는 한 관광회사와 상의하여 제주도 수학여행 일정을 정하였다.

수학여행 가는 날 아침에 우리 수학여행단이 탄 버스는 제주도행 배가 있는 전라도 완도항으로 갈 예정이었다. 관광버스에는 운전기사님, 안내를 맡은 안내양이 같이 타고 있었다. 두 분 다 굉장히 친절하고 다정하였다. 매번 수학여행 때마다 친절하고 상냥한 사람들만 만나서 기분이 한결 좋았다. 나는 항상 운이 따르고 복이 많은 사람이라고 생각했다. 함께 승차한 안내양이 여행 일정과 여행 코스에 대하여 자세히 설명을 하였다. 그렇게 세세하게 설명을 해주니 곳곳에 산재해 있는 관광명소를 찾는데 많은 도움이 되었다. 어떤 사정이 있어 그런지 모르지만 지금은 관광버스에 안내양이 탑승하지 않은 것으로 알고 있다.

제주도 수학여행은 1990년 5월 말경에 실시되었다. 출발 장소에 학교 선생님들, 학부형들이 수학여행단을 격려하러 왔다. 나는 그들 모두에게 잘 다녀오겠다는 인사를 하고 버스에 올라탔다. 반 학생들이 다 왔는지를 파악하기 위하여 인원을 점검했다. 전원 탑승한 것을 확인한 후, 선도 차인 1호 차에 손가락으로 동그라미 표시를 하여 알렸다. 드디어 우리가 탄 버스는 전라도 완도를 향하여 출발하였다. 완도를 가는 데만 생각보다 시간이 많이 소요되었다. 도중에 휴게소 몇 군데 들려 잠깐 용변을 본 것 외에는 계속 버스를 타고 질주했다.

한 6시간 가까이 버스를 타니까 지루하기도 하고 멀미가 나 견디기 힘들었다. 그래도 배를 탄다는 기쁨에 젖어 지루함, 멀미 따위는 어디론가 사라지고 없었다. 우리 일행이 탄 버스는 오후 3시 가까이 되어서야 완도(격포)항에 도착하였다. 배의 출항 시간이 오후 3시라 버스에서 내리자마자 서둘러 배에 승선을 했다. 우리 수학여행단 중 한 사람도 빠짐없이 배를 탔다는 것을 확인이 되고 난 뒤에야 안도의 숨을 쉴 수 있었다.

넘실거리는 푸른 파도를 헤치고 우리가 탄 배는 제주도로 향해 쉼 없이 질주를 했다. 오랜만에 배를 타서 그런지 몰라도 수평선 너머에 끝없이 넓게 펼쳐진 망망대해는 피로가 쌓인 나의 육신을 한결 부드럽게 만들었다. 게다가 물씬 풍기는 바다의 그윽한 냄새에 취해 한동안 정신을 잃어 아무런 말도 못했다. 배로 완도에서 제주도 가는 데는 시간이 많이 안 걸린다고 한 승무원이 이야기했다.

대학 졸업여행 때 부산에서 배를 타고 제주도 갔을 때와는 상황이 완연히 달라보였다. 그 이유인 적설, 부산항을 출항하여 제주도항에 도착하는 데에는 어림잡아 12시간가량 걸렸다. 바다의 그윽한 향기에 젖어 정신을 놓고 있는 사이 어느새 배는 제주항에 도착을 했다. 부산 연안부두에서 배를 탔을 때보다 훨씬 빠르게 제주항에 도착을 하여 기분이 이상야릇했다. 우리 일행은 배에서 내려 지친 몸을 이끌고 인근에 있는 숙소에 여장을 풀었다. 여행한 곳을 들어보면 용두암, 여미지 식물원, 만장굴, 천제연폭포, 천지연폭포, 정방폭포, 산방산, 한라산 주위를 차로 둘러보는 것 등이었다. 어느 곳 하나 나의 시선에서 빼놓기 어려울 정도로 경치가 수려하고 아름다웠다.

넓게 펼쳐진 도롯가에는 가로수로 열대지방의 우직하고 강렬함을 맛볼 수 있게 열대 식물들을 심어 놓았다. 수려한 장관과 훌륭한 경치는 자연의 극치를 느끼게 했다. 수학여행을 마치고 돌아간 후에도 또다시 오고 싶은 충동을 일으켰다.

수학여행단을 이끌고 둘러본 곳 중에서 가장 인상 깊었던 곳을 들라 하면 온갖 형상을 이루고 있는 바위 더미 위로 연신 파도가 치는 푸른 바다가 넓게 펼쳐져 있는 '산방산' 이라 말하고 싶다.

다양한 형상을 한 바위 위에서 수평선 저 너머에는 갖은 형상을 하고 있는 배들이 줄지어 항해를 하고 있었다. 파도가 바위에 부딪쳐 연신 넘실거릴 때의 그 모습은 마치 사냥감을 잡아 땅 위에 내려놓고 포효하는 맹수의 장면을 연상케 했다.

나를 신기하게 만들고 환상적인 풍취를 느끼게 했던 제주도 수학여행은 이것으로 끝이 났다. 어둠이 온 누리에 깔리기 시작하는 저녁 무렵에 우리가 탄 배는 제주항에서 출항하여 부산항을 향하여 쉼 없이 내달렸다. 배가 제주항을 출항한 지 30분 이상 지나니 항도는 점점 조그마한 모습으로 변했다. 멍한 모습으로 갑판 위에 올라 이런저런 생각에 젖었다.

제주도 여행의 아쉬움을 가슴속에 묻고는 한참 동안 정신없이 검푸른 파도만 물끄러미 바라보았다. 배를 탄 지 1시간 이상 지나자 온 세상이 암흑으로 변하기 시작했다. 우리 곁에는 해안을 밝혀주는 불빛만 선명하게 보일 뿐이었다. 바다 저 멀리에는 오징어잡이 어선 몇 척이 무리를 이루어 고기를 잡는 모습이 간간이 눈에 들어 왔다.

그 배들에서 나온 불빛들은 멀리서도 선명하게 보일 정도로 굉장히 밝았다. 한참을 선실 밖 갑판 위에 있으니 온몸이 차가워지는 것을 느껴 여객실에 들어가 잠시 눈을 붙였다. 몇 시간이 흘러 다시 배의 갑판에 나왔다. 검게 보이는 망망대해 외에는 아무것도 볼 수 없었다. 가끔, 배 옆으로 쏜살같이 지나가는 날치와 이름 모르는 물고기들이 물을 가로질러 빠른 속도로 지나가는 것을 볼 수 있었다. 배의 요란한 엔진 소리만이 밤의 적막을 깨트렸을 뿐 우리가 승선한 배는 바다의 거친 물살을 가르고 쉼 없이 나아갔다.

12시간 가까이 항해하여 새벽의 여정이 아직 들 가실 무렵에 부산 연안부두에 도착을 했다. 이 배의 이름은 카페리호이다. 내가 알기로는 우리나라에서 가장 큰 대형 여객선인 것 같다. 선장이 닻을 내리자 우리 모두는 질서를 지키면서 여객선의 계단을 천천히 밟아 내려왔다. 이 선박의 좌우를 둘러보니 정말 어마어마하게 큰 대형 여객선이었다. 웅장함과 그 크기에 한참 동안 놀라움을 금치 못하여 아연실색할 뻔했다. 말로만 들어왔던 이 배에 직접 승선하여 긴긴 시간을 타고 왔다고 생각하니 마치 꿈을 꾼 것 같이 경이로웠다.

부산은 우리나라에서 2번째로 큰 도시인 동시에 제일 큰 항구다. 온몸에 피곤함이 찾아와 더 이상의 여행을 하고 싶지 않았다. 하지만 여행 일정이 짜져 있기 때문에 정신을 차리려고 노력하였다. 힘없이 연안 부두를 빠져나오니 우리를 상주로 태워 갈 관광버스가 이미 와 있었다. 각 반의 담임 선생님의 인도 하에 초췌하고 맥 빠진 상을 한 학생들은 관광버스에 털레털레 올라탔다. 아마도, 제주도 곳곳을 하루도 빠짐없이 바쁜 일정에 짜진 대로 관광을 하고 숙소에 돌아와서는 휴식을 취하지 않고 끼리끼리 모여 혼이 빠지도록 놀았기 때문인 것 같았다.

바닷바람이 우리를 시원하게 해주고 푸른 바다가 넓게 펼쳐진 자갈이 해변에 넓게 형성되어 있는 태종대 자갈마당 앞에서 아침 식사를 했다. 식사를 마치자마자, 양산 통도사가 있는 곳을 향하여 우리가 탄 관광버스는 내달렸다. 통도사에 도착을 하여 한 20분 가까이 걸어서 통도사 대웅전에 이르렀다. 절에는 여러 건물들이 운집해 있었다. 모든 건물의 내부는 웅장하고 장엄한 풍채를 띠고 있었다. 각 건물 벽에는 다양한 그림들이 그 자태를 뽐내었다. 저기에 있는 그림들을 모두 누가 그렸을까? 저 그림들을 그리는 데에 얼마만큼의 시간이 걸렸을까? 저 그림을 그리는데 사용한 재료는 무엇일까? 오랜 세월이 흘렀는데도 색이 바래지지 않고 거의 원래 그대로의 모습을 지니고 있는 비결은 무엇일까? 등의 여러 가지 자문들로 정신이 혼비백산하였다.

자리를 옮겨 대웅전의 조그마한 출입문을 열고 들어가 법당에 촛불을 켜놓고 불상 앞에 근엄한 자세로 삼배를 하면서 부처님께 기도했다. 우리 상주공업고등학교 수학여행단이 아무런 사고 없이 무사히 상주에까지 귀환할 수 있게 해달라고…

통도사 주변에 즐비하게 깔린 아름다운 경관을 구경하면서 10분 정도 내려와 솔밭이 길쭉하게 이어진 한 모퉁이에 자리를 잡아 여행사에서 미리 준비해온 도시락을 점심으로 먹었다. 점심 식사 후에 나는 깨끗한 물이 졸졸 흐르는 개울가에서 두세 차례 연거푸 세면을 하니 정신이 굉장히 맑아졌다. 수학여행의 모든 아쉬움을 뒤로 한 채 버스에 올라 상주로 돌아왔다. 다시 가고 싶은 미련이 많이 남은 수학여행이었지만 학교에 돌아가면 교사 본연의 자세가 되어 면학 분위기 조성에 열과 성을 다해야 하는 관계로 수학여행의 타성에서 빨리 벗어나야겠다고 생각했다. 수학여행을 다녀온 지 며칠이 지나도 그 타성에서 벗어나지 못해 애를 먹었다. 그 해에는 몇몇 가출 사건 외에는 별다른 사고 없이 무사히 보냈다.

열과 성을 다하여 학생들을 지도했던 마지막 담임

그 이듬해 3월 초에 3학년 6반 담임을 맡았다. 그러나 이것이 내 교직생활의 마지막 담임이 될 줄은 꿈에도 몰랐다. 지나간 세월을 다시 돌이켜보니 참 아쉬웠다.

학생들을 위해 최선을 다해 노력할 기회를 주지 않으니 학교 당국이 좀 원망스러웠다. 담임을 맡을 때는 언제나 다른 선생님들이 이루어내지 못한 것을 해내야 한다는 목표를 세워 인고의 노력으로 학급 경영을 하였다.

이 해에도 5월 초에 한 학생이 오토바이 사고로 중상을 입어 장기간 동안 병원에 입원했다. 이 학생이 입원한 병실에 찾아가 보았는데 그 장면들을 보고 아연실색했다. 두 다리가 골절되어 뼈가 빨리 아물도록 쇠줄로 움직이지 못하게 침대에 고정해 놓았다. 이 학생이 오토바이 사고로 17일 동안 병원에 입원하는 바람에 무결석은 깨졌다. 하지만 나는 하루도 빠지지 않고 이 학생의 병실에 들려 빨리 나아서 학교에 등교하기를 기원했다.

우리 반의 다른 학생들에게 이러한 불상사가 일어나지 않게 해야 된다고 생각해서 조(종)례 시간에 교실에 들어가면 교통안전에 유의하라고 신신당부하기도 했다. 이것만으로 안심이 되지 않아 잠시라도 쉴 틈이 생기면 교실에 들어가 안전사고 미연 방지에 대한 교육을 했다. 이러한 노력 덕분에 내가 맡은 반 학생들 49명 중 한 명을 제외한 다른 모든 학생들에게 개근상을 주어 기뻤다. 아직도 아쉽게 생각하는 것은 불의의 교통사고를 당하여 한 학생이 개근상을 받지 못한 점이다.

내 마음을 몹시도 설레게 했던 것이 있다. 졸업식 하루 전날 밤에 우리 반 학생들이 나에게 베풀어 준 졸업 전야제(졸업 축하 파티)가 그것이다. 1992년부터는 무슨 이유인지 모르지만 나에게 담임을 주지 않아 몹시 섭섭했다. 1992년에도 학급 담임을 배정받을 것으로 믿고 학교에 출근을 했었다. 하지만 1992년도 학기부터는 내가 원하지도 않은 일들이 너무도 많이 야기되었다.

그때부터 정말 힘겨운 나날들의 연속이었다. 1992년 학기 초에는 1991년도 학기에 너무나 열심히 학생들 지도를 하였기 때문에 당연히 담임 배정을 받을 것이라고 예상하고 있었다. 하지만 나의 생각과는 달리 모든 일이 엉뚱한 방향으로 전개되었다. 왜 그렇게 되었는지에 대한 정확한 사유를 많은 세월이 흐른 지금도 그 영문을 모르겠다.

내가 학생들을 혼신의 힘을 다해서 열심히 가르친 대가가 이것밖에 되지 않다고 생각하니 너무나 억울하고 분통이 터졌다. 이렇게 하는 것으로 만족하지 않고 온갖 술수를 부려 나의 마음에 통한의 아픔을 느끼게 했다.

그 내용들에 대해서 간단히 서술해보면 교무실 업무 분장, 담임 배정, 교무실에서의 불합리한 좌석 배치, 불공정한 시간표 배정, 선생님들과의 유대 관계의 단절 등 이런 발상을 자유자재로 유도하는 것은 신성한 학원이 아닌 사기업체가 인사 관리를 할 때 사용하는 방법이라고 나는 판단을 하고 싶다. 이러한 발상은 한 사람 두 사람의 생각에서 절대로 나올 수 없고 여러 사람이 한데 모여 다방면에 걸쳐 전문적으로 의견을 교환해야만 설정

될 수 있다고 본다. 그 중 가장 마음 아프게 한 것은 사람을 구석진 곳에 몰아 놓고서 안 그런 척하면서 여러 명이 합세하여 온갖 비열한 방법을 동원해서 암암리에 인신공격을 퍼붓는 모습은 절대로 용서받지 못할 파렴치한 행동들이라고 단정하고 싶다.

누가 이렇게 하도록 시켰는지가 몹시도 의문스럽다. 인간다운 삶을 보장받지 못하고 수시로 인간 말살 행위를 경험한 나만이 자세한 내용을 알 수 있다고 생각하고 싶다. 나는 이러한 행위를 무수히 많이 반복해서 자행해도 아무런 내색을 하지 않고 오로지 성실한 자세로 임하여 학생들의 올바른 인성 지도와 교과 지도에 최선의 노력을 경주하였다.

실천적 자연사랑의 계기를 주었던 여러 가지 일들

나는 교사의 역할을 수행하는 것으로는 부족하다고 생각해서 1987년 여름방학기간을 이용하여 구미에 있는 경상북도 자연학습원에서 환경연수를 받았다. 그것이 토대가 되어, 그 이듬해인 1988년 6월 20일에 상주에 '자연사랑연합회 상주지회' 를 발대했다.

내가 근무하고 있는 고장이 자연사랑이 듬뿍 담긴 곳이 되는 것을 기원하는 바람으로 자연사랑연합회 상주지회를 창립하여 새로운 회원 확보에 혼신의 힘을 다하여 노력했다. 시간이 주어질 때는 언제나 지회 사무실 환경 정리와 시내 곳곳을 회원들과 함께 다니며 자연 정화 활동을 수시로 하였다.

실천적 자연사랑운동을 솔선수범하여 앞장서서 활동하였다고 해서 경상북도 도지사님께서 1988년 10월경에 나에게 표창장을 주어 그 공로를 격려하였다.

나의 교직생활에 본격적으로 쓰라림과 고뇌가 찾아온 시기

학교에서 발생된 여러 가지 일들 중 몇 가지는 나에게도 잘못이 있어 일어날 수 있다고 생각하여 행동 방향을 수정하여 나아갔다. 모든 자존심을 비우고 진솔한 자세로 앞만 보면서 열심히 노력하여 살았다.

담임을 주던 안 주던 상관하지 않고 교사로서 한 점 부끄럽지 않게 행하면서 학생들을 지도해 왔었다. 그럼에도 불구하고, 담임 배정은 매번 나와는 상당히 동떨어져 있었다. 담임을 못 맡을 만한 이유가 전혀 없었다. 그 당시의 관리자분들이 나에게 담임을 주지 못할 만큼 무능력한 교사라고 생각을 했다면 그것은 아주 잘못된 판단이었다. 여러 해에 걸쳐 학생들을 지도하는 동안 학생들한테 인정을 받지 못한 적은 한 번도 없었다. 그런데도 객관적인 사고는 전혀 하지 않고 사람을 차별 대우하는 것은 학교 당국에 상당히 많은 문제가 있다는 것이다. 이러한 논리는 법인 재단 이사장님이 선생님들을 자기의 도구로 생각하기 때문에 나온 발상이라고 보고 싶다.

가장 가슴 아팠던 일은 내가 잘못 행동하지 않았는데도 불구하고 몇 사람이 모여 내가 나쁜 일을 수시로 저지르는 사람처럼 다른 선생님들이 오인하게 와전시키는 것이었다. 자기들의 영익을 위해서 수단과 방법을 가리지 않고 한 개인을 수렁에 빠지게 만드는 작태를 나는 차마 눈뜨고 볼 수 없다. 권력이나 힘이 있다고 해서 사람을 자기들 멋대로 처리하고 난 뒤 좋다고 웃는 그 모습은 교직에 입문한 나의 꿈과 희망을 저버리게 한 동시에 삭막한 인간살이가 어떤 것인지를 한없이 느끼게 했다.

본격적으로 교직생활에 위협을 준 시기는 2000년도 학기 초에 새로운 교감 선생님이 우리 학교에 부임하면서 부터다. 학교에 한 선생님이 새로 오는 것이 이렇게 차이가 많이 날 줄이야 꿈에도 몰랐다. 그것도 관리자의 신분으로 교직 경력이 나보다 적은 자가 권리나 힘을 가졌다고 해서 생각나는 대로 아무렇게나 나를 대하는 그 모습에서 우리의 교육이 진정으로 나아갈 길이 무엇인지 의심스럽게 했다.

그 사람이 우리 학교의 관리자로 부임해오면서부터 벌어진 엉뚱한 일이 한두 가지가 아니었다. 그 사람은 현재 재단이사장님의 조카 신분이다. 재단 측으로부터 제일 첫 번째 부여받은 임무는 학교에서 나를 여러 가지 방법을 강구하여 학교생활을 그만두게 하는 것이었다. 언제든지 재단 이사회를 열 수 있는 분위기는 조성되어 있어 나를 파면, 해임시키는 것은 아주 쉬운 문제였다.

2000년도 학기 초부터 나를 파면시키려는 의도가 노골적으로 시작되었다. 있지도 않은 사실을 만들어 정신을 못 차릴 정도로 혹독하게 다루어 나의 마음을 어지럽혔다. 그렇게 하는 것으로 만족하지 않고 나와 학생들 관계가 원만하게 되지 못하도록 하였다. 그리고 틈만 나면 몇 몇 주요 인사들이 일정한 곳에 모여 나를 부적격교사로 만드는 여러 방법을 연구하면서 소일하는 그 모습을 옆에서 자주 보았다. 이 모습에서 말도 안 되는 형상을 느꼈다. 되도록이면 그러한 모습을 안 보려고 해도 일부러 내가 교무실에 있을 때마다 엉뚱한 장난이 있어 내 마음이 안쓰러울 때가 한두 번이 아니었다.

지나간 과거를 돌이켜보면서 생각나는 모든 사실을 19년째 교직생활을 하고 있는 교사의 모든 양심을 걸고 진솔하게 말하겠다. 수업을 받고 있는 학생들의 반에 들어가 노골적으로 나를 교사로서의 자질이 부족하다고 수시로 이야기하였으며 시간이 나는 대로 일정한 교실에 들어가 학생들에게 설문시를 조사하여 학생들의 진술 중에 나를 비판하는 내용이 있는 것만 골라 모아 두었다가 몇 분 선생님에게 보여주고 이런 사실을 전적으로 믿게 만드는 등 허위 사실 유포를 수없이 하였다.

학생들이 작성한 설문지인지 아닌지 확인할 방법이 없었다. 교감 선생님 뜻에 동조하는 학생들에게 완전히 믿게끔 말을 유도하였다. 이러한 사실들이 공공연하게 교내로 퍼져 많은 학생들이 나를 엉뚱한 짓을 수시로 저지르는 아주 비열한 선생님으로 오인하였다.

진실이 아닌 것을 사실인 것처럼 믿게 하는 방식은 학생들이 공부하는 학원에서 절대로 일어나서는 안 된다. 이러한 인간 말살 정책은 죄를 지은 사람들을 전문적으로 수사하는 경찰서 수사계나 정보기관에서나 다루는 형태이다. 성실한 선생님을 이런 방법으로 다루어서는 절대로 안 된다고 본다. 그리고 나는 오랫동안 이 학교에서 근무하면서 수많은 제자들을 배출했다. 만약 내가 교사로서의 능력이 부족하거나 실력이 전혀 없는 사람이라면 재단 측에서 가만히 두지 않았을 것이다. 추측하건데, 이 정도의 실력을 가진 교사라면 아마도 교직생활 도중에 문제를 만들어 해임이나 파면을 시켰을 것이다.

교감 선생님이 부적격 교사라고 판단한 것이 잘못되었다는 것을 만인에게 확인시키기 위하여 나는 2000년 여름에 자연보호중앙협의회에서 개최한 자연보호활동수기 공모전에 나의 작품을 출품하여 자연보호중앙협의회 회장상을 수상하였다. 2000년 초기에 교감 선생님께서는 온갖 감언술수의 부리면서 나에게 수업 연구를 하라고 당부했다. 그 내용을 사실 그대로 적어보면 "성 선생님! 누구나 학교에 근무를 하면 수업 연구를 하게 되어 있는데 이번에 하고 나면 최소한 8년 동안은 하지 않아도 되는데 뭐 문제 될 것이 있습니까?"라고 하기에 나는 교감 선생님의 모든 말씀을 믿고 수업 연구를 할 준비를 하였다.

하지만 2000년 4월 초에 나의 오른손에 종양이 생겼다. 처음에는 중지와 검지 사이에 조그맣게 나기에 별로 걱정을 하지 않고 수업 연구를 한다고 대답을 했으나 점점 커져 수술을 받아 제거해야 했다. 그래서 나는 수업 연구를 내년 2001년도로 미루었으면 한다고 정중하게 부탁을 했다. 하지만 나의 진심을 믿으려고 하지 않고 수업 연구하기 싫어서 꾀병 부린다는 말을 하였다. 교감 선생님에게 이 말을 전한 지 얼마 안 있어 성팔경 선생님은 수업 연구하기 싫어서 꾀병 부린다는 말이 온 교무실에 퍼져 돌아다녔다. 급기야 그러한 루머가 나의 귀에까지 들어왔다.

진심을 보여주기 위해 그 해 가을 구미에 있는 차 병원에서 전문 외과 담당 과장님에게 진찰을 받아 보았다. 불행 중 다행히도, 악성 종양이 아니고 양성 종양이니 수술만 하면 나을 수 있다고 하였다. 이 사실을 학교에 전하고 허락을 얻어 병원에 입원하여 수술을 받았다. 그 이후로, 상처의 부위는 빨리 아물더니 그 다음 주에는 완전히 회복되었다. 손이 아픈 기간 동안 여러 가지 면으로 학생들에게 지장을 많이 주었다. 수술을 받은 후로는 수업을 진행하는데 약간의 지장은 있었으나 수업을 진행 못할 정도의 심각한 장애는 없었다. 수술을 받고 난 뒤에는 종양이 완전히 제거되어 그동안 알차게 진행하지 못했던 수업의 공백을 메워나갈 수 있었다.

수업 연구와 수업 연구 강평회에서 있었던 웃지 못할 해프닝

2001년도 학기 초가 되자마자 손의 이상 증세로 하지 못했던 수업 연구를 하겠다고 우리 과에 근무하시는 선생님들에게 교과 협의회 시간에 공식적으로 발표하였다. 그날 직원 회의가 끝나자마자, 교감 선생님에게도 이 사실을 알렸다. 그러나 당시 학교 당국이나 관리자들이 나를 학교에서 퇴출시키려는 계획을 세우고 있다는 사실을 나는 전혀 몰랐다.

이제까지 학생들을 가르쳐온 경험을 토대로 해서 혼신의 힘을 다하여 수업 연구 준비를 하였다. 어느 학교든 거의 대동소의하게 있는 일이지만, 수업 준비와 예습, 복습은 학생들이 알아서 해온다. 우리 학교 학생들 거의 대부분이 공부에 관심도 없다. 거기에다, 노력을 하지 않아서 모든 과목에 대한 성취도와 인지도가 현저히 뒤떨어져 있다. 선생님인 내가 수업 자료 준비를 해오지 않으면 수업 진행이 힘든 상태이다.

학생들에게 동기유발을 할 수 있게 수업 연구를 색다른 방향을 모색했다. 교과서 내용대로 수업 진행을 하지 않고 일상생활 영어 자료를 준비해와서 모든 학생들이 참여할 수 있도록 프로그램을 작성하였다. 그 내용은 사용하기 쉬운 영어를 발췌해내어 누구든 흥미 있는 대화를 할 수 있도록 편집하였다. 수업 연구가 2교시에 있는 관계로 아침 직원 회의가 끝나자마자 곧 해당 교실에 들어가 1교시 수업 담당 선생님에게 한 5분간의 시간을 빌려 학생들과 사전에 연습을 해두어 수업 진행에 차질이 생기지 않도록 하였다. 그래도 마음이 놓이지 않아 안절부절못하였다. 걱정스런 심정으로 교무실 내 자리에 앉아 최종적으로 점검을 하였다.

평소보다 시간이 빨리 흘러 1시간이 금방 흘렀다. 나는 영어 교과서와 수업 연구할 때 사용할 모든 자료를 준비해서 수업 시간보다 5분 빨리 1학년 1반 교실에 들어갔다. 내가 하는 수업 연구를 보기 위하여 10여 명의 선생님들이 학생들 뒤편에 앉아서 지켜보았다.

매일 혼자서 수업을 진행하다가 여러 명의 선생님들이 뒤편에 앉아 있으니 당황하여 갈피를 못 잡아 안절부절못했다. 평소 수업시간에는 아무 부끄러움이 없이 수업을 잘 진행하였다. 하지만, 왠지 그날따라 떨려서 발음도 이상하게 나오고 진도를 어디서부터 시작해야 될 지가 잘 생각이 나지 않아 애를 먹었다. 그런데다 눈까지 침침해오니 한마디로 아무 생각이 없었다.

하지만 혼신의 힘을 다해 이 위기에서 빠져나오려고 애썼다. 그러한 덕분인지 모르지만, 수업을 진행하면 할수록 마음이 안정되었다. 이내 양 사방이 환해지더니 마음에 부담감이 어디론가 사라져버렸다. 수업 연구한 지 7년 이상 지나니 많은 것을 잊어버려 기억도 제대로 할 수 없지만 되도록 기억에 있는 사실들만 적어 보려고 노력했다.

그날 수업 연구를 무사히 마치고 좋은 기분으로 다른 반 수업을 임한 것은 사실이다. 다음 시간 수업을 마치고 교무실 내 자리에 차분히 앉아 오늘 2교시에 수업 연구했던 부분들을 살펴보았다. 사전에 예정했던 프로그램 중 몇 군데 빠뜨린 부분도 있고 틀린 곳도 있었지만 대체로 수업 진행이 원만했다.

내가 처음 이 학교에 부임해오면서부터 실시된 다른 선생님들의 수업 연구와 비교해보니 내가 진행한 그 반의 수업은 자료 준비도 많이 했고 수업 진행도 거의 완벽하였다. 많은 선생님들과 학생들이 지켜보는 가운데 50분 내내 영어로 수업을 진행하는 것이 이렇게 힘든 것은 오늘 처음 알았다. 아무런 표정을 짓지 않고 담담한 자세로 내 자리에 앉아 밀린 업무를 보며 오후에 남은 수업 연구 강평회를 기다렸다.

그날 6교시 수업을 마치고 교무실에 돌아오니 연구과에 있는 수업 연구 담당 선생님이 교장실에서 나의 수업 연구 강평회가 있으니 꼭 참석하라고 했다. 그 말을 들으니 갑자기 가슴이 답답하고 얼굴은 혼비백산이 되었다. 오후에 있을 수업 연구 강평회를 어떻게 넘어갈까? 하는 걱정이 온 마음을 사로잡았다. 수업 연구에 참석한 선생님들한테 호평은 못 받아도 잘못했다는 말을 듣지 않아야 한다는 생각에 정신이 혼란스러웠다.

수업 연구 강평회에서 무슨 말부터 먼저 해야 될지 몰라 기분이 얼떨떨하기만 했다. 선생님들 앞에 내가 하고 싶은 이야기를 제대로 전달할 수 있을까? 하는 염려가 앞서기도 했지만, 선생님이면 누구나 한 번식 넘어서야 될 과정인데 이 까짓것은 아무것도 아니야. 나는 해낼 수 있다. 라는 생각이 나에게 자신감을 듬뿍 실어 주웠다. 이런 결론에 이르는데 그리 많은 시간이 걸리지 않았다.

교무실 내 자리에서 심호흡을 몇 차례 하고는 박차고 일어나 교무실에서 좀 멀리 떨어져 있는 교장실로 향해 나아갔다. 교장실 문을 열고 들어서는 순간, 교장 선생님께 목례로 인사를 하였다. 그러니 교장 선생님은 격조 높은 목소리로 "어서 와요. 자, 이 자리에 앉아요."하기에 다소곳한 자세로 내가 앉기에 적당하다고 생각되는 자리를 골라 앉았다.

무슨 영문인지 모르지만, 교감 선생님이 나보다 훨씬 일찍이 교장실에 당도하여 교장 선생님과 무엇인가에 대해서 긴밀히 논의를 하고 있었다. 수업연구 강평회가 모두 끝나고 안 사실이지만, 교감 선생님께서 나보다 훨씬 일찍이 교장실에 온 것은 나의 신상에 대하여 대화를 나눈 것이었다. 교장실에서 이런 말들이 오갈 줄은 꿈에도 몰랐다.

교장실에서 한 5분가량 자리에 앉아 기다리고 있으니 수업 연구에 참석했던 모든 선생님들이 뭔가를 알아듣지 못하는 소리를 귓속말로 주고받고 있었다. 그런데 왠지, 그 선생님들 대부분이 얼굴에 만면의 미소를 지으며 의기양양하게 들어왔다. 나는 이 모습을 보고 처음에는 나의 수업 연구에 참석했던 모든 선생님들이 상주공업고등학교에서 근무한 지도 꽤 되었고 오늘 내가 한 수업 연구가 잘 되었구나. 하고 생각했다. 하지만 나의 그런 생각은 착각이었다.

그날 오전 1학년 1반에서 실시된 나의 수업 연구에 참석한 모든 선생님이 모이니 수업 연구 강평회가 시작되었다. 먼저 교장 선생님께서 수업 연구 강평회 시작을 알리는 간단한 말을 건넸다. 교감 선생님의 사회로 강평회에 참석한 선생님 한 분 한 분이 자기의 견해를 발표했다. 새로운 이야기가 나의 귓전에 들릴 때마다 얼굴이 벌겋게 상기되었다. 먼저, 몹시 화가 난 모습을 한 교장 선생님께서 자리에서 벌떡 일어나더니 내가 실시한 수업 연구에 대해 강도 높은 목소리로 신랄하게 비판을 하였다. 그 때 말한 내용을 잠시 들어보면 "성 선생님 이것도 수업 연구라고 준비했습니까? 참 한심한 노릇입니다. 선생님 수업하는 것을 보고 얘들이 무엇을 배우겠습니까? 이 말들을 참고해서 이 자리에 배석한 선생님들께서 성 선생님 수업 연구 중 잘못된 것이 있으면 무엇이든 좋으니 발표해주세요."라고 얼토당토 않는 이야기를 하여 기선을 제압했다. 그 말을 듣자, 나도 모르게 화가 머리끝까지 치솟았다. 교장 선생님 신분이 아니고 만약 학생이라면 정신 차리라고 머리라도 한 대 쥐어박고 싶은 심정이었다.

교장 선생님은 무엇을 보고 그렇게 말했는지 모르지만, 나의 수업 연구 시간에 참석하신 것이 아니라 시내에 출장을 가고 없었다. 그리고 매번 수업 연구 강평회에 참석을 해봐도 이런 식은 아니었다. 참 해도 해도 너무 심한 것 같았다. 이 말이 끝나기가 무섭게 선생님들 맨 윗자리에 앉아 있던 교감 선생님이 자리를 박차고 일어나더니 사회를 직접 하겠다고 이야기하였다. 나의 수업 연구에 대한 부적절함을 집요하게 꼬리를 물고 늘어졌다. 이 말 모두가 사실인 것처럼 다른 선생님에게 오도하여 자신의 당위성을 보이려고 온갖 수작을 다 부렸다. 그 당시에 했던 말들이 어떠한 것인지 대략적인 내용을 적어보겠다.

"수업 연구에 참석하신 선생님들 수고 많이 하셨습니다. 오늘 직접 수업 연구를 담당하신 성팔경 선생님이 연구를 어떠한 방식으로 했는지 모르지만 내 개인 생각으로는 판서 계획이 전혀 이루어지지 않았고 자기 주도적인 수업을 진행하여 학생들이 학습할 분위기를 전혀 조성하지 않았습니다. 그리고 영어 선생님의 생명인 영어 발음도 제대로 되지 않아 학습자에게 효율적인 학습이 이루어진 곳을 찾아보려야 볼 수가 없었습니다. 이것 외에도 잘못된 부분을 지적할 사항이 많지만 나중에 거론하기로 하겠습니다. 지금부터 수업 연구에 참석하신 선생님들께서 오늘 진행된 수업 연구의 문제점을 지적해 주셨으면 고맙겠습니다."라고 말을 이으니 무슨 말을 해야 될지 망설이던 선생님들 몇 분이 갑자기 자신감을 얻은 표정을 지으면서 별안간 교감 선생님과 유사하게 말했다.

다행스럽게도, 객관적인 판단을 하는 몇 분 선생님들은 자기 의사를 정직하게 내비추었다. 그 때한 말들을 종합적으로 서술하면 "성팔경 선생님 오늘 수업 연구하시느라고 고생 많으셨습니다. 자료도 많이 준비하시고 학습자에게 전달하려는 내용도 분명했습니다. 저는 이 과목이 전공이 아니라 잘 모르겠지만, 좀 천천히 수업을 진행하였다면 학습자 모두에게 보다 효율적인 학습이 되지 않았을까, 하는 마음입니다. 오늘 정말 수고 많으셨습니다."와 유사한 말을 참석하신 몇 분 선생님한테서 몇 차례 계속해서 들으니 안타까운 심정으로 내재되어 있던 마음이 좀 진정되었다.

내가 알고 있는 '수업 연구'란 여러 선생님들이 한 선생님이 수업을 진행하는 것을 보고 강평회를 열어 수업 진행의 효율적인 방안 모색, 학생들에게 알맞은 수업 모델 구성, 능동적이고 창의적인 아이템 발견, 수업 진행 시 발견되는 문제점 등을 논하여 보다 합리적이고 보편타당한 수업 이론을 설계하는데 그 목적이 있는 것으로 알고 있다. 앞에서 여러 가지 엉뚱한 발상으로 '수업 연구 강평회'의 진정한 의미를 손상시킨 이 사람들이 진정한 교육자라고 평을 할 수 있을까? 하는 의문이 재기된다.

수업 연구 강평회 때 나의 마음을 가장 가슴 아프게 했던 것은 동 교과 선생님 중 한 사람이었다. 나의 수업 연구에 하나도 보탬을 준 적이 없는 것도 화가 나는데 수업 연구 강평회에서 도도한 자세로 자리에 벌떡 일어나더니 나를 신랄하게 비판을 했다. 그 당시에 어떤 말을 했는지 지난날을 돌이켜 적어보기로 하겠다.

"성팔경 선생님 수업 연구하느라 수고하셨습니다. 오늘 거론을 하지 않으려고 신경을 곤두세웠지만 정도가 심한 것 같아 어쩔 수 없이 이야기하겠습니다. 같은 과 선생님인 제가 보기에는 수업 진행이 많이 미숙한 것 같았고 선생님이 하신 영어 발음을 도무지 알아들을 수 없어 영어 수업시간인지 다른 수업시간인지 잘 모를 정도입니다. 그리고 사전에 수업 준비를 전혀 하지 않아 효율적인 수업이 진행되지 않은 것 같고 수업 연구 교안을 점검해 보니 학습자들을 전혀 고려하지 않은 자기 주도적인 방식으로 짜 놓았습니다. 선생님이 수업을 전개하는 것을 보니 학습자들의 입장을 전혀 고려하지 않은 것 같습니다. 전체적으로 평가할 때 진정한 수업의 의미를 잃어버린 것 같습니다. 다음부터는 이런 수업 자체를 진행하지 않았으면 합니다.' 이 말은 오랫동안 한 나의 교직생활에 먹칠을 하는 말이었고 앞을 볼 수 없을 정도로 나의 뇌리를 무차별 가격하는 청천벽력이 무너지는 참 어이없는 표현들이었다.

나이도 나보다 한참 어리고 교직 경력도 짧은 선생님이 선배 선생님이 진행하는 수업 형태를 배울 생각은 않고 선배 선생님을 땅바닥으로 내몰았다. 이 말들은 옛 스승에게서 배운 참교육의 방향을 저버리게 하는 말이었다. 선후배 선생님 간의 두터운 정은 어디로 사라졌는가? 조심성은 그 어디에서도 찾아볼 수 없을뿐더러 선배 선생님의 수업 연구를 아무렇게나 평가하는 그 모습에서 우리나라가 동방예의지국이라는 말이 사뭇 의심스러웠다. 거기에다, 관리자 두 분(교장 선생님, 교감 선생님)은 강평회에 참석을 했으면 선생님들에게 모범된 상을 지니고 수업에 대한 새로운 모델을 찾아내는 방안을 검토하고 연구하는데 신경을 써야 하는 게 아닐까.

자기들이 억지로 생각해낸 목적을 달성하기 위하여 한 순수한 선생님을 벼랑으로 내모는 일에 앞장을 서서 나선다면 우리 교육이 밝은 미래로 점진할 수 있다고 보는가? 대한민국 전체가 이런 식으로 교육을 전개한다면 아마도 교육의 밝은 미래는 아예 기대할 수 없고 교육 현장은 한 치 앞도 못 보는 소인배들의 소굴이 되어 급기야는 사회 전체에 일촉즉발의 위기가 올 것이 분명하다. 여기에 대하여 자세히 답변을 할 수 있느냐고 누구든지 나에게 물으면 '그렇다' 라고 서슴없이 나서서 말하겠다. 오랜 기간 동안 교육 현장에서 학생들을 가르친 능숙한 교육 경험이 그렇게 말할 수 있는 힘을 주었다. 교사 생활 동안 솔선수범하는 정신을 세워 나아간 관계로 학생들에게 현명한 판단을 할 수 있게끔 유도하였다. 그리고 사랑스러운 학생들의 아름다운 교육을 위해 최선을 다하였다.

내가 실천한 학교사랑운동과 나에게 한 많은 사연을 안겨준 사건

2001년 학기 초, 교장 선생님께서 나에게 업무 분장으로 학생부에서 '학생봉사'를 담당하게 했다. '학생봉사'란 교내나 교외에서 교칙에 어긋난 행동을 하여 적발되어 학생 선도 교육자로 선정이 되어 나에게 오면 바른 행동을 할 수 있도록 일정한 교육을 시켜 다시는 이런 문제를 유발하지 않도록 지도하는데 그 목적이 있다.

연초에는 학교장 선생님의 방침대로 학생봉사에 해당되는 학생들에게 일정한 양의 반성문을 쓰게 하여 지도를 해왔다. 이 방법보다 효율적이고 보람 있게 학생들을 지도할 수 있는 방안이 없을까? 하는 생각이 자주 떠올랐다. 그러던 어느 날 저녁을 먹으면서 생각해낸 한 가지 묘책은 봉사에 해당된 학생들에게 교내를 아름답게 가꾸는 작업을 시키는 것이었다. 그 다음날부터 바로 실행에 옮겼다.

학교에 출근을 하면 봉사 학생들과 같이 다른 사람들의 손길이 거의 닫지 않는 구석진 곳을 위주로 청소를 시작하였다. 수업이 없는 때면 한 시간도 빠짐없이 봉사 학생들과 함께 교내를 깨끗이 청소하였다. 그 해에 작업한 것을 대충 열거해보면 실습동 현관 청소, 실습동과 신관 건물 전체 청소, 1층~4층 화장실 물청소, 벽면 먼지 제거, 화단 김매기와 물주기, 교문 주변 쓸기, 쓰레기장 주변 청결, 운동장 휴지 줍기, 학교 울타리 주변 풀 뽑고 오물 제거, 교내 창문틀 먼지 제거, 교실 주변 일대 거미줄 제거 등을 거의 매일 쉬지 않고 실시하여 깨끗하고 아름다운 교정이 되게 최선의 노력을 경주하였다.

이것을 근거로 하여 2001년도 자연보호중앙협의회에서 주관한 자연보호활동수기에 공모했다. 1년 내내 학생들과 함께 자연사랑을 실천했던 내용을 주제로 작품을 제출해서 당당히 환경부 장관상 수상을 하게 되었다.

자연보호중앙협의회에서 전화로 내게 자연보호활동수기 공모에서 환경부 장관상 수상자로 결정이 되었다고 했다. 그 말을 들은 순간 가슴이 벅차오르고 황홀해서 한참 동안 내 정신이 아니었다. 이 순간이 나도 해낼 수 있다는 자신감을 가지게 했고 나를 가장 기쁘게 했던 날이었다. 무엇이든지 해낼 수 있다는 자신감이 나의 마음 전체를 감싸 쥐었다.

하지만 다시는 생각하기 싫은 엉뚱한 일이 벌어졌다. 다름 아니라 그 내용은 자연보호중앙협의회에서 학교장 앞으로 공문을 띄워 협의회의 사정상 수여식을 할 수 없으니 학교장 선생님께서 배려하여 자연보호운동이 확산되게 전교생이 보는 앞에서 시상식을 했으면 하는 내용이 담긴 협조 공문을 교장 선생님께 보냈다. 그 당시의 교무 부장을 맡고 있는 선생님이 나의 책상 위에 상장과 상품을 거의 던지는 상태로 주면서 "성팔경 선생님 수고했어요."라는 말을 하고 내가 혹시 되돌아보면서 무슨 말을 할까 싶어서 자기의 자리로 재빨리 돌아갔다.

참 어이가 없고 한심한 노릇이었다. 나는 교무부장의 책상에 가서 왜 시상식을 하지 않느냐고 물었다. 그 대답이 너무도 괴상망측해서 말이 안 나왔다. 그 당시에 했던 말을 그대로 적어보면 이 시상 계획은 사립 단체에서 주최한 것이니 우리 학교의 방침으로는 시상 대상이 되지 않는다는 것이었다. 거의 같은 시기에 있었던 수업 연구 강평회 때문에 역정이 난 나에게 이런 터무니없는 말을 함부로 내뱉으니 하늘이 한꺼번에 무너져 내리는 것 같았다.

내가 알고 있는 자연보호중앙협의회는 사단법인으로 정부에서 인정하는 공공단체이고 장관상 수상 후보로 결정이 되었다면 학교에서는 나를 따뜻한 마음으로 감싸주는 것이 당연한 이치이다. 그리고 장관상 수상을 대대적으로 외부에 홍보하고 학생들 앞에 수상식을 가져 영광스러운 수상을 빛내 주어야 한다.

학기 초에 학교장 선생님께서 나에게 업무 분장으로 '학생봉사'로 명한 자체가 많은 부당성을 내포하고 있어서 전혀 마음에 들지 않았다. 하지만 학교장 선생님의 명령이니 그것을 나의 소임으로 알고 그 업무를 충실히 이행했다. 그러면 잘한다고 격려도 하고 더욱 열심히 할 수 있도록 나에게 힘을 북돋워 주어야 하는데도 불구하고 학생봉사에 해당이 된 학생들과 어울려 교내를 청소하는 허수아비 역할을 담당하게 해놓았다.

실질적인 모든 권한은 재단에서 특명을 받고 활동하시는 선생님과 교장 선생님, 교감 선생님, 학생부장 선생님 등이 파행적으로 운영하였다. 이런 사람들이 좌지우지하는 식으로 모든 권력을 행사했고 내가 봉사 학생들을 지도하는 일은 청소 외는 아무런 권한이 없었다.

그때의 일들을 아무리 돌이켜 생각을 해보아도, 이치에 맞는 것은 하나도 없었고 자기들의 생각대로 주먹구구식으로 행해왔다. 정말 말도 안 되고 안타깝기 그지없는 형상이었다. 그분들이 한 일이란 한스러운 마음이 생기도록 나에게 고통을 가한 것뿐이었다. 관리자(교장 선생님과 교감 선생님)와 몇몇 선생님들이 담합하여 나에 대한 교내 시상 계획을 무산시켜 버리고 말았다. 나는 이 영광스러운 일을 혼자서 알아서는 안 될 것 같아 상주시청 새마을 과장님에게 전화를 걸어 현재 내가 처해 있는 난해한 처지를 설명을 드렸다. 그랬더니 학교장 앞으로 공문을 보내 상주 자연보호 행사 날에 꼭 참석하여 이 자리를 빛내 달라는 것이었다.

상주시청에서 보낸 공문을 보니 그동안 위축된 마음이 좀 안정되었다. 피나는 노력 덕분에 생긴 일이 우여곡절 속에 교내 행사가 아닌 시청 행사에 참석하여 장관상을 수여받는 것으로 일단락되었다. 일 같지 않은 일로 고통을 많이 받았다. 2주 이상을 그 일로 기분도 엉망이 되었다. 고민을 너무 많이 해 생병을 앓을 정도로 몸의 상태가 말이 아니었다. 그래도 많은 사람들이 협조한 덕분으로, 장관상을 수여 받을 수 있어 기분이 좋았다.

엄청난 회오리바람이 몰아치고 며칠이 지난 어느 날, 행사장에서 시상식을 거행하는데 나에게 시상식장에 꼭 참석해 달라는 통보가 왔다. 그 통보에는 상주 시장님 직인이 찍혔다. 1교시 수업 후에 나는 교감 선생님으로부터 시청에서 나에게 보낸 '시상자 참석자 통보'라는 공문을 건네받았다. 약간 상기된 표정으로 결재를 받기 위하여 교감 선생님 책상 앞에 가서 공문 내용을 자세히 말씀을 드렸다. 그런데 대뜸 하시는 말씀이 "성팔경 선생님은 그 행사장에 참석할 대상이 아닙니다. 무엇 때문에 그곳에 갈려고 하는지 이유를 모르겠어요."라는 말을 하면서 공문에 억지로 사인을 하였다. 그리고는 버럭 화를 내면서 공문을 거의 던지다시피 나에게 주었다. 나는 그 순간 몹시 기분이 언짢아졌다. 마치 쇠망치로 머리를 한 대 가격을 받은 것처럼 한참 동안 멍하였으나 식장에 빨리 도착하여야 하는 관계로 황당한 일을 모두 잊어버리고 교무실을 빠져나와 행사장으로 향했다.

그곳에는 행사를 축하하기 위해 먼저 온 많은 내빈들이 와 있었다. 나는 시청 새마을 과장님의 인도를 받아 행사장으로 갔다. 아직도 나의 생각 속에서 지워지지 않는 한 가지는 수상자들 중 제일 먼저 상주 시장님으로부터 상장과 상품을 수여 받았다는 사실이다.

학교 수업이 많이 남아 있어서 식이 끝나자마자 곧장 학교로 향했다. 세월이 많이 지나니, 그 해에 학교에서 벌어졌던 엉뚱한 사건을 대부분 잊어버릴 수 있었다. 하지만 지난날의 기억들을 회상하여 글을 쓰고 있는 이 순간에도 그 당시의 교장 선생님과 교감 선생님께서 왜 그렇게 나에게 비참함을 느끼게 했는지에 대한 이유를 전혀 모르겠다. 더욱이 한 학교에 근무하고 있는 교사가 전국 무대에서 작품을 써 장관상을 수상한 것에 대해 축하해주고 격려해주어야 하는데도 불구하고 말도 안 되는 잘못된 발상으로 수시로 일을 꾸몄는지에 대해 사뭇 의심스럽다. 그리고 그때 그분들이 무슨 생각을 하고 있는지가 궁금했다. 오랜 교직생활을 성실히 수행하여 왔고 열심히 생활했던 나에게, 1992년 이후로 담임을 한 번도 주지 않았던 일을 아무리 생각해봐도 너무 억울한 처사라고 생각했다.

왜 부당한 처우를 받고도 한마디 바른 소리도 못하고 생활해 왔었던가? 그 이유에 대한 답은 한 가지뿐이다. 진취적인 기상과 성실한 자세로 학생들의 백년대계를 맡고 있는 교사이기 때문이었다. 그때에 일어난 정황들을 나에게 답변을 하라고 하면 힘이나 권력이 있는 자들의 횡포로 교권 탄압이 서슴없이 자행되고 있다고 말하겠다. 세월은 내가 생각하고 있는 것보다 훨씬 빨리 흘러, 다사다난했던 2001년도의 어려운 일들이 언제 나에게 도래되었는지 모를 정도로 나의 기억에서 아득하게 멀어져 갔다.

파워포인트의 장점과 지체장애 2급의 장애인이 된 원인

내가 교직생활을 한 지도 만 20년이 훌쩍 흘러가버렸다. 나는 야속하게 보냈던 지난 세월의 모든 어려웠던 과정을 잊어버리고 열심히 인생을 살 것을 마음속으로 다짐했다.

전보다 학교에 일찍 출근을 하여, 교재 연구를 보다 심도 깊게 했을 뿐 아니라 연구를 하지 않아 잘 다루지 못했던 파워포인트 부분을 집중적으로 공부하여 가르칠 내용을 학교 홈페이지에 수록하여 수업 현장에 활용하였다. 가장 먼저 시도한 것은 교과서 전체의 내용을 컴퓨터에 담는 것이었다.

1년 가까이 수업을 해보니, 내가 만든 파워포인트에서 여러 가지 장점이 발견되었다. 그 장점들을 일목요연하게 정리하여 보겠다.

첫째로, 판서하는데 시간을 많이 허비하였으나 그런 일이 전혀 없었다.

둘째로, 컴퓨터에 그날 수업할 모든 내용을 실어 수업을 하니 학생들의 관심도 높아졌을 뿐 아니라 전반적인 내용에 대해 이해를 잘하였다.

셋째로, 파워포인트를 활용해서 수업을 하니 학생들의 수업 집중도가 많이 향상되었다.

넷째로, 파워포인트를 활용하기 전에는 수업시간에 공부를 하지 않고 장난을 하거나 딴전을 피우는 경우가 많았지만 파워포인트를 활용해서 수업을 진행하니 수업에 임하는 태도가 완연히 달라졌을 뿐 아니라 거의 대부분의 학생들이 조용히 학습을 하였다.

다섯째로, 선생님이 주도하여 가르치는 주입식 공부에서 탈피하여 파워포인트를 보고 문제 해결을 하는 창의적인 학습이 이루어졌다.

여섯째로, 문제 해결 능력이 향상되었다. 그 이유인 적설, 교사가 칠판에 판서를 하여 주입식으로 문제 해결 능력을 길렀다. 하지만, 학생들이 앞에 설치된 모니터를 보고 자립적이고 능동적으로 문제 해결을 할 수 있는 동기를 유발하게 하였다.

일곱 번째로, 모니터에 쓰인 다양한 형태의 글체를 보고 자기들에게 알맞은 필기 방법을 생각을 할 수 있도록 유도하여 다양한 각도로 노트 정리를 할 수 있는 방법을 유추하게 했다.

여덟 번째로, 효율적인 교수 학습을 강구할 수 있는 분위기를 조성했다.

아홉 번째로, 학생들이 선호하는 수업 패턴을 선택하여 작업을 할 수 있을 뿐 아니라 학생들이 집에서 파워포인트를 재구성하여 편집을 할 수도 있다.

열 번째, 학생들에게 과목별로 자신의 성취 수준을 쉽게 진단할 수 있게 할 뿐 아니라 이를 활용하여 반복하여 학습하면 언제든지 실력 향상을 기대할 수 있다.

열한 번째로, 모니터를 켜서 수업을 진행하니 그 반의 모든 학생들이 집중 할 수 있게 학습 분위기를 조장할 수 있어, 선생님과 학생들 간의 이해의 간격을 좁혀 좋은 학습 분위기를 이끌어낼 수 있다.

열두 번째로, 모니터를 켠 상태에서 전체 학습, 분단 학습, 개별 학습 등을 병행하여 진행을 하니 수업 능률도 오르고 모든 학생들에게 통합 학습을 할 분위기를 조성할 수 있었다.

앞에서 거론한 이야기들은 파워포인트로 수업을 진행하면서 얻은 장점들이다. 파워포인트를 활용하면서부터 얻은 좋은 결과 덕분에, 힘이 들어도 그 해에 진도 나갈 교과서 전체의 내용을 파워포인트 작업을 하여 수업시간에 그 내용을 모니터에 비추어서 수업을 진행했다. 물론, 이것보다 더 효율적으로 수업을 진행할 수 있는 방안이 있을 것이다.

아무리 좋은 수업 방안이 있다 하더라도, 잘 활용하지 않으면 안하니만 못하다. 라는 옛말이 문득 떠올랐다. 어릴 때부터 동작이 좀 둔하고 글을 쓰는 것이 악필이라 아버지는 항상 나에게 운동을 많이 시켰다. 나는 이런 신체적인 악조건을 벗어나려고 최선의 노력을 경주했다. 하루도 쉬지 않고 열심히 노력을 한 결과, 이전보다 몸동작이 많이 유연해졌고 글씨도 상당한 수준까지 향상되었다. 하지만 나의 인생에 절체절명의 불행을 가져다 준 한 사건이 있었다.

상주공업고등학교에서 선생님으로 재직을 하던 중, 상주적십자병원에서 그 병원의 의사도 아닌 한 민간인의 척추 마취 시술로 신경 조직이 파괴되어 평생 동안 치유할 수 없는 신경 조직의 손상을 입었다. 한 민간인의 엉터리 마취 시술이 하반신에 연결되어 있는 신경 조직 자체를 파괴하여 정상적인 사람을 지체장애 2급으로 만들었다. 게다가, 시술 도중 마취 약물을 과다 투입하여 신체에 있는 모든 신경 조직에 악영향을 미쳐 전체 신경 조직에 마비가 오게 했다.

당시의 상주적십자병원의 병원장으로 근무했던 박종욱이가 어떻게 자기 마음대로 민간인을 수술실에 들어오게 했으며 친구에게 마취 시술하기를 권유했는지 몹시도 의아하다. 이렇게 불성실하고 무책임한 사람이 병원 원장이었다니 참 한심스럽기 그지없다. 이런 엉뚱한 발상을 가지고 살고 있는 사람을 정부 유관단체나 법조계에서는 상주적십자병원에서 일어난 의료 사고로 피해를 입은 당사자가 누구인지? 그리고 의료 과실을 일으킨 장본인들에 대한 실사를 하지 않는 이유를 모르겠다.

증거자료가 없고 기간이 지나 공소 만료되었다고 하는 사람이 있는데 이 사건이 저질러진 곳이 수술실이고 더욱이 교통사고를 한 번도 당한 적이 없는 사람이며 유사한 사고로 신체적인 손상을 전혀 입지 않은 정상적으로 활동하던 사람이 치질 수술을 받고 어느 날 갑자기 지체 2급 장애자가 된 것은 문제가 있다고 본다.

민간인이 수술실에 들어와 집도한 것은 엄연한 살인행위이다. 모든 경황을 비추어 볼 때 당국에서는 그 사건이 일어난 경위를 정확히 조사해야 된다고 생각한다. 상주적십자병원에서 수술에 대한 이야기는 모두 사실이다. 진솔한 자세로 오랜 세월 동안 학생을 가르쳐온 교사의 신분으로 모든 양심을 걸고 맹세하겠다.

나한테 일어난 도저히 믿기 어려운 엄청난 사건이 일어난 곳이 환자를 치료하는 병원이다. 그 당시 상주적십자병원 원장인 박종욱은 그 병원에서 근무하고 있지도 않은 민간인을 수술실에 들어오게 하는 것은 상식 이하의 짓이다. 거기에서 끝나지 않고 그 민간인에게 환자의 척추 마취 시술을 담당하게 한 것은 의사 본연의 임무를 망각한 동시에, 한 인간을 도마 위에 올려놓고 자기 마음대로 난도질하는 살인행위이다.

군의관이 마취 시술을 잘못하여 생기는 과실에 대해서는 전적으로 책임을 진다고 했는데 민간인의 척추 마취 실수로 지체장애 2급이 된 나에게 어떤 보상을 하고 책임을 졌는가? 그 사람이 나에게 준 것은 평생 동안 치유할 수 없는 신체 장애뿐이었다. 이런 황당한 일을 당해 괴로워하고 있는 나에게, 일부 몰지각한 여러 사람들이 담합하여 장애를 가져오게 된 원인이 다른 곳에 있다는 등 사실을 왜곡하여 외부에 소문을 퍼트렸다.

이 사건에 대한 정확한 답을 얻기 위하여 상주법원에 백만 원 가까이 되는 소송비도 내고 소장도 직접 적어 소송을 해보기도 했다. 하지만 판사, 법조계, 고위층에 있는 사람들 등 어느 한 곳도 나에게 도움을 주지 않아

중도에 소송을 취하하여 버리고 말았다. 소송을 취하한 근본 이유는 공소시효도 지난 사건이고 그 병원에 입원하여 수술을 받았다는 증거 자료를 제시하라고 담당법관이 나에게 공문을 띄워 이 사실을 통보했다.

한마디로, 이번 법원 소송에서 너무나 많은 것을 배웠다. 법은 돈이나 권력이 있는 자들을 우선으로 대우한다는 것이었다. 또 확실한 증거가 있어야만 유리한 입장을 확보할 수 있다는 것이었다. 법원이 일반 민간인들에게는 공정성을 상실하여 일처리 하는 경향이 있었다. 힘이나 권력이 없는 자들에게는 굉장히 불성실하다는 것을 알았다.

나의 장애에 대한 모든 것에 대해서는 권력이 있는 누군가에 의해 철저히 엄폐되어 있었다. 부당하게 피해를 본 것에 대해 사방팔방에 소리 없는 외침을 해봐도 나에게 아픔을 가져다주는 소리밖에 없었다. 이런 방식으로 인간을 매도하는 것은 절대로 인간의 도리가 아니라고 본다.

또 이 사회의 윤리를 허물어뜨리는 인간 이하의 짓이다. 나의 건장한 몸을 장애인으로 만든 장본인과 동조자들을 파악하여 그 사람들에게 진실을 실토하게 하겠다. 그렇게 함으로 해서, 우리 사회는 일부분이라도 점진적으로 바른 길로 접어들지 않겠는가? 하는 생각이 든다.

나는 신경 조직을 되살리기 위하여 안 해본 치료도 거의 없고 몸이 굳지 않게 몸 푸는 운동도 자주하여 신경 조직을 완화시켰다. 손상을 입은 나의 몸의 기능을 원상태대로 되돌릴 수는 없지만, 최선을 다하여 신경 조직을 살리도록 노력 하겠다. 병원 당국의 부적절한 시술에 의해서 손상된 나의 신체적인 기능 장애로 생긴 일을 학생들 수업과 결부시켜서는 안 된다고 판단하여 학생들 수업에 피해가 가지 않게 다른 선생님들보다 5분~8분 일찍 교무실에서 출발하여 수업시간 2~3분 빨리 해당 교실에 들어가 수업을 해왔다. 수업시간 전에 교실에 입실하여 수업을 해보니, 능동적이고 보다 알찬 수업을 진행할 수 있었다.

학교 당국에 의해 자행된 교권 탄압과 관리자들의 구시대적 발상과 의식

슬기로운 계기를 마련하게 된 것은 오로지 학생들을 공부를 위해 교사다운 행위를 수행한 나 자신의 피나는 노력 덕분이었다. 수업시간에 열심히 수업을 진행하면 나의 신상에는 별다른 문제가 생기지 않을 것이라고 믿었다. 하지만 학교 당국은 이루 말로 다 형용할 수 없는 웃지 못할 형국을 벌였다. 별로 걱정하지 않아도 될 부분도 고민스럽게 만들어 나의 심경을 불편하게 하였다. 그뿐 아니라, 건전한 사고와 맑은 정신 자체도 혼란스럽게 만들었다. 생각하건대, 심장이 약한 사람 같으면 그 일을 견디지 못하고 쓰러져 정신 이상자가 되든지 아니면 심장마비를 일으켜 영영 일어나지 못할 운명을 맞이했을 것이다.

지난 세월 동안 무수히 많은 교권 탄압을 당하였어도 인고의 노력으로 극복해왔다. 지금도 그것들 중 많은 것들을 세세히 기억하고 있다. 모든 사람들이 알 필요가 있고 판단할 사유가 있다고 생각하는 것들을 발췌해서 적어보겠다.

그 당시의 관리자 선생님(교장 선생님, 교감 선생님) 두 분은 틈만 있으면 학생들에게 나를 부적합 교사로 오인하게 하는 설문지 조사를 하였다. 나중에 그 학생들 중 몇 사람에게 들은 이야기지만, 설문지의 내용이 교사로서의 활동 능력이 떨어지는 부적절한 교사이니, 우리 학교에 근무하지 못하도록 퇴출시켜야 한다는 말과 유사한 내용을 학생들에게 적기를 요구했다는 것이었다.

평소에 나의 말을 잘 따르고 나를 존경하는 여러 학생들이 학교 당국의 부당한 조치를 반대하고 선생님을 끝까지 지켜드릴 테니 아무런 걱정하지 말고 수업 열심히 하라고 이야기하였다. 기억에 새겨진 다정다감한 그 말들이 너무나 고마웠다. 개중에 어떤 학생들은 나의 두 손을 꽉 쥐고 한참 동안 놓아주지 않고 나의 두 눈을 또렷이 바라보았다. 아마, 이 학생은 무언의 힘을 나에게 힘을 실어주고 싶었던 것 같다.

학교 당국은 나에게 심각한 마음의 상처를 입히는 것으로 만족하지 않고 능력이 없는 교사라고 수시로 강조하여 왔다. 학생들이 오판하도록 유도하는 행위는 인간다운 면모를 상실한 파렴치한 짓 그 자체라고 단정한다. 그것으로 인해 피해망상증에 걸려 본의 아니게 가끔 정상적으로 행동을 할 수 없었을 뿐 아니라 아무리 똑바로 정신을 차리려고 해도 헷갈려서 순간적이나마 일을 잘못 판단하여 횡설수설할 때도 있었다. 확실한 사고와 정확한 판단력으로 열심히 살고 있는 데도 이런 말을 자주 들어야 되니 황당하기 그지없었다. 그러한 행위 자체는 나에 대한 모든 것을 와해시키는 행동인 것이다.

엉뚱한 일들이 신성한 학원에서는 절대로 발생이 되어서는 안 된다. 우리의 교육 환경이 이런 식으로 변하게 되면 건전하고 성실한 사고를 가진 사람도 당연히 올바른 정신으로 학생들 교육에 임하지 못할 것이라는 생각이 든다. 더욱이 누구든 수많은 정신적인 압박을 받게 되면 정신착란증에 걸려 정확한 판단력을 잃는 것은 당연한 논리이다.

또 관리자 선생님(학교장, 교감)은 동료 장학이라 운운하면서, 사전에 아무런 예고도 없이 나의 수업시간에 불숙 들어와 내가 수업을 하는 모든 장면을 지켜보는 것으로 부족하여 모든 학생들이 보는 가운데 '수업 강평회'란 말을 운운하면서 학생들 앞에 수업시간에 있지도 않은 이상한 말을 하여 나의 입장을 난처하게 만든 경우가 부지기수였다. 그래도 안 되니 같은 교과 선생님들을 압박하여 내 수업 참관을 종용하는 것이었다. 참 어처구니없는 인간 말살 행위이었다.

인간이란 태어날 때는 때 묻지 않은 순수함 그대로를 가지고 살아가고 있다. 누구든 세상에 태어나면 자기 적성에 맞는 직업을 선택을 한다. 다른 것에 대해선 생각할 겨를도 없이 할 일을 정신없이 살아서 나도 어느 정도의 사회생활에 대해 알고 있다. 그렇다고 해서 있지도 않은 일을 마치 있는 것처럼 조장하여 허위 사실을 유포해서 한 인간을 생매장시키는 행위는 이 사회에서 근절되어야 한다고 본다. 나는 이때도 마찬가지로 모든 것을 참아 살기로 마음을 결정하고 오로지 학생들을 잘 가르치기는 선생님으로만 생활하겠다고 굳은 결의를 다졌다.

실천적 자연사랑의 의미와 산림 생태계 환경연수에서 얻은 자연보호의 보람

내가 자연사랑을 본격적으로 실천한 것은 2002년 4월 말경이었다. 4월 19일부터 퇴근 후에 둑에서 자연사랑(풀 깎기 작업)운동을 하면서 학교에서 유발된 모든 일을 잊어버리려고 했다. 하지만 가슴 깊숙이 입은 상처들이 많아 그리 쉽게 아물지 않았다. 모든 역경을 이겨내고 꾸준히 노력한 덕분에 10월 말경에 풀 깎기 작업을 그만두었다. 이유인 적설, 10월 말쯤이면 풀이 자람을 멈추기 때문이었다. 그 해에 작업한 양을 대략적으로 추산해보니 2100m 정도의 둑의 잡풀을 깎았다. 자연사랑을 실천하느라고 참 땀도 많이 흘렸고 인고의 노력도 많이 했던 한 해였다. 가장 보람을 많이 느낀 일은 둑에서 잡풀들을 깎고 있는데, 지나가던 한 제자가 "선생님! 정말 수고 많습니다."라고 했을 때였다.

자연사랑활동 내용으로 자연보호중앙협의회에 나의 글을 제출하여 자연보호중앙협의회 회장상을 받았다. 나는 2000년, 2001년, 2002년 세 번 자연보호활동수기 공모전에 응모를 해서 세 번 다 상을 수여 받았다. 이외에도 2001년 자연보호중앙협의회에서 발간한 책자인 '자연보호' 지에 두 번이나 나의 글을 실은 적도 있다. 이렇게 열심히 대내외에서 활동한 나에게 잘한 행동에 대해 한 번이라도 찬사를 해준 적이 있는가? 내 기억으로는 한 번도 그런 일이 없었다. 일 처리를 잘못했다고 질타만 했을 뿐이었다.

사람은 조상의 은덕을 입고 이 세상에 태어난다. 잘났던 못났던 서로 끈끈한 정으로 엮어서 한평생을 살아야 한다. 이 말은 많은 것을 가진 자는 아무것도 없이 인생을 살아가고 있는 자들에게 물적으로 도움을 주어야 할 뿐만 아니라 따뜻한 나눔의 정도 주어야 한다. 이 말은 그 사람들에게 배려하는 정신이 팽배되어 있는 나눔의 기쁨을 주어야 한다는 의미이다.

하여튼 모든 사람들이 서로 어우러져 사는 이 세상은 서로에게 믿음과 신뢰를 줄 수 있는 아름다운 의식이 그 근본을 이루는 사회로 다듬어져야 한다. 다른 사람에게 괴로움만 주는 모든 행위는 이 세상에서 없어져야 한다. 한마디로, 행복과 따뜻한 정이 가득한 슬기로운 사회가 되어야 한다는 것이다. 힘이나 권력으로 있는 강자가 약자를 억누르는 아주 잘못된 사고는 이 사회에서 영원히 추방되어야 한다.

우리나라는 예로부터 예절을 신조로 삼고 살아온 동방예의지국이다. 20세기부터 한 개인의 의사도 존중하여 사는 민주주의를 표방하고 있는 국가이다. 그럼에도 불구하고, 한 개인의 의사를 무시하고 독단적으로 일 처리하는 여러 단체들이 존속하고 있다. 이런 단체는 우리 전반적인 사회에 혼란을 야기하는 원인을 제공한다. 고로, 이와 같은 의식으로 만연되어 사는 사람들이 절대로 이 사회에 존립하게 해서는 안 된다고 감히 언급을 하는 바이다.

2002년도부터는 좀 더 열심히 연구하여 이런 불행한 일을 당하지 않아야 되겠다고 다짐을 했다. 나는 환경에 대하여 더 많은 것을 알기 위해 2002년 1월 말 무렵, 서울에 있는 홍릉 수목원에서 실시된 '산림 생태계 교원 환경 연수'를 받았다. 연수를 마치고 난 뒤, 환경보호와 우리 생활이 직결되었다는 것을 재인식하였다. 이번 연수로 환경보호가 얼마나 중요한

지를 알았다.

나는 앞으로 실천할 환경운동에 대해 다양한 각도의 실천 계획을 세웠다. 차디찬 겨울이 지나고 따뜻한 봄이 되어 온 들판에 풀이 자라기 시작하였다. 실천적 자연보호를 해야겠다는 마음으로 팽배되어 나의 인근에 있는 얼마 되지 않는 자연을 정성을 다하여 말쑥이 다듬었다.

2002년 가을 무렵 상주신문에 근무하고 있는 한 기자가 원고를 부탁하기에 '상주 교육 무엇이 문제인가?' 라는 원고를 기고하여 학교의 명예를 더 높였다. 하지만 교내에서 당한 무수히 많은 교권 탄압으로 인해 나의 가슴속에 지울 수 없는 상처를 많이 남겼다. 마음의 상처를 없애려고 혼자서 시름에 잠겨 고민을 하다가 내가 얻은 결론은 학생들을 가르치는 선생님이기에 참고 견뎌나가야 한다고 다짐을 했다.

지난날의 힘들고 어려웠던 모든 과정을 대부분 잊어버렸다. 좋든 싫든 현재 생활에 만족을 하면서 보내었다. 풀 깎기 자연사랑운동은 2000년도부터 시작했지만, 본격적으로 그 매듭을 엮게 된 것은 2002년부터이었다.

모든 사람들에게 귀감이 되는 행동을 하기 위하여 자산교에서 연원교 사이의 300m에 있는 잡풀들을 깎았다. 비가 오거나 개인적으로 특별한 볼 일이 없을 때는 학교를 퇴근하고 나면, 거의 하루도 쉬지 않고 열심히 풀을 깎았다.

처음에는 다리도 많이 아프고 싫증도 났다. 하지만 오로지 해내야 한다는 굳은 결의가 마음속에 정한 목표를 실천하게 했다. 자연사랑의 장소로 왜 그곳을 택했느냐? 물으면 내가 자연사랑경북연합회 초대 상주지회장을 지낸 그 이듬해인, 2000년 식목일에 우리 자연사랑연합회 상주지회 회원들이 자산 교~연원 교 사이의 300m에 걸쳐 41그루의 벚나무를 심었다.

풀을 깎기 시작한 주된 이유는, 평소에도 자연사랑의 정신이 몸속에 내재되어 있었지만 그곳을 지나는 모든 사람들이 말쑥이 깎여 있는 둑을 바라보고 아름다움을 느끼게 될 것 같아서 내가 회원들 대표로 자연사랑운동을 실천한 것이었다. 내가 그렇게 힘이 들고 어려운 일을 한 것은 이곳이 처음이었다. 그래서 그런지 몰라도 작업하는 것이 좀 서툴렀을 뿐 아니라 그 둑을 지나가는 사람들을 보면 왠지 나도 모르게 부끄러움이 생겨 도중에 작업을 멈추는 경우가 허다하였다. 작업을 시작한 지 한 3달가량 지나니 다른 사람들이 혹시 이 장면을 보면 어쩌나 하는 부끄러워 하는 마음도 점차적으로 사라지게 되었다. 그리고 다른 사람을 의식하는 경우도 점점 줄어들었다. 내 마음속에는 자연사랑 실천 의지가 강렬하게 뭉쳤을 뿐이었다. 뿌듯한 의식이 마음에 새겨지니 풀 깎는 작업량이 날이 가면 갈수록 점점 늘어났다.

여러 해를 풀 깎기 작업을 하면서 느꼈던 아쉬웠던 점은 일반 시민들의 대다수가 좋은 일을 많이 하는 사람에게 칭찬하고 격려하는 아름다운 마음이 미흡했다. 자연이 우리 인간에게 얼마나 소중한지를 모르고 있다는 사실에 넋을 잃고 풀을 깎던 전지가위를 둑에 내려놓고 마치 얼이 빠진 사람처럼 정신을 놓은 경우가 한두 번이 아니었다. 잘못된 의식으로 팽배된 사람들을 볼 때는 작업을 그만하고 싶은 마음이 가득 찰 때도 있었다. 이렇게 힘들게 작업을 해도 아무도 알아주지 않는데 왜 사서 고생을 하느냐? 왜 힘들고 어려운 작업을 혼자서 해야 하나? 등의 의아한 고민들이 나를 질타했다. 하지만 나 자신이라도 앞장서서 자연보호를 실천하지 않으면 이 자연은 어떤 모습으로 변모하겠는가? 하는 생각이 갑자기 엄습해왔다.

이런저런 고민에 만연 되어 깊은 시름을 한 후에야, 흩트러진 마음 자세를 고쳐 다시 전지가위를 손에 잡고 열심히 풀을 깎을 수 있었다. 그때 이후로 자연사랑에 대한 나의 노력과 의지는 나날이 강성해졌었다. 그때마다 혼신의 힘을 다하여 언제나 푸르고 아름다운 강산을 만들겠다고 다짐을 했다.

2003년, 마음의 상처와 한 많은 사연

2003년 새 학기가 시작되기 전인, 2월 말부터 그 해 학기가 거의 마무리되는 12월까지는 내 인생에 무수히 많은 한을 남겼다. 있지도 않은 일을 마치 있었던 일처럼 조작하는 경우가 많았고 불운이 연속적으로 겹쳐 일어나 생고생을 한 한 해였다.

학교 교정에는 나에게 있지도 않은 일들이 사실인 것처럼 유포되어 돌아다녔다. 그 내용인 적설, 마치 부적격 교사인 양 나의 신상을 엉터리로 조작한 음담패설이었다. 이 해는 교직생활에 비애를 가장 많이 느끼게 했던 참혹한 해이기도 했다. 3월 초순에 새 학기가 시작이 되었다. 이때쯤이면, 새 학기에 수업할 내용에 대하여 설계하고 교재 연구를 한다. 하지만 나는 그런 마음을 전혀 가질 수가 없었다. 이때의 나의 심정을 정확히 헤아리려고 하면 나의 마음속에 들어가 보아야 한다고 생각한다. 그 경위를 자세히 설명을 해도 전혀 이해가 되지 않을 것이다. 글로나마 그때 있었던 일 중 일부를 기술하여 나의 진심을 여러분께 호소하는 바이다.

2003년 2월말 경에 학급 담임과 교무실 사무 분장을 학교장 선생님께서 발표하였다. 설레는 마음으로 교장 선생님의 사무 분장 발표를 기다렸다. 몇 분 지나자, 교장 선생님께서 자리에서 일어나 담임과 사무 분장을 또렷한 목소리로 발표하였다. 그 당시의 교장 선생님께서 언급한 내용을 들어보면 "선생님들의 의사를 존중하려고 신경을 많이 썼습니다. 여러 차례 고민을 한 후에, 학급 담임과 교무실에서의 사무 분장을 정하였으니 그리 알고 계십시오. 자신이 생각한 방향대로 되지 않았다고 해서 불만을 가지지 말고 열심히 해주기를 바랍니다."고 했는데 내가 판단하기에는 교장 선생님의 이 말씀은 어불성설이었다. 그 이유인 적설, 학급 담임과 부담임의 명단에서 매년 연례행사처럼 나의 이름을 아예 거론하지 않았다. 거기에다 사무 분장도 지역교육부 문서 수발에 배석을 해놓았다.

나를 더욱 안타깝게 한 것은 교무실에서의 나의 좌석 위치이다. 교무실의 좌석 배치는 상식이 있는 사람이면 이런 식으로 배치하지 않을 것이다. 전혀 이해가 가지 않는 곳(나하고 정답게 이야기를 나눌 사람이 아무도 없는 외로운 곳)에 자리를 배치해놓고도 한 점 부끄러움 없이 당당하게 발표를 하는 그 모습을 보고 인생살이의 허무함을 한없이 느꼈다. 그때의 관리자 선생님 두 분은 온갖 비열한 방법으로 나의 마음을 괴롭혔다. 이런 황당한 시기는 한두 해가 아니었다. 그 분들이 관리자 일을 맡아 수행해 나갈 때 전부였다.

1991년에 마지막으로 담임을 맡은 후, 매년 거의 같은 레퍼토리로 내가 감당하기 힘든 방향으로 엉뚱하게 진행되었다. 왜 우리는 얼마 되지 않는 삶을 살면서 이렇게 왈가불가하면서 인생을 살아야하는지 그 이유를 전혀 모르겠다. 그것으로 인해 충격을 너무 많이 받아 평소에 없었던 두통도 자주 앓았다. 더욱이 감당하기 힘든 여러 고통을 당하여 생긴 후유증으로 애를 먹고 있다. 하지만 한 가족의 가장으로 가족을 지켜야 한다는 일념으로 앞만 보면서 열심히 살았다. 아직까지 할 일도 많고 가족들의 생계를 위하여 굳은 의지로 뭉쳐 견디어 나갔다.

모든 일을 노골적으로 나쁜 방향으로 유도해 놓았을 뿐 아니라 인간다운 면모를 완전히 상실하였고 약간이라도 빈틈만 보이면 칼자루를 빼어 들어 내려치려고 하는 작태가 자주 일어났다. 관심을 가지고 열심히 학생들을 지도하는데도 불구하고 여러 가지 엉뚱한 일들이 일어났다.

매년 학기 초에는 학생들이 모두 다 성실하고 조용하게 수업에 임했다. 하지만 3월 중순경이 지나면 수업 분위기가 엉망으로 변했다. 그 대표적인 반을 예로 들어 나의 진실을 규명하고 싶다.

2003년 1학기 수업을 진행하는 동안 학생다운 면모를 전혀 보이지 않고 수시로 엉뚱한 짓을 하여 나에게 많은 고통을 안겨주었고 말을 듣지 않아 수업을 진행하는 데에 애를 가장 많이 먹었던 반은 3학년 1반이었다. 실업계 고등학교 학생들이 영어 공부를 하기 싫어하는 것은 오랜 교직 경험을 통해서 익히 알고 있다. 하지만 그 반 학생들의 양상은 전혀 달랐다. 거의 대부분 학생들이 학습에는 전혀 관심이 없었을 뿐만 아니라 교과서조차도 안 가지고 오는 학생들이 태반이 넘었다. 학기 초에는 의욕을 가지고 공부하는 학생들이 몇이 보였다. 무슨 이유인지 모르지만, 학기 중반에는 수업 태도는 엉망으로 변해버렸다. 3학년 학생들은 누구나 할 것 없이, 학교장 선생님의 명령에 의해서 정기 기능사 시험에 대비하여 수업을 전폐하고 파트별로 나누어 하루 종일 기능사 연습을 했다.

정기 기능사 시험이 모두 끝나고 난 뒤 그 반에 수업을 들어갔다. 이 반 학생들의 거의 대부분은 마치 시장 뒷골목에 잡배들이 모인 것처럼 시끌시끌하였다. 수업이 시작된 지 몇 분이 지나도 조용히 할 생각은 하지 않고 온 교실이 떠들 석하고 학생답지 않은 행동만 계속해서 연출하는 것이었다. 수업을 시작한지 5분이 지나도 조용히 하지 않았다. 그냥 두어서는 안 된다고 판단하여 떠들지 말고 수업 태도를 갖추고 수업을 하자고 큰소리로 혼을 내어도 들은 척조차 하지 않았다. 교사로서 취할 수 있는 모든 방법을 다 강구해도 소용이 없었다. 어떤 학생들은 우산을 펼쳐서 빙빙 돌리면서 아주 재미있다는 표정을 지으면서 이 자리 저 자리를 왔다 갔다 하였다. 또 어떤 학생들은 짝을 지어 요란하게 떠들었다. 뒤편에 앉아 있는 학생들 중 몇 명은 말로는 조용히 하겠다고 해놓고 얼굴에 만면의 미소를 짓고 반복하여 수업에 방해되는 행동을 일삼아 분에 못 이겨 마음대로 주저를 할 수 없었다.

화가 나서 큰소리로 떠들었지만 아무런 효과가 없었다. 궁여지책으로 생각해낸 것은 조용하게 만드는 것이었다. 그날은 몇 차례 타일러 학생들을 진정시켜 수업을 하였다. 이 학생들의 대다수는 듣기에 민망한 소리를 해대면서 온 교실이 떠들썩하도록 시끄럽게 떠들었다. 학습을 포기한 어떤 학생들은 내가 수업에 들어와도 선생님에게 겁을 내는 의식을 전혀 가지지 않고 그냥 책상에 엎드려 잠을 잤다.

우여곡절 속에, 그 반의 출석 점검을 겨우 마칠 수 있었다. 이마에 흘러내리는 땀을 연신 닦아낸 후, 혼신의 힘을 다해 마음을 가다듬어 내가 그 상황에 할 수 있는 최대한 부드러운 목소리로 자고 있는 학생들 한 명 한 명의 이름을 불러 수업을 하니 정신을 차리고 열심히 공부할 것을 종용했다. 내가 깨울 당시는 고개를 들고 일어나는 척 하다가 다시 엎드려 잤다. 그러면 어이가 없어 뒤만 바라보고 멍하니 있었다. 화를 내면서 일어나라고 목이 터지게 소리 지르면 몇 분간은 앉아 있었다. 하지만 주위의 동태를 살피고 별다른 일이 일어나지 않았다고 생각이 되면 슬며시 잠들어 버리는 것이었다. 그나마 다행한 것은 얼마 안 되는 학생들이 학생다운 면모를 가지고 꾸준히 공부를 하여 마음에 다소 위안이 되었다.

수업시간 때마다 어지럽혀진 그 반의 모습을 보고 더 이상 방치할 수 없어서 그 반 담임 선생님에게 면담 요청을 하였다. 자리에 앉아 교재 연구를 하고 있는 그 반 담임 선생님께 면담 사유에 대해서 자세하게 설명을 덧붙였다. 나는 그 반 담임 선생님에게 이런 식으로 운을 띄웠다. 그때 이야기한 것들을 적어 보면 수업시간에 책을 안 가지고 오는 학생들도 무수히 많고 수업 도중에 자는 학생 그리고 수업시간 중에 이상한 소리를 하여 나의 수업을 고의적으로 방해하는 행위를 저지르는 학생들이 많으니 그런 일이 일어나지 않도록 지도해 줄 것을 간곡히 당부를 했다. 그렇게 하니 그 반 담임 선생님은 앞으로는 그런 일이 없도록 지도하겠다. 고 이야기하여 다소 안정이 되었다.

하지만 나와 그 반 담임 선생님과의 면담은 허사가 되어 버리고 말았다. 그 반 담임 선생님과 장시간에 걸쳐 심도 깊은 면담을 한 후로 떠드는 정도는 오히려 더 심해졌다. 시일이 지나면 지날수록 정도가 더 심해졌고 안정되는 분위기는 찾아볼 수 없었다. 수업시간 때마다 느낀 현상이었지만 몇 명의 학생들을 제외하고 학생의 면모라곤 찾아볼 수 없었다. 한마디로 이 반의 수업 분위기는 학생들이 모여서 생활하는 곳이 아닌 것처럼 생각이 들 정도로 엉망이었다. 거기에다, 청소를 제대로 하지 않아 곳곳마다 지저분했다. 내가 말하는 의미는 이 시점에 그 교실을 방문한 사람은 누구나 이곳이 학생들이 공부하는 교실이라는 생각을 하지 않을 것이다. 아무리 요목조목 살펴도 어느 한 곳도 학생들이 생활하는 곳이라고 생각되지 않을 만큼 모든 것이 엉망 그 자체이었다.

이 반의 학습 분위기와 학습 태도로 보아 선생님으로서 느끼는 보람은 한 군데도 없었다. 매 수업시간마다 느낀 일이지만, 그 반이 나에게 준 것은 안타까움과 혐오감뿐이었다. 평소 교직을 천직으로만 생각하면서 열심히 가르쳐왔던 나 자신이 너무나도 안쓰러웠다. 이 반에서 수업에 임하면 말로 형용할 수 없는 여러 가지 수난을 당하여 혈압도 많이 올라갔을 뿐 아니라 정신이 혼미하여 내 정신이 아닐 때가 부지기수였다. 수업시간 때마다 이 반 학생들의 행동은 내 시간에만 광적으로 변해 안하무인격이었다. 어떤 수단과 방법을 강구하여도 이 반 학생들의 마음을 진정시킬 수 없었다. 그럴 때마다 교직 생활에 대한 위기감을 느꼈다. 교장 선생님이나 교감 선생님께서 순회하시다 혹시 이 장면을 보고 나를 혼내지 않을까? 해서 학생들을 조용히 시키기에 바빴다. 일부 몰지각한 학생들과 말씨름하느라 신경을 곤두세워 내 정신이 아니었다.

이 반 학생들과 한참 입씨름을 하고 나면 힘도 빠졌고 넋을 잃어 허공만 바라보고 신세타령을 했다. 이 반에서 수업을 하고 나오면 긴장한 까닭으로 사지가 극도로 굳었다. 하지만 학생들을 가르치는 교사로서, 교사가 취할 수 있는 모든 방편을 강구하여 학생들을 진정 시켜 수업에 임해야 했다. 이 학생들의 행동은 너무 심했다. 그때 그 모습은 소방대원이 소방차에 올라 불을 끄기 위하여 최선을 다하는 장면을 연상케 했다. 하여튼 나 자신을 극도로 위험한 순간으로부터 방어하기 바빴다. 교직생활의 진정한 의미를 그 어디에서 찾을 수가 없었다. 학교 당국은 틈만 있으면 온갖 비행을 저질러 나를 괴롭혀 왔다. 학교 당국과 학생들이 수시로 저질러온 잘못된 행동을 방어하다 보니 정신이 없이 바빴다. 어떨 때는 시간적인 부족으로 인해 학생들을 바르게 지도하지 못한 적도 있었다.

3학년 1반 수업시간이 되면 심적으로 굉장히 많은 부담을 안았다. 하지만 학생들이 슬기롭고 바른 생각을 가지고 공부에 임할 수 있도록 노력을 했다. 잠을 자는 학생들은 그 학생들의 이름을 큰소리로 불러 수업에 동참할 수 있도록 했다. 옹기종기 모여서 떠드는 학생들이 있으면 조용히 하고 바로 앉아 수업에 임할 것을 종용하였다. 그래도 너무 심하게 떠들면 화를 내어서 조용히 할 것을 큰소리로 외쳤다. 그러면 잠시 조용히 하는 척하다가 이내 더욱 시끄럽게 구는 장면을 매 수업시간마다 보아 왔다. 과연, 어떠한 힘이 작용되어서 수업 담당 선생님인 나에게 몰상식한 행동을 되풀이 할까? 아무리 생각을 하여도 학생들이 그렇게 된 연유가 사뭇 의아하기만 했다. 나에게 괴로움을 주는 행동을 되풀이 하는 이 학생들은 무엇이 그리 좋은지 몰라도 내가 힘들어 하는 것도 아랑곳하지 않고 얼굴에 만면의 미소를 짓고는 자신들이 의도한 인간답지 못한 행동을 해버렸다. 엉망이 된 행동을 하는 학생들이라도 나의 제자라는 생각을 버리지 않았다.

교사라는 신분을 한 번도 망각하지 않고 단출하게 행동을 해왔다. 오로지, 사랑과 대화로써 학생들을 정성을 다해 지도하였다. 내가 안타깝게 생각하는 점은 아무리 심혈을 기울여 지도해도 아무런 교육적인 효과가 나타나지 않을 때였다. 이 반 학생들의 대부분이 제정신이 아닌 것처럼 행동하는 점에 대하여 한편으로는 안타깝기도 하고, 다른 한편으로는 선생님을 우롱하여 행동한 사실에 대하여 분하기도 했다. 이 교실에서 수업을 마치고 나면, 매번마다 목이 쉴대로 쉬었고 공부에 의욕이 없어 딴짓을 하는 학생들을 진정시키느라 쓸데없는 곳에 힘을 너무 많이 허비해 넋을 잃고 한동안 멍한 상태로 보내는 때가 대다수였다. 수업시간 내내 화를 많이 내어 온 얼굴이 벌겋게 변했다. 거기에다 온 사지가 뒤틀려 한참 동안 부지를 못해 쩔쩔 매었다. 분을 참지 못해 한동안 쩔쩔매었다. 그런 경직된 시간이 좀 지나면 낳아 다른 반 수업을 계속 진행할 수 있었다.

3학년 1반에서 반복된 잘못된 과정을 일주일에 세 번 겪었다. 그 일로 애도 많이 먹었다. 지금 생각하니, 인고의 노력으로 모든 어려운 난관을 해결해 나갔던 나 자신이 대견했다. 그 반에만 수업을 하는 것이 아니고 교과 과정이 다른 2학년 수업도 들어가야 했다. 나에게 배정된 수업시간이 많아 교무실에서 휴식을 취할 시간이 많지 않았다. 아마도 교직에 대한 투철한 사명감과 강인한 정신력이 없었다면 이러한 모든 일을 해내지 못했을 것이다.

세월이 많이 지나니 그 반에서 당한 어처구니없는 일들을 대부분 잊어버릴 수 있었다. 그렇지만 나를 한 맺히게 했던 일들은 기억에 쉽게 지워지지 않았다. 문제는 3학년 1반 학생들에게 혼신의 힘을 경주하여 노력을 해도 수업 태도가 전혀 고쳐지지 않은 점이었다. 이러한 일이 발생된 원인은 학생들 본인 스스로가 행동반경을 정하여 행동한 것이 아니고 눈에 확실히 드러나지 않게 고도로 숙달된 조직이 이 학생들이 이러한 행동을 하게 만든 것이라고 판단된다.

이렇게 생각하는 이유는 학생들 모두다 미성년자이어서 아직 세상 물정에 대해서 잘 모르고 자기가 한 행동의 잘잘못을 정확히 판단하는 기준도 없다. 누가 엉뚱한 일을 하라고 시키면 자신의 행동이 남에게 피해주는 행동인지 모르고 그대로 행동해버리는 경향이 있다. 이런 학생들을 일정한 장소에 모아두고 사실무근인 이야기를 믿게 하여 설문지를 작성하게 하면 그대로 할 것이다. 이런 설문지를 받아 일정한 곳에 모아둔다는 것은 정당한 일이 아니다. 학교생활에 경험이 많고 인생을 많이 산 사람들이 학생들에게 나 자신의 이야기를 와전시켜 되풀이 하여 말을 한다면, 학생들 모두는 그 말 모두를 그대로 믿고 따를 것이다. 거짓으로 팽배한 말들을 학교에서 배워 사회에 나간다면 이 학생들의 의식이 잘못될 것이 분명하다. 학생들에게 잘못된 교육방식을 가르쳐 졸업을 하고 난 뒤 잘못된 의식을 가지고 사회생활을 한다면, 그 책임을 누가 지겠는가? 물론 책임을 질 사람은 아무도 나타나지 않을 것이다. 누가 혹시 그 문제에 대하여 묻는다면 세월이 많이 흘러 생각이 나지 않는다고 변명할 것이다. 이 정도에서 3학년 1반 학생들에 대한 이야기를 끝내겠다.

선생님의 현명한 판단으로 그냥 묵과해서는 안 된다고 생각한 이야기를 들어보겠다. 2학년 6반의 두 학생은 나의 수업시간마다 고의적으로 선생님을 조롱하고 선생님의 고유의 교권을 침해하는 엄청난 행위를 자행했다. 이러한 일이 수시로 일어나서 가만 두어서는 안 되겠다고 생각하여 학생부의 교칙 담당선생님에게 자세한 내력을 설명하여 처벌시키기를 원했다. 학생 처벌에 대해 담당자에게 이야기하니 학생들 교칙 문제는 담당 선생님의 자세한 내용이 수록된 경위서가 필요하니 선생님 자필로 이것을 적어 학생부에 제출을 하면 처벌을 할 수 있다고 해서 나는 시간을 내어 이 학생들에 대한 잘못된 행동을 적어 담당 선생님에게 주었다.

하지만 교칙 담당 선생님은 저번에 나에게 적어준 내용이 미약한 것이 많으니 다시 적어줄 것을 요구하였다. 그래서 나는 보다 상세한 내용을 적어주었다. 그렇게 하니 하는 말이 이 학생들을 선도 규정에 의해 처벌하려면 며칠이 걸린다고 하면서 기다리라고 했다. 나는 이 말을 모두 그대로 믿고 기다렸다. 며칠이 지나도 아무런 응답이 없기에 왜 그런지에 대해 학생처벌 담당 선생님과 학생부장 선생님에게 진상을 물었다. 확실한 언급은 회피하고 교감 선생님께서 성 선생님이 제출한 의견서를 가지고는 있는 것으로 알고 있다. 하지만 교감 선생님께서 어떻게 하라는 지시가 없어 그대로 있다는 변명 아닌 변명을 늘어놓았다. 무슨 얼토당토 않은 수작들인가? 2학년 6반 두 학생이 저지른 행동은 학생으로서는 절대로 하지 않아야 할 엄청난 일을 매 수업시간 때마다 자행해왔다. 수업 담당 선생님인 본인에게 차마 입에 담지도 못할 욕을 일삼아왔다. 그리고 수업시간 때마다 수시로 아주 잘못된 행동을 한 학생들을 그냥 방치하고 처벌하지 않는 이유가 무엇 때문인지 도무지 알 길이 없었다.

또 학생이 선생님에게 혹독하게 한 과정 전부를 내가 안고 넘어 가야 하는가? 더욱이, 담당 부서인 학생부의 부장 정도 되면 나보다 교직 경력도 많고 자신의 담당 업무가 무엇이라는 알 것이 분명하다. 공과 사를 분명히 가려 처리해야 한다. 학생들의 교육을 맡고 있는 학교이니 이 두 학생들을 잘못된 길을 가지 않게 교육적으로 지도하여야 하고 그 반 수업 담당 선생님의 의견을 존중하여 일처리를 하여야 한다.

또 한 가지는 2학년 6반 수업시간에 일어난 일을 직원회의 석상에서 교감 선생님은 학생들의 잘못된 행동반경이 교사가 지도를 잘못하여 발생이 되었다고 발표를 하는 것은 학생을 지도하는 차원이 아니라 회사를 경영하는 경영자 입장으로 자기중심적인 판단을 회사원들에게 전하는 식의 발상이라고 본다. 모든 선생님이 수업에 임하게 되면 잘 가르치고 싶고 학생들 모두를 친 자식처럼 아끼고 정성을 다하여 인간다운 삶을 영위할 수 있게 지도하고 싶을 것이다. 물론. 그렇게 하고 싶은 욕망은 나 자신도 예외는 아니다. 오랜 교직 생활을 그런 방식으로 해왔다. 수업에 임할 때는 언제나, 학생들에게 한 점 부끄러움 없이 행동하며 살아왔다. 한 번 더 강조하지만, 학생들의 진정한 교육의 백년대계를 위해서 노력해야만 하는 학교 당국은 그동안의 잘못된 행동을 탈피하고 학생들에게 절실히 요구되는 바른 예절 지도와 올바른 인성 지도에 전념하여야 한다.

학교는 수사기관이나 회사를 운영하는 그런 단체가 아니다. 모든 학생들은 인생의 미완성자인 동시에 세상 물정에 대해 아무 것도 모르는 미성년자들이다. 때 묻지 않은 순수함만 지닌 그들을 현혹하여 잘못된 길을 걷게 하면 절대로 안 된다. 나 자신도 학생들 지도할 때 혹시라도 잘못된 점이 있다고 판단이 되면 고쳐 인생을 살았다. 사람의 마음을 제대로 알려면 그 사람의 속에 들어가 봐야 정확한 답을 알 수 있다. 그렇지 않으면 정확한 답을 그려낼 수 없다. 오랜 기간의 학교생활을 하면서 산전수전 다 겪어 학생들을 가르친 나이기에 상대방이 무슨 생각을 하고 있는지 어렴풋이 그려낼 수 있다. 학생들의 수업 분위기를 이렇게 만든 것이 누구의 책임이라고 생각하는가? 수업시간에 책도 가지고 오지 않고 마구 떠들면서 음담패설을 일삼는 학생들을 진정시키는데 많은 어려움이 동반되어 나타났다. 하지만 그동안의 교육 경험을 바탕으로 최소한의 시간만 활용하여 엉뚱한 행동을 하는 학생들을 진정시켜 조용하게 수업을 받도록 했다. 일부 몰지각한 학생들이 선생님을 괴롭히는 행동을 하는 것은 내가 교직에 처음 입문한 시기인 1982년에서부터 1999년까지의 수업시간에는 상상도 할 수 없는 일이었다.

2000년도부터 사고가 건전하지 못한 학생들이 아무리 많다 하더라도 권력이나 압력을 직접 행사하는 외부적인 힘이 작용하지 않았다면 수업시간에 말도 안 되는 작태는 발생이 되지 않았을 것이다. 일부 지각이 없는 학생들에게 수모를 당하도록 만든 것은 전문적인 지식을 가진 사람들이 모여 사전에 주도면밀하게 짠 프로그램에 의해서만이 성사될 수 있는 일이라고 판단하고 싶다. 아무 것도 모르는 미성년자의 신분이고 판단력이 아주 미흡한 학생들이 수업시간마다 선생님 앞에서 말도 되지 않는 이상한 소리를 서슴없이 할 수 있는지가 심히 의문스럽다.

수업시간에 아무런 수업 준비도 해오지 않고 선생님에 대한 기본 예절을 상실한 버릇이 없는 몇 친구들이 옆의 친구와 알아들을 수 없는 이상야릇한 이야기를 주고받는 학생들에게 쓸데없는 짓하지 말고 수업이나 열심히 하자고 좋은 말로 달래어 보기도 했다. 이러한 나의 애원도 물거품이 될 때가 부지기수였다. 말을 잘 듣지 않는 학생에게는 선생님이 잘못한 일이 있으면 개인적으로 만나 면담을 하여 풀자고 제의를 해보기도 했다. 하지만, 날이 가면 갈수록 정도가 더 심해졌다. 수업 시작종이 쳐도 자기 자리에 돌아가 앉을 생각은 않고 교실 전체가 요란하여 수업을 진행하는데 힘이 많이 들었다. 교장(교감) 선생님께서 교내를 순회하다가 이 장면들을 자주 보았다. 왜 그런지에 대한 자세한 경위를 파악할 생각은 않았고 학생들이 떠드는 것은 선생님이 잘못 지도해서 이러한 일이 발생했다고 주의를 주었다. 그 순간, 나는 인간으로서는 도저히 참을 수 없는 모욕감을 느꼈다. 내가 교직생활의 경력이 꽤 많은 때였다. 이 정도의 교직 경력이 있다면 학생들에게 일어난 일의 내막을 알 수도 있고 잘잘못도 쉽게 간파해낼 수 있다. 위와 같은 어려운 상황 속에서도 나는 오로지 학생들을 인간다운 면모를 지닌 성실한 학생들로 만들기 위해 최선을 다했다. 그리고 모든 학생들이 건전한 사고로 인간다운 삶을 영위할 수 있도록 심혈을 기울여 지도했다. 나를 이 세상에 존재하게 해준 부모님에게 다음과 같은 말로 언약을 했다.

제가 성장해서 선생님이 되어 제자들을 모두 훌륭하게 지도하여 우리나라 경제에 무궁한 발전을 가지고 오게 할 산업 역군으로 만들겠습니다. 하느님은 나의 기특한 뜻을 가로 막지는 않았다. 어려움이 나에게 닥칠 때마다 숨어서 나를 지켜주셨다. 나도 그 높으신 뜻을 가슴속 깊이 간직하여 열심히 인생을 살아간 덕분으로 대부분의 학생들에게 신망과 존중을 받고 있었다. 2003년 10월경에 상주 지역의 한 신문인 주간 상주신문에 '삶의 큰 그릇'이라는 원고를 기고하여 사람이 사람답게 살아갈 수 있는 참된 길이 무엇인지 강조하였다.

한 기자의 간절한 부탁에 의해서 오랜 교직 경험을 바탕으로 성심성의껏 원고를 썼다. 기사를 내고 싶어서 기자에게 부탁한 것은 절대 아니었다. 지나간 2003년이지만, 수업시간에 공부를 전혀 하지 않는 학생들에 의해 온갖 수난을 다 겪었다. 하지만 슬기로운 자세로 수업시간에 임하였던 학생들이 쓸데없는 행동들을 하는 학생들을 반성하게 하여 그들의 잘못된 행동을 뉘우치게 하였다. 지난날을 돌이켜보니 참 어이없고 어처구니없는 일들이 산더미 같이 많이 있었다. 내가 교직을 그만 둔 이후에는 말도 안 되는 일들이 학생들을 가르치는 신성한 교육 현장에서 발생되지 않았으면 하는 바람이다. 학생들은 학교에서 선생님의 올바른 가르침을 배워야 한다. 졸업을 하고 사회에 나가면 모두 인간답게 살 수 있는 터전을 마련해야 한다고 생각한다.

20년이 넘는 오랜 교육 경력을 가진 자를 생매장을 하려고 하는 발상은 깡패 집단에서 볼 수 있는 일이다. 학생들을 지도하는 신성한 학교는 믿음과 신뢰로 어우러져 사랑과 대화를 나눌 수 있는 여건이 조성되어야 한다. 세월은 정말 유수와 같이 빨리 흐른다는 옛 어른들의 말씀이 틀림없었다.

교직 동안 항상 나쁜 일만 있는 것은 아니었다. 가슴에 벅차도록 기쁜 일이 하나 있었다. 5월 23일 개교기념일 행사날에 모든 학생들이 보는 앞에서 20년 근속 상을 받은 것이었다. 내가 수업시간에 학생들과 약속했던 모든 것들 지킬 수 있어서 다행이라고 생각했다. 그때 내가 마음속으로 맹세한 것이 있다면, 그것은 나한테 아무리 견디기 어려운 시련이 닥쳐온다 할지라도 진취적인 기상을 발휘하여 극복하고 견디어 나가겠다는 것이었다.

인간답게 최선의 노력을 경주하면서 살아온 나의 삶을 존경하고 싶었다. 그동안 수많은 고통을 극복해내고 인고의 노력을 다하여 학교생활을 한 나 자신의 용기가 기특했다. 갖은 생각들이 온 뇌리에 스쳐지나갔다. 그런 생각들에 젖어 있는 사이 나도 모르게 눈가에 눈물이 고였다. 나는 마구 흘러내리는 눈물을 억지로 참느라고 혼이 났다. 최선을 다하면 못해낼 일이 없다는 것을 다시금 느끼게 해주었다. 나는 앞으로도 학생들 앞에 한 점 부끄러움이 없이 생활하기로 마음을 먹었다. 이렇게 다짐한 나는 그때부터 혼신의 힘을 다하여 열심히 살았다.

교장실에서 두 관리자 선생님들이 나의 마음을 한없이 아프게 했던 사건

2003년 겨울 방학식을 마치고 선생님들이 다 하교한 뒤에 일어난 일이었다. 교감 선생님이 교장실에 오라고 해서 무슨 영문인지도 모르고 그곳에 갔었다. 지금 생각하니, 인간으로서는 도저히 감당하기 어려운 온갖 수모였다. 그 내용들에 대해 몇 년이 지난 지금, 또렷하게 기억나는 것만 골라 적어보겠다.

내가 어릴 때부터 부모님으로 배워 왔던 것과 동네 어르신네들이 나에게 강조하여 말하여 왔던 것을 들어 보면 사람은 어떠한 위급한 상황에 처하더라도 내심을 잃지 말고 정당한 논리로 상대방에게 불편을 느끼지 않도록 설명을 해야 하고, 서로 친하게 지내야 되며, 상대방이 어려운 사정에 봉착이 되어 도와달라고 하면 도움을 줄 줄 알아야 한다. 그리고 어떤 장소에서든 항상 인간다운 행동과 면모를 지니고 솔직담백하게 살아야 된다고 말씀하셨던 것이 기억에 새롭다. 하지만 그날 있었던 어처구니없는 현상들로 충격을 받아 웃어른들이 하신 고귀한 말씀들을 순간적으로 망각하여 버리고 말았다. 그 당시의 우리 학교의 교장 선생님, 교감 선생님 두 분이 나에게 어떤 말을 했는지 엮어 위기감에 돌출된 상황을 그려보겠다.

그 당시에 나에게 비친 모습은 두 분 다 먹잇감을 찾아다니는 맹수의 얼굴을 하였다. 두 분 다 반기는 모습은 그 어디에서도 찾아볼 수 없었다. 차디차고 퉁명스럽게 말을 연이어 던졌을 뿐이었다. 그리고 그 나머지는 모두 공갈과 협박 등과 같은 비슷한 용어를 사용해 가면서 엄포를 놓았다. 이 말로 별로 효과를 얻지 못한 두 사람은 방법을 바꾸어 나를 무차별 공격하였다. 이것으로도 안 되니 나중에는, 교장 선생님, 교감 선생님이 돌아가면서 내가 부적격 교사라는 당위성을 소리 높여 이야기하였다. 내가 정신을 못 차리게끔 연속적으로 인신공격하였다.

교장실에서의 말로 형용할 수 없는 엄청난 고문 사건은 약 2시간 가까이 진행되었다. 마치 경찰서 수사과에서 범인을 조사하듯이 집요하게 두 사람들이 이것저것들을 예를 들었다. 그 내용은 나 자신이 학생들에게 한 행동이 아주 불성실하고 교육자로서의 신망을 저버리는 행동을 수시로 저질렀다고 했다. 이런 연유로, 교육계를 떠나야 한다고 했다. 이 말은 오랜 세월을 단출하게 살아온 나의 마음을 한없이 안쓰럽게 만들었다. 허황되고 나를 왜곡하는 말을 반복하여 들으니 처음에는 두려워서 안절부절못했다. 하지만 나중에는 나를 신랄하게 비판하는 두 분들의 그 소리에 간이 콩알만 해져서 수단과 방법을 가리지 않고 이 무시무시한 장소에서 빨리 빠져 나오고 싶었다. 두 분이 나에게 어떠한 식으로 대했기에 이러는지 그때 상황을 일목요연하게 적어보겠다.

당시의 교장 선생님께서 나를 압도하는 목소리로 먼저 운을 뗐다. "내가 좋은 것이 좋다고 성팔경 선생님에게 여러 번 명예 퇴직하라고 당부했습니다. 그 말을 듣지 않아 어쩔 수 없다고 생각하여 사립학교 법에 의거하여 재단이사회를 열어 파면이나 해임 등을 시킬 것이니 그리 알고 있어요. 성 선생님이 수업시간에 한 일에 대하여 나름대로의 경위를 적어 본인의 입장을 표명하기 바랍니다. 필기도구와 종이가 여기에 있으니 생각나는 바를 자필로 적기 바랍니다. 내가 생각건대, 성 선생님은 어느 반 수업시간 할 것 없이 엉망이죠. 앞으로 교사생활을 계속해나가는데 역량이 부족하다고 생각하는데 이 사람 말에 대응할 말이 별로 없을 것으로 압니다. 성 선생님 좀 부끄러운 줄 알고 처신 좀 바로 해요. 적을 도구가 여기에 있으니 교장실 밖에서 적어오기 바랍니다. 시간은 넉넉하게 줄 테니 상세히 수업시간에 어떻게 학생들에게 행동했는지에 대하여 주장과 의견을 적기바랍니다." 교장 선생님의 터무니없는 이 말을 듣고 나는 마치 넋이 나간 사람처럼 교장 선생님이 나에게 건네준 필기도구를 받아들고는 다소곳한 자세를 억지로 취하고는 교장실 밖에 있는 행정실 소파에 앉아 나 나름대로의 생각을 적었다.

수업시간에 항상 열심히 해왔던 관계로 무슨 말을 적어야 될지 잘 생각이 나지 않았다. 하지만 지금의 내가 처한 현실이 난공불락이라 생각해서 입술을 꼭 문 채로 정신을 최대한 가다듬어서 나의 입장을 표명하였다. 평상시 수업 시간에 있었던 그대로의 내용을 교장 선생님에게 적어갔다. 내가 정성을 다하여 적은 글을 죽 훑어보고는 화를 내어서 말을 했다. "성 선생님한테 필기도구를 주고 그동안 성 선생님이 수업시간에 한 것을 그대로 적어 달라고 했는데 순 거짓말만 적어 나에게 들고 왔는데 성 선생님은 도무지 양심이 있는 사람입니까? 없는 사람입니까? 학생들에게 수업시간에 열심히 가르쳤다고 했는데 제가 순회하는 도중에 보니까 수업 도중 자는 사람이 3분의 1이상이고 그 나머지 학생의 절반 정도는 장난치고 있고 선생님은 앞에서 학생들 보고 욕이나 하면서 보내었습니다. 학생들에게 그런 식으로 행동하는 선생님을 보고 교사의 체통이 서지 않겠다고 생각했습니다. 좀 부끄러운 줄 알고 다른 선생님들에게 욕보이는 행동 그만 하세요. 수업하는 장면을 자세히 보았는데 교직을 더 이상 수행해 나갈 수 없는 정도로 건강이 악화된 것으로 짐작되고 있습니다. 더구나 양 사지가 온전치 않아 학생들 수업에 지장을 많이 초래해 학생들한테 미안한 감이 들어 낯을 들 수 없어요. 그리고 성 선생님은 집에서 무엇을 하는지 모르지만 수업 준비도 전혀 안 해오고 있고 수업 진행 자체도 엉망인데 이게 인간으로서 할 도리입니까? 참 답답하기 그지없습니다. 교사의 체통이 서지 않는 당신에게 무슨 조치를 취해야 되겠습니까? 교장인, 제가 이렇게 두어서는 안 된다고 판단해서 학교 재단 이사회를 열어 사립학교 법에 의거하여 파면 및 해임 조치하겠습니다. 이 조치가 억울하다고 생각하면, 어떠한 법적인 대응을 해도 관계치 않겠습니다. 그리고 성 선생님에게 수업시간에 학생들에게 한 행동에 대하여 적어라고 이야기했더니 순 거짓말만 늘어놓으면서 열심히 수업에 임했다. 라고 했는데 학교장인 내가 보기에는 성 선생님은 자기 반성의 기회를 주었는데도 불구하고 터무니없는 주장으로 학교 분위기를 혼탁하게 하니 어쩔 수 없다고 생각하여 가부 관에 조치를 취할 테니 기다려요." 이 말이 끝나기가 무섭게 그 당시의 교감 선생님이 따사로운 표정을 짓고 다소 공포감을 느끼게 말을 했다.

"성 선생님. 학교생활도 많이 했고 주변 상황도 잘 알고 계실 것이라고 생각합니다. 좋은 것이 좋다고 할 말이 있어도 참아왔지만 이 이상의 단계를 넘어서서는 안 된다고 생각하니 잘 들어 보세요. 선생님의 지금 현재의 건강 상태로 수업 진행이 어려울 것 같아 휴직계를 내고 치료하든지 아니면 명예퇴직하기를 수차례 권유했습니다. 하지만 그때마다 성 선생님은 가족 문제를 늘어놓으면서 조그만 참아 달라고 했습니다. 때는 지난 것 같습니다. 하루 빨리 재단이사회를 열어 파면 및 해임 조치하겠습니다. 때늦은 감은 있지만, 한 번 더 권유하는데 명예퇴직하기 바랍니다. 성 선생님은 교무실에서 다른 선생님들하고도 말싸움만 해서 모든 선생님들로부터 전혀 신망을 얻지 못하고 있습니다. 그런데다 수업시간에까지 수업은 제대로 하지 않고 말장난만 하고 있어요. 거기에다, 어떨 때는 차마 듣기에 민망한 쌍욕을 써가면서 학생들과 다투는 모습을 내가 교내 순회를 하는 도중에 수십 차례 보았습니다. 교감인 제가 학교장님께 권유하여 우리 학교에서 교권이 실추되는 일이 더 이상 발생되어서는 안 된다고 생각하여 오늘 이 문제에 대하여 단판을 지울 생각입니다. 우리 학교에서 오랫동안 근무해온 점을 정상 참작하여 조치하겠습니다. 배려하는 차원으로 한 번 더 성 선생님의 현명한 판단을 할 기회를 줄 테니 이 기회에 명예퇴직을 선택하십시오. 혹시 일 처리를 잘못하여 절대로 후회하는 일이 없도록 해야 하겠습니다. 그냥 넘겨서는 안 되는 심각한 문제이니 오늘 교장실에서 성 선성님이 현명한 결정을 하기 바랍니다. 생각할 기회를 충분히 주었다고 믿습니다. 기다릴 테니 답을 주시고 성 선생님이 이의가 있으면 무엇이든 이야기 하십시오." 그래서 나는 여러 각도로 나의 의견을 제시했다.

"저는 수업시간에 최선의 노력을 경주하여 수업에 임했으나, 수업 준비도 전혀 해오지 않고 옆에 앉아 있는 학생들끼리 잡담을 주고받고 떠들면서 저의 수업 진행을 노골적으로 방해하였습니다. 그래서 저는 학생이 수업시간에 이상한 행동해서는 안 된다고 좋을 말로 타일렀으나 막무가내로 계속해서 떠들었습니다. 그래서 화가 나서 큰소리를 내면서 약간 욕이 섞인 말투로 혼을 내었습니다. 이렇게 해도, 이 학생은 자기의 잘못을 고쳐 바른 행동을 하려고 하는 자세는 전혀 보이지 않고 떠들고 있었어요. 행동이 못된 그 학생들에게 하고 싶은 말이 있어도 되도록 참고 온 힘을 경주하여 지속적으로 지도했는데도 별로 효과가 없는 이유를 모르겠습니다. 이런 안타까운 일이 벌어질 때마다 교감 선생님께서 순회를 하였던 것입니다. 참 우연치고는 너무도 이상합니다. 제가 그 반에 수업을 할 때마다 이 학생들이 엉뚱한 짓거리를 벌이면서 저를 조롱하는 것은 교직 사회에서는 일어날 수 없는 일입니다. 교감 선생님은 이점에 대해서 심사숙고하여 생각하실 필요가 있습니다. 교장 선생님도 저의 행동에 대해서 많이 나무라 셨는데 저는 평소 거짓말을 할 줄도 모르고 오로지 진솔한 자세로 행하여 왔습니다. 그리고 남의 잘못을 배려하는 마음으로 열심히 살아왔습니다. 또 교장 선생님께서 저보고 교재 연구를 전혀 하지 않고 있다고 했습니다. 교무실에 있는 많은 선생님들이 제 행동이 불성실하다고 했습니다. 하지만 그 이야기는 사실과는 전혀 다른 말씀입니다. 집에 가면 교재 연구도 많이 했습니다. 무엇보다도 우리 학교 학생들의 실정에 맞게 가르치려면 수업시간에 어떤 식으로 대화를 전개해야 되는지를 깊이 생각하여 처신하여 왔습니다. 저는 모든 부문에 있어서 탁월한 실력은 없어도 언제든지 최선의 노력을 경주하고 있습니다. 교장 선생님께서 저를 아주 나쁜 사람으로 취급하니 섭섭하기 그지없습니다. 세상을 많이 살면 살수록 인생살이가 점점 힘이 든다는 것을 알고 있지만, 이런 터무니없는 일로 생고생을 하기는 처음입니다. 교장 선생님께 부탁하건데 열심히 살고 있는 저에게 희망과 용기를 주어 재생의 길을 걷게 해주십시오."

이렇게 나의 사정을 간절히 호소해도 두 분은 마음을 바꿀 그 어떠한 자세를 취하지 않았다. 그리고 더욱더 집요하게 심문하였다. 아마도 죄인 중 그런 죄인이 없었다. 아무런 죄도 짓지 않고 건실하게 행동하여 사는 사람에게 황당한 죄목을 엮어 죄를 지은 사람 취급하였다. 순수한 마음으로 받아들이기에는 너무나 가혹한 처사였다.

별별 이상한 방법으로 나의 목을 졸라도 안 되니 두 사람 다 얼굴에 잔뜩 독기를 품은 상태로 될 수 있는 한 자기들 편에 유리한 말로 엮어 나갔다. 교장실은 어느 쪽의 양보도 없이 일촉즉발의 긴장감이 돌았다.

급기야는, 두 관리자 선생님들은 듣기에 민망한 말투를 섞어가면서 엄포를 놓기 시작했다. 교장 선생님의 말이 끝나기가 무섭게 교감 선생님의 심문이 이어졌다. 연이은 반복된 시달림에 내 몸은 초토화 되었다. 머리도 아프고 온 전신이 쑤시는 것 같아 교장 선생님께 현재 제 몸의 상태가 엉망이라 병원에 가서 치료를 받아야 된다고 말했다. 그 당시 내가 했던 말을 한 번 적어보겠다.

"교장 선생님! 제가 몸이 아프고 머리가 쑤셔 더 이상 견디지 못하겠습니다. 빨리 마치고 침을 맞으러 가야겠습니다. 오늘은 이 정도에서 끝내시고 다음에 말씀하시면 안 되겠습니까?"라고 하니 교장 선생님께서 하신 말씀이 "성 선생님 가기는 어딜 가요. 말씀 끝내고 가요. 지금은 이 학교장이 공적으로 성 선생님을 불러 이야기하고 있어요. 몸이 아프거든 여기서 죽어요. 공적인 대화를 하다 죽으면 제가 알기로는 돈이 훨씬 많이 나오는 것으로 알고 있어요." 교장 선생님이 말도 안 되는 쌍스러운 표현을 해왔다.

하지만 두 관리자 분들이 하신 말씀을 대비하는데 신경을 너무 많이 썼다. 그러다 보니 몸의 상태는 말로 형용할 수 없을 만큼 엉망이 되었다. 얼굴을 찡그리며 몸의 아픔을 몇 차례 계속해서 호소하였다. 그제야 사실인 줄 직감하고 교장 선생님은 어쩔 수 없이 집에 가라고 했다. 고문 같지 않은 혹독한 고문을 받아 몸이 만신창이가 되어 바로 병원 치료를 받으러 갔다. 이렇게 해서 다시는 생각하기 싫은 이 끔직한 사건은 종결이 되었다. 그 당시에 벌어졌던 엉뚱한 사건을 다시는 되돌아보기 싫었다.

하지만 글로나마 나의 진심을 적어 아픈 상처로 얼룩진 나의 과거를 회고하고 싶었다. 그리고 얼룩진 나의 마음도 달래어 보고 싶다. 많은 우여곡절 속에서도 언제나 최선을 다하는 생활 습관과 열심히 수업에 임하는 인고의 노력 덕분에 어려운 고비들을 무사히 넘길 수가 있었다.

대전에 있는 한국수자원공사에서 받은 직무연수 때 있었던 일

2003학년 학기 막바지에 접어들 시점에, 학생들의 학습에 도움을 줄 다른 분야에 대하여 관심을 가졌다 다른 분야에 대해서 심층적으로 연구하고 싶은 욕망에 불태워져 전전긍긍하였다. 대전에 있는 한국수자원공사에서 교원 환경연수를 한다는 소식을 공문을 보고 알았다. 나는 2003년 12월 초에 연수 신청을 하였다. 한국수자원공사가 있는 대전에서 2004년 1월 5일부터 2004년 1월 16일까지 11일 동안 60시간의 직무연수를 받았다. 먼저 받았던 그 어떤 연수 때보다도 배우려고 하는 마음 자세로 충만하였다. 그리하여 매 연수 시간에는 자세를 흩트리지 않고 모든 과정을 배웠다. 이 환경연수를 통해서 알게 된 것은 우리의 생활과 물은 불가분의의 관계에 있다. 그리고 우리가 물을 잘못 사용하면 환경에 어떤 악영향을 미치는 가에 대해서도 자세히 알게 되었다. 매 수업시간 때마다 물과 관련된 분야에 근무하는 강사님으로부터 다양한 방면에 걸쳐 강의를 들었다. 매 강의 때마다 배우는 용어 내용도 어려워 감당하기 힘들었을 뿐 아니라 강사의 강의 내용도 달랐다. 하여튼 연수 내용이 너무도 복잡하고 다양해서 강의를 들으면 들을수록 익혀야 할 내용들이 너무 많았다. 연수를 끝내고 집에서 그 분야에 대해 심혈을 기우려 연구하기로 했었다. 하지만 집에 도착을 해 보니 무엇부터 먼저 해야 할지 몰랐다. 결국 차일피일 미루다가 이 분야에 연구다운 연구를 하지 못하였다.

나의 마음을 한없이 아프게 했던 학교 당국의 처사들

2004년 2월 말 학급 담임과 사무 분장 발표를 하였다. 예상했던 것과 마찬가지로 담임 명단에서 제외되었다. 부담임 명단에서 빠진 것은 전혀 생각지도 않은 일이었다. 교무실의 사무 분장도 지역교육부의 문서 수발을 담당하게 하였을 뿐 아니라 교무실 자리 배석도 예전과 변함이 없이 나에게 한 번도 따뜻한 정을 주지 않고 전혀 말을 걸어오지 않는 선생님 옆 좌석이었다. 내 자리는 교재 연구를 할 수 있는 장소가 아니었다. 이런저런 잡다한 이야기를 주고받는 사람들이 자주 모여 잡담을 하는 곳이었다.

학교 당국은 온갖 불합리한 인사 조치를 감행하였다. 같은 학교에서 오래 근무한 고참 선생님을 학교 재단 측의 은밀한 계획 아래 설계된 각본에 의해 재단에 충성 맹세를 한 몇 사람들이 나의 교권을 탄압하는 엄청난 일을 수시로 자행하여 왔었다. 이로 인해 나의 마음 내부 깊숙이까지 재생할 수 없는 골 깊은 상처를 받아 왔다.

지금은 그 충격으로 인하여 간간이 정신 분열증 증세가 나타나 고생을 하고 있다. 어떤 때는 그 후유증으로 대수롭지 않은 일에도 나도 모르게 신경질적인 반응을 보이기도 했다. 교무실에서의 나의 생활은 한순간도 마음 편히 지낼 날이 없었다. 직원 회의가 있는 날에는 하루도 마음 편히 보낸 날이 없었다. 그 이유인 적설, 직원 회의 때마다 관리자(학교장, 교감 선생님)들이 교직생활에 부당한 이유를 자주 거론하였다. 교무실에서 교무 회의가 열리는 날이 되면 관리자 선생님들이 나의 신상에 대해 거론하지 않을까 괜시리 마음이 불안하였다.

사립 재단에서 생활하는 것이 힘들고 어렵다는 것을 이 학교에 부임할 때부터 은근히 알고 있었다. 하지만 정도가 이렇게 심한 줄은 꿈에도 몰랐다. 이 학교에서 근무한 지가 오래되면 될수록 눈에 보이지 않는 음성적인 교권 탄압이 모든 부분에 걸쳐 나타났다.

재단 측의 실세인, 교감 선생님이 우리 학교에 부임해온 2000년 이후부터는 한순간도 마음 편하게 지낸 날이 없었다. 선생님이 학교에 부임해오면 학생들의 공부에만 신경을 쓰도록 해주어야 하는데도 불구하고 눈에 보이지 않는 온갖 비열한 방식으로 교권 탄압을 일삼았다.

그것도 모자라 여러 명이 담합하여 교묘하게 짠 각본대로 나의 수업 진행을 방해하는 행위를 수시로 자행해 왔다. 예를 들어 보면, 학교 당국의 은밀한 계획을 세워 공부도 제대로 하지 않고 교재 준비도 전혀 해 오지 않는 일부 몰상식한 학생들을 은밀히 교육시켜 나의 수업 진행을 고의적으로 방해 했다. 내가 행한 사실이 없는 회개 망측한 루머들이 마치 사실인 것처럼 온 교실에 유포되고 떠돌아다녔다.

교내에서 이러한 이상한 일들이 일어난 것은 2000년 이전에는 눈을 부릅뜨고 찾으려고 해도 찾아볼 수가 없었다. 2000년 이후에는 이상한 말들이 교내에 오고가는 것이 당연시 되어 왔다. 학교 당국이 교권을 탄압하는 일은 이것으로 끝나지 않았다. 재단의 심복으로 몸담고 있는 몇몇 선생님들과 관리자 선생님들이 담합하여 눈에 보이지 않는 교권 탄압과 교사 개

개인의 고유 권리를 와해시키는 음성적인 방책을 수시로 자행해왔다. 이것으로도 부족하여, 여러 가지 방법을 동원하여 내가 맡고 있는 과목에 대하여 불이익을 주는 행위를 감행해왔다.

학교장은 자기의 고유의 권한을 넘는 범위에서도 관여했다. 직권이라는 명목을 앞세워 나를 제외한 같은 과 선생님들을 일정한 장소에 모이게 하여 수업 학년 배성, 보충수업 시간 배정, 우리 과에서 실시하는 모든 업무에 대하여 상의했다. 그런 식으로 진행하다 보니 자연적으로 나타난 현상은 우리 과 선생님들조차도 나와 상의하지도 않고 과의 현안에 대한 모든 중요한 내용을 처리했다. 같은 교과 선생님들은 자기들끼리 일정한 장소에 모여 상의했다. 그런 다음 결과만 대충 알려주었다. 나한테 알리지 않으면 안 되는 일은 아주 짧은 시간에 그냥 통보만 하고 자기들 자리로 돌아갔다. 통보할 때는 온갖 아양을 다 떨었고 미소를 지으면서 나에게 접근했다. 자기들이 생각했던 대로 일이 진행되면, 교무실 내에서 우연히 마주쳐도 모르는 사람처럼 냉랭하게 대하였다. 나를 더욱 더 안쓰럽게 한 것은 같은 교과 선생님들이 따뜻한 말 한마디를 나에게 준 적이 없다는 것이다. 공적으로 꼭 필요한 일이 있을 때만 웃음을 띠었다. 자기들이 전달한 내용이 끝이 나면 모든 것이 상황 종료였다. 목표가 달성되었다고 생각이 되면 뒤돌아보지도 않고 자리로 돌아가 교재 연구를 했다.

다재다능한 업무 처리 능력이 있는데도 불구하고, 관리자들은 모든 업무 담당에서 제외하였다. 그것으로 부족하여 일반 선생님들과 사이가 좋지 않게 유도하였다. 어느 누구도 나에게 접근하지 못하게 하는 비열한 술수를 부렸다. 더욱이 수업 시간에 성실하지 못한 일부 학생들이 교사에게 폭언을 일삼게 만들어 정신을 차리지 못하게 하였다.

이 부분에 대해서 만약 누가 질문을 한다면 전혀 그런 사실 없다고 발뺌을 할 것이다. 내가 이 학교에서 오랫동안 생활해 오면서 느껴왔던 부분들을 솔직담백하게 이야기하면, 나를 왜곡한 표현들을 수시로 일삼았다. 또 일부 몰지각한 학생들이 나의 수업시간이나 쉬는 시간에 이 교실 저 교실을 돌아다니면서 유포한 한 말들의 대부분은 사실이 아니다.

그 사람들 전부는 나의 자존심을 무너뜨리는 인간 이하의 저속한 언어와 행동을 했을 뿐이었다. 아무런 부끄러움 없이 학생들이 나에 대한 저속한 말을 함부로 내뱉을 수 있다는 것은 누가 그렇게 행동을 해도 괜찮다고 지시를 하였음이 분명하다. 그렇다는 것을 이 학교에서 오랜 교직 경륜이 있는 나 자신의 자존심을 걸고 맹세하는 바이다. 아무리 베짱이 두둑한 학생들이라도 수업시간마다 교과 담당 선생님을 그것도 수업시간에 엉뚱한 짓을 하여 괴롭히는 행위를 하는 학생들은 없을 것이다. 학생들은 행동 방향을 스스로 판단하기 힘든 미성년자들이다. 수업시간에 잘못된 행위를 하여 교사를 괴롭힌 학생들을 올바른 행동을 할 수 있도록 지도할 생각은 않고 말도 되지 않는 이런 저런 이유를 거론하도록 문제성이 다분한 학생들의 생각을 조절하기 바빴다.

내가 항상 문제만 일으키는 교사로 간주하여 모든 업무를 미배정하는 등 교묘한 방법으로 나를 심리적으로 불안에 떨게 만들었다. 게다가, 내가 가지고 있는 약점만 골라 교내와 교외 사방팔방에 온통 이상한 루머를 퍼트렸다. 이외에도, 이치에 전혀 맞지 않는 방법으로 짜 맞추어 행하여 교직을 스스로 포기하도록 유도하였다. 인간답지 못한 행위를 수시로 저지르는 사람들이 학생들을 가르치는 교사라고 생각하니 한심할 뿐이었다. 이 학교에 선생님으로 내딛은 내 자신이 후회스럽기만 했다. 앞에서 거론한 이야기들을 계속 이어나가겠다.

내가 모르는 모든 일들을 동 교과 선생님들이 결정하였다. 변칙적인 방법으로 조작하는 엉뚱한 일이 우리 과에서는 발생이 되어서는 안 된다. 그래서 나는 같은 교과 선생님들에게 교과 협의회를 가져 우리 과에 산적해 있는 문제들을 풀어나가자고 제의했다. 하지만 동과 선생님 중 한 분이 나에게 다가와 나와 같이 교과 협의회를 갖지 못한 이유를 설명했다. 이야기를 들었던 순간에는 그럴듯하게 들렸지만 그 선생님과 이야기를 끝내고 뒤돌아서니 잘못 진행이 된다는 판단이 섰다. 그래서 나는 그 선생님을 불러 상황을 일목요연하게 정리하여 말하면 자기들의 시행착오를 인정하였다. 이런 말로 나의 말에 대응했다. 앞으로 우리 과에서 일어나는 모든 일에 대해서 나의 의견을 반영하여 일 처리하겠다고 임시방편 식으로 이야기했다. 내용적으로 자기들의 생각에 맞추어 일 처리했다. 하여튼 영어과 전반에 일어나는 현안 문제에 대한 이 사람들의 행동은 나의 뜻과는 완전히 상반되게 하였다. 교과 협의회가 열릴 때는 나의 주장을 피력한다.

나의 생각과 전혀 다르게 일 처리한 경위에 대해서 물으면 나의 의견을 반영하지 않고 일 처리한 이유를 늘어놓았다. 하지만 교과 협의회 시간만 지나면 언제 내가 그런 이야기를 거론했는가 하는 식으로 나의 의견을 무시해버렸다. 그리고는 자기들의 생각에 맞추어 일 처리해버렸다.

영어과에 소속이 되어 있는 대부분의 선생님들이 과에서 제일 고참 선생님인 나를 배제하였다. 자기들끼리만 일정한 장소에 모여 영어과에 대한 중대한 사안을 결정해버렸다. 우리 학교의 실정이 잘못되어도 많이 잘못되었다. 나와 상의하지 않고 일 처리해도 괜찮다고 관리자 선생님들이 허락을 했기 때문이다. 같은 교과 선생님들이 나의 말에 동조하는 반경을 보이다 나의 뜻과 완전히 상반되게 행동하는 비열한 행위를 일삼아 왔었다.

인간이 사는 세상에 이런 일들이 어떻게 일어날 수 있는가? 아무리 돌이켜 생각을 해봐도, 세상은 요지경 같았다. 수많은 사람들이 담합하여 야기된 어처구니없는 일들로 이루 말로 형용할 수 없는 참혹한 불이익을 무수히 당하였다. 말도 안 되는 형상이 벌어진 것은 어제 오늘의 일이 아니었다. 내가 이 학교에 선생님으로 처음 재직할 때부터 이런 방식으로 행해져 왔었다.

나는 진취적인 자세로 나에게 도래된 모든 어려움을 극복하였다. 그리고 학생들에게 꿈과 희망을 주기 위하여 교사로 온 것이지 학교 당국과 전투 아닌 전투를 하러 온 것이 아니다. 그래서 나는 더욱더 진솔한 기상을 발휘하여 야망을 불태웠으며 한순간도 게을리 하지 않고 투철한 교육열을 가지고 생활했었다. 그리고 학교생활은 다른 선생님보다 더 성실한 자세로 임하려고 노력했다. 하지만, 학교 당국은 나의 이러한 간절한 소원도 무시한 채 자기들의 행동반경대로 일 처리를 하였다.

이런 형편에서 인간다운 대접이라는 것은 상상조차 할 수 없었다. 학교 법인이나 관리자들은 동과의 고참 선생님으로서의 그 어떤 역할을 담당하게 하지 않았다. 이 학교에서 오래 근무한 교직 경험에 비추어 정확하게 말하겠다. 나에게 생각지도 않은 엉뚱한 일들이 발생된 근본 원인은 재단 측이나 관리자들이 자기들의 영익과 안녕을 위하여 개인의 권리를 무시한 주관적인 판단에 의해 생긴 권위의식 때문이라고 본다. 자기들만 생각을 야합하여 생긴 독단적이고 편협적인 사고가 이 사회에서 영원히 없어져야 하는 것이 정당한 논리일 것이다. 또 자신들의 생각만이 옳고 다른 사람의 생각은 대수롭지 않게 여기는 마음은 버려야 한다.

무슨 일이든 자기의 생각만이 옳다고 생각하는 사고나 한 번 생각한 것은 끝까지 추진해야 한다는 사고의 발상으로 인해 현명한 판단력으로 학생들의 진정한 교육을 위해서 헌신한 선생님들이 얼마나 많은 피해를 본 줄 아는가? 내가 이 학교에 근무하는 동안 여러 선생님들이 고초를 겪는 여러 장면에 대해 보아 와서 교권 침해라는 것이 무엇인지 대략적인 내용을 짐작할 수 있다. 학교 재단 측은 자기들의 이익에 부합되지 않다고 생각하는 선생님들에게는 이루 말로 형용할 수 없는 온갖 비열한 방법을 동원하여 불이익을 주었다.

학생들의 장래를 위해서 성실히 노력하는 다른 선생님들에게는 더 이상의 교권 탄압 행위를 자초하지 않았으면 한다. 학교 당국은 자기들의 영리를 추구하기 위하여 순수한 선생님들을 목적을 달성하기 위한 수단으로 생각 하였다. 선생님들을 올바로 지도하는 스승으로 생각하면 학생들의 미래는 밝아올 것임이 틀림없을 것이고 우리가 학생들에게 가르침을 주는 학교는 아름다움이 가득한 학원으로 변모할 것이다. 이런 모습을 가져야 하는 것이 우리학교만의 일은 아닐 것이다. 그렇게만 된다면, 우리 학교는 말로 표현할 수 없을 정도로 안정을 찾게 될 것이고 학생들의 의식 자체도 건전한 모습으로 변할 것이다.

또 다른 사람을 먼저 생각하는 건강한 생각이 파생되어 모두 다 이 사회의 발전을 위하여 올바른 역할을 담당하는 훌륭한 일꾼이 될 것이다. 모든 선생님들이 사랑과 대화로 학생들을 지도하면 학생들의 의식은 건전하게 되어 나중에는 아름답고 점차적으로 미래지향적인 사고가 충만하게 되는 것은 자명한 사실이다. 학교장 선생님은 면학 분위기 조성, 서로를 아껴주고 존중하는 건전한 의식 갖기 지도, 아름다운 말하기 풍토 조성, 바른 생활 지도, 건설적이고 미래지향적인 학교 만들기 방안 모색, 지역 사회인들과 학부형과 유대 강화, 교내의 청결 유지를 위한 방안 돌출, 효율적인 학습 방안 검토, 아름답고 아늑한 교실 만들기 지도 등을 심층적으로 연구하는 선생님들의 표상이 되었으면 한다.

교장실이 관리자 선생님과 몇몇 간부 선생님들이 모여 은밀한 대화를 주고받는 장소, 모든 선생님들의 일거일동에 대하여 이야기를 주고받는 장소가 되어서는 안 된다. 그리고 재단의 영익을 위해 활동하지 않는 선생님들을 정리할 방법을 생각하는 장소. 재단의 측근이라고 생각되는 선생님들이 자주 모여 자기들의 생각을 유리한 방향으로 유도하는 장소로 활용하는 곳이 되어서는 절대로 안 된다. 교장실은 엄연히 효율적인 학습방법에 대하여 논의하는 곳이지 정보를 교환하는 곳은 아니다. 그리고 모든 학생들이 건전한 사고로 학교생활을 할 수 있는 방편에 대해 토론하는 곳이다.

반복된 이야기지만 중요한 것 같아 한 번 더 거론하고 싶다. 같은 과에 대한 모든 업무는 교과 협의회 시간을 통하여 논의가 되어야 한다. 우리 학교는 그런 것이 제대로 이루어지지 않아 원망하고 싶은 마음이 생길 때가 부지기수였다. 교과 협의회는 거의 대부분 나를 제외한 교과 협의회에 해당되는 사람들이 일정한 장소에 모여 한다. 여기에 모인 사람들은 한 사람이 제안을 하면 반대하는 일없이 형식에 틀을 짜 맞추어 진행했다. 어느 누가 보아도 그럴 것 같아 보이도록 짜놓았다. 잘못된 관행은 한 두 번이 아니었다. 새로운 학기가 시작될 무렵이면 학교재단이사장, 학교재단법인의 관계자, 학교의 관리자 등은 한 자리에 배석하여 연간 계획을 다 짜놓는다. 그런 다음 학교 선생님들에게는 그냥 통보만 하였다.

이런 일은 매 학기 초에 연례행사처럼 진행되었다. 잘못된 방식임을 알고도 나에게 다른 불이익을 줄까봐 말 한마디 제대로 못하고 그대로 따랐던 내 마음이 얼마나 괴로웠겠는가? 판단은 여러분들 스스로의 생각에 맡기겠다. 같은 과의 일에 대한 제반 사항을 관리자 선생님과 상의하여 일 처리하는 선생님은 외면적으로 전혀 표시가 나지 않게 엄폐를 하여 진행했다. 하지만 오랫동안 이 학교에 근무해 왔던 경륜을 통해서 어떠한 것이 나에게 불이익을 주는지를 훤히 알 수 있었다. 은밀한 계획에 의해서 수없이 많이 자행되어 왔었던 내가 입은 피해를 누구한테 보상을 받아야 하는가? 학교 당국은 왜 이런 어처구니없는 일을 수시로 나에게 자행하고 있는가? 23년째 교육 경험을 바탕으로 다져진 나의 진솔한 생각은 사립재단이 교사들에게 온갖 불이익을 자행하고 있어도 이러한 잘못된 관행을 막는 확실한 교육 정책이 설정되어 있지 않았기 때문이다.

학교는 학생들의 교육의 백년대계를 책임지고 있는 모든 선생님들이 아무런 걱정 없이 편안한 마음으로 교육 활동을 전개하는 신성한 곳이다. 그럼에도 불구하고, 교무실에서의 학생 지도는 관리자들의 생각대로 행해지고 있다. 그리고 교무실에서의 선생님들의 그 어떠한 활동도 극히 제한되어 있다. 밝고 아름다운 미래의 교육을 건설하기 위해서는 교육 정책 담당자와 학교 선생님들, 학부형, 지역유지들이 모여 긴밀한 토의를 해서 이상적인 교육 시스템이 설계되도록 설정하여야만 한다.

앞에서 거론했던 말도 안 되는 엉뚱한 현상들이 교육 현장에서 발생되지 않도록 특단의 조치를 내리는 것이 교육 발전의 지름길이다. 또, 사립학교의 법인 관계자들의 생각만 올바르고 다른 선생님들의 이야기는 참고할 필요가 없다는 생각하는 것은 독단주의적인 권위의식이다. 중요한 학교 제반 문제에 대해 아무런 상의도 없이 일부 몇 몇 인사들이 독단적으로 일 처리하는 행위는 사회의 발전에도 상당한 지장을 초래하게 된다. 만약, 이런 식으로 계속 전개된다면 교육 제반에 심각한 문제를 야기할 것이다.

이로 인해 급기야 교육 행정은 다람쥐 쳇바퀴 돌듯이 제 자리에서 맴돌게 되는 것은 너무나 당연한 일이 될 것이다. 물론 이와 같은 편협적인 방식은 학생들에게 참 사랑을 베풀어 학생다운 모습으로 변모하게 하는 인성지도는 뒷전으로 밀리게 된다. 결국, 자신들의 안녕만 생각하는 무사 안일주의가 판을 치게 될 것이다. 진정한 교육의 발전을 위해서는 하루 빨리 잘못된 관행으로 얼룩진 학교들은 현재의 상황에서 벗어나려고 하는 시도가 있어야 한다. 이런 형태를 유발하기 위한 우선 과제는 교육 혁신이 일어나야 한다. 자기들의 행동이 잘못된 것임을 알면서도 출세에 눈이 멀어 재단측과 의기투합하여 온갖 비행을 서슴지 않고 저지르고 있다.

재단에서 인정을 받았다는 생각을 가진 어떤 선생님들은 마치 큰 권력이나 얻은 것처럼 아무에게나 무례한 언행을 사용하거나 자신이 지금 하고 있는 행동이 남에게 막대한 손상과 피해를 주고 있다는 사실을 생각해보지도 않고 아무렇게나 행동하는 것은 정도를 지키지 않은 불손한 행위다. 학교는 교사가 학생들에게 인간다운 삶을 영위할 수 있는 방법론을 가르치고 있다.

또 올바른 행위를 할 수 있도록 그 방향을 학생들에게 제시해주어 사회에 나가 사회 사람들과 어울려 생활해도 타인에게 손해 가는 일을 저지르지 않고 가치 있는 삶을 살 수 있도록 다듬는 것이다. 모든 학생들에게 이러한 마음이 내재될 수 있도록 하기 위해서는 모든 선생님들의 부단한 노력이 필요하다. 학생들을 지도할 때 꼭 필요한 것은 학생들이 순수함 그 자체를 상실하지 않도록 해야 한다. 만약, 학생들 중 잘못된 행위를 거듭하여 일삼거나 비행을 되풀이 하여 저질렀을 때는 그 학생이 야기한 문제점의 근본 원인을 분석하여 다시는 이런 일이 재발되지 않도록 지도해야 한다.

다소 늦은 감은 있지만, 지금부터라도 학교에 근무하시는 모든 선생님들은 학생들의 바른 인성을 갖도록 마음과 뜻을 함께하여 꾸준히 지도해야 된다. 또 선생님들은 학생들의 인격 도야를 위해 최선의 노력을 하여야 한다. 교육 당국에 내가 진심으로 바라는 것이 있다면 선생님은 수업과 학생들을 지도하는 일에만 신경을 쓸 수 있도록 근무 여건이 조성이 되었으면 한다. 내가 염두에 두는 것은 모든 선생님들의 학교에 바람직하고 건전한 풍토가 조성되어 언제든지 마음 놓고 학생들과 사랑과 대화를 나눌 수 있는 아름다움이 가득한 장소가 되었으면 한다.

장애의 역경을 이겨내고 살았던 슬기로운 나의 삶과 자연사랑운동

돌이킬 수 없는 아픔을 나에게 준, 꿈에도 생각하기 싫은 잊어버릴 수 없는 한 사건이 돌발되었다. 그 시기는 1987년 늦봄이었다. 상주적십자병원에서 의사 아닌 한 민간인의 살인행위로 자행된 척추 마취로 하반신이 마비되었다. 병원에서 장애 진단을 받아본 결과 지체장애 2급으로 판명되었다. 전혀 생각지도 않은 엄청난 의료 사고를 당하여 하반신이 마비된 나이다.

학교 당국은 교직을 편안한 마음으로 수행할 수 있도록 모든 부분에 불편함이 없도록 지원을 아끼지 않아야 함에도 불구하고 인간 이하의 짓거리를 수시로 자행해왔다. 어떻게 하면 수업 자체를 못하게 할 수 있을까? 아니면 모든 학생들이 수업을 진행하는데 상당한 장애를 안고 있어 수업을 하는 것이 적당치 않다는 생각을 스스로 인정해 교직에서 영구히 떠나게 할 수는 없을까? 하는 생각 등으로 만연되어 있었다. 온갖 비열한 방법을 강구하여 나의 가슴에 도저히 지워버릴 수 없는 한이 서리게 만들었다.

2000년 전에도 교권 탄압이 일어났으나 정도는 그리 심한 편은 아니었다. 학교법인의 한 사람이자 학교재단의 실세인, 교감 선생님이 우리 학교에 부임해온 2000년부터는 교권 탄압이 본격적으로 굉장히 심하여 치가 떨렸다.

나에게 가한 온갖 압박도 모자라 이제는 모든 술수를 다 부려 학교에서 내쫓아 보내려 했다 상주적십자병원에서 척추 마취 실수로 인해 하반신 마비가 되는 등 그 후유증으로 다리의 통증이 굉장히 심하였다. 이것으로 인해, 나는 본의 아니게 학생들 수업에 지장 아닌 지장을 주어 미안한 마음 금치 못했다.

학생들에게 주는 피해를 최대한 줄이기 위해 수업 시작 7~8분 전에 교무실을 출발을 했다. 교무실에서 아무리 멀리 떨어진 곳이라도, 수업 시작 2~3분 전에 교실에 입실하여 알찬 수업이 되게 준비를 하였고 마음 자세를 정비하게 만들어 동기 유발을 촉진하였다.

수업이 없는 시간이면 언제든지, 교무실의 나의 자리에 조용히 앉아 밀린 교재 연구를 하였다. 교재 연구를 다 하면, 남은 시간에는 재미있고 알차게 수업을 진행할 수 있는 방안에 대해 연구했다.

문득 3학년 1반 학생들이 나에게 행했던 모든 것이 기억났다. 3학년 1반의 몰지각한 그 학생들이 수업시간에 공부도 하지 않고 나에게 버릇없이 엉뚱한 장난을 치는 이유가 무엇인지 그리고 인간다운 면모를 하지 않고 막무가내로 행동하는 학생들과 나 사이에 벌어진 잦은 말다툼의 원인이 무엇인지에 대해 분석하였다. 곰곰이 생각하여 얻은 결론은, 이 학생들이 누구한테 수주를 받아 고의로 나에게 못된 짓을 한다는 것이었다.

그날 이 후로, 그 반 수업에 임하면 되도록 학생들의 입장을 최대한 존중하도록 노력했다. 학생들이 수업시간에 선생님에게 취해야 할 바른 자세가 무엇인지 그리고 올바른 수업 태도에 대하여 심층적으로 거론했다. 이런 식으로 바로 지도하여도 일부 학생들이 불손한 행위는 멈추지 않았다. 그 일로 마음고생도 많이 하였고 나의 마음을 흩트려 놓아 애를 먹는 경우가 한 두 번이 아니었다. 그럴 때마다 흩트려진 마음을 정비하여 수업 분위기가 이상한 방향으로 흐르지 않게 유도하여 수업을 진행했다.

그럼에도 불구하고, 문제성이 많은 학생들과 잦은 언쟁이 벌어졌다. 수업을 마치고 교무실로 돌아와 이 점에 대해 곰곰이 생각을 해보았다. 오랜 교직 경험을 바탕으로 이러한 문제점이 유발하지 않도록 철저하게 지도를 했다. 나의 이러한 노력에도 불구하고 학생들과 시비가 벌어지는 것은 말도 안 되었다.

학생들과 본의 아니게 문제점이 야기되는 근본 이유는 학교 당국의 사주를 받은 불성실한 몇몇 학생들의 의해 자행된 고의적인 행동과 불성실한 수업 태도 때문이었다. 그렇게 단정하는 이유는 23년째의 교직 생활 동안 다양한 성격을 지닌 제자들을 지도해내면서 얻은 경험 때문이었다. 교직 경륜이 아무리 많아도 요즘 학생들의 사고를 충족시킬 수 없었다.

이 말은 요즘 젊은 세대들과 사고도 다르지만 생각이 많이 동떨어져 있어 안타까움을 금치 못하겠다. 그 간격을 최대한 좁히는 방법은 선생님들이 마음을 비우고 학생들을 맞이해야 한다는 사실이었다. 그렇게 하여도 학생들의 사고와 같지 않을 경우가 허다했다.

나는 교사와 학생들 간에 생기는 의식 차이의 간격을 좁혀 나가기 위하여 연구도 많이 했다. 수업시간에 학생들과 나 사이에 눈에 보이지 않는 간격이 생길 때가 있었다. 그때는 언제나 부단한 노력과 양보로써 그 간격을 메워 나갔다. 이런 방법으로 하나의 오차 없이 지도하였는데도 불구하고 문제가 발생이 된다면, 교육자인 나 자신도 감당할 수 없는 일이다. 한 가지 해결 방안을 제시하면, 선생님들이 협조하여 문제가 많은 학생들을 다른 학생들과 분리하여 특별 지도를 해야 문제점이 야기한 근본 원인에 대해 알아내어 그 학생들에게 인간다운 생활을 수행해 나갈 수 있는 생활 수칙을 지도하면 다시는 잘못된 행동을 하지 않을 것이다.

2004년 4월 16일에는 지역 신문인 상주신문에 '농촌 하천, 밭두렁 폐비닐과 쓰레기 뒤죽박죽 환경이 어지럽다' 라는 제목의 원고를 기고했다. 이 글의 내용은 효율적인 농사 경영법과 깨끗한 환경 조성을 위한 방안에 관한 것이었다. 5월 18일은 5 · 18 광주 항쟁 의거일이다. 이날 지역 신문인 뉴스 상주신문에 '준법정신으로 편안해지는 생활' 이라는 원고를 기고하여 법치주의 국가인 대한민국에 태어난 사람은 누구나 준법정신을 생활화하여 만인이 편안하게 느끼는 사회 조성에 앞장서자. 라는 내용을 담았다.

이외에도 올해 초에 두 필의 원고를 더 집필하였다. 그렇다고 해서, 학생들 수업에 대비하여 교재 연구를 열심히 하지 않은 것은 아니었다. 교사의 본연의 업무를 외에 그 다음으로 열심히 한 활동은 자연을 내 것 같이 아끼고 다듬는 자연사랑운동이었다.

2004년에 자연보호활동을 한 곳은 그 전에 실시한 곳과 똑같이 자산교에서 연원교 사이의 300m이었다. 좀 더 많은 장소를 택하여 자연정화활동을 하고 싶은 마음도 있었다. 하지만, 학생들을 가르치는 학교 교사이어서 시간적으로 제약을 많이 받았다. 학교 퇴근 후에는 언제나 그 둑을 찾아 인고의 노력으로 자연사랑운동을 하였다.

한 가지 아쉬운 점이 있다면 신체 불구가 행동반경을 좁게 만들었다는 것이었다. 하지만, 나는 신체적인 불구를 마음에 담지 않고 앞만 보면서 열심히 살았다. 그러한 힘이 있는 덕분으로, 나를 가로 막고 있었던 모든 난관을 무너뜨릴 수 있었다. 그런 결심을 한 이후로, 나는 불굴의 투혼을 발휘하여 후회하지 않는 인생을 설계하여 나아갔다.

둑에서 자연사랑운동을 마친 후에도, 주위가 그리 어둡지 않으면 언제나, 나의 집 인근에 있는 도로를 말끔히 물청소하였다. 내 집 앞 도로를 걸어 다니는 사람들에게 아름다운 정신과 말쑥한 마음이 내재하게 하였다.

이 일은 비나 바람이 많이 불지 않으면 거의 매일 실시하는 나의 일상생활이었다. 하지만, 날이 추워지기 시작하는 11월 초쯤이면 땅이 얼기 시작하여서 자연사랑운동을 하고 싶어도 할 수가 없었다.

이외의 자연정화활동은 주로 이러한 것들이었다. 집 앞 도로에 너절하게 흐트러진 휴지 줍기, 나의 밭둑, 건너편 둑 잡초 제거하기, 학교 앞 둑 자연정화활동하기, 자연사랑 회원들과 자연보호활동 등인데 10년 넘게 활동을 해왔기 때문에 그 일들을 하는데 꽤 익숙하였다. 둑에서 땀을 흘리고 자연정화작업을 하면 산책을 하시는 분들이 나에게 '수고 많습니다. 힘이 많이 드실 텐데, 좀 쉬었다가 하십시오. 풀을 말끔히 깎으니 정말 보기 좋습니다. 계속 수고하십시오.' 라는 말을 하면서 나에게 상냥한 미소를 보내는 사람들도 있었다. 그 소리를 들으니 한결 기분도 산뜻했고 팔이 아파 풀베기를 그만두고 싶어도 자연사랑을 더 많이 해야 한다는 주인 의식이 생각나 한 두 시간을 더 작업했다.

연이어 해온 자연보호활동으로 나는 자연사랑운동을 하는 것에 익숙해져 있었다. 둑에서 풀을 깎는 것으로 만족하지 않고 시간이 날 때는 언제나 연원동에 있는 나의 밭둑이나 건너편 둑 주변에 산재해 있는 잡풀들을 말쑥이 전지가위로 깎거나 손으로 뽑아내었다.

그곳을 지나가는 사람들 누가 보아도 잘 했구나, 라는 생각이 들 정도로 정성껏 작업을 하였다. 이러한 모든 내용이 사실인지 확인하고 싶으면 풀이 한참 자라는 시기에 현장에 직접 와서 확인해도 좋다.

4월 16일에 풀 깎기 작업을 시작해서 한 달 가까이 열심히 작업을 하니 500m 이상을 깎을 수 있었다. 두 달 가까이 지난 시쯤인, 6월 11일에는 830m 정도의 잡풀들을 깎았다. 인고의 노력을 하여 무수히 많은 땀을 흘리면서 풀 깎기 작업을 하였다. 이 작업을 해보지 않은 사람은 절대로 나의 어려웠던 심경을 헤아리지 못할 것이다. 대부분의 사람들은 자연사랑에 대한 나의 깊은 뜻을 헤아리지 않고 그냥 대충 하는 말로 이을 것이 분명하다. 둑에서 풀을 깎고 있을 때 남을 배려하는 마음이 없는 사람들이 무의식적으로 내뱉었던 말을 적어보겠다. 가만히 있는 풀을 무엇 하러 깎아, 할 일 없으면 집에서 낮잠이나 자지, 쓸데없는 짓 하지 말고 그냥 가만히 내버려두던지 아니면 제초제를 뿌리던지, 등의 말을 무언중에 하였다. 이 말은 자연사랑이 무엇인지를 전혀 모르는 사람들이 빈정대는 쓸데없는 이야기들이다. 정말 말도 안 되는 허무맹랑한 소리를 단번에 일축할 수 있었던 것은 자연을 사랑하는 마음이 내재되어 있었기 때문이었다.

나의 마음속 깊숙이 충격을 느낀 지 며칠이 지나서야 혼돈된 나의 마음을 평정할 수 있었다. 그 쓸데없는 사람이 했던 모든 말을 잊어버리고 안간힘을 썼다. 그런 맹세를 한 덕분인지 모르지만, 힘을 내어 열심히 작업 할 수 있었다. 터무니없는 몇 마디의 말들이 나의 마음을 약하게 했다. 하지만, 모든 난관을 극복해내고 하루도 빠짐없이 자연사랑을 실천하였다. 누가 어떠한 것을 시켜도 나는 다 해낼 수 있다.

나는 어떤 것이 옳은지 그른지에 대한 정확한 목표도 설정할 수 있다. 앞에서 내가 오랜 교직 생활을 하면서 경험했던 내용을 서술했다. 이 모든 내용은 사실이다. 학생들이 선생님에게 대한 바르지 않은 사고로 웃지 못할 해프닝을 벌인 사건에 대하여 안 적으려고 노력을 했었다. 하지만 우리 교육이 발전하는데 도움을 줄 수 있는 내용이면 표현하는 것이 좋은 것이라는 판단이 섰다. 진솔한 자세로 솔직담백하게 그 내용들에 대해 기술하여 보겠다.

3학년 1반 수업 시간에 벌어졌던 인간 이하의 작태를 벌인 학생들! 과연 이런 행동을 서슴없이 진행한 사람들이 학생들인가? 하는 생각이 들기도 했다. 그 일들이 나의 심신에 너무나 많은 충격을 주었다. 다른 반 수업시간에 터무니없는 일이 발생할 것을 대비하여 마음에 준비를 했으나 그런 엉뚱한 일은 일어나지 않았다. 이 해는 정말 수업 진행이 너무도 힘들었다.

거의 하루도 마음 편안하게 보낸 적이 없었다. 지나간 나날들이었지만, 다시 생각하기 싫은 지옥 같은 나날들이었다. 이 반 수업을 마치고 퇴근을 해서 집에 오면 혈압이 많이 올랐다. 거기다 불면증으로 밤에 제대로 잠을 이루지 못하여 애를 먹을 때가 부지기수였다. 어쩔 때는, 잠을 자다 나도 모르게 헛소리를 할 때도 있었다. 또 어떤 때에는, 잠자리에서 일어나 가족들을 깨우고는 무턱대고 나의 말에 동조하지 않는다고 짜증을 내기도 했다. 이 일로 인하여 본의 아니게 가족들에게 참 많은 피해를 많이 주어 미안하다.

나 자신이 굉장히 건강하다고 자부했다. 하지만 야속한 세월의 흐름은 이를 가만히 두지 않았다. 나이가 한 살 두 살 더 먹으니, 나날이 몸이 쇠퇴해 지고 있다는 것을 피부로 감지할 수 있다. 세월이 흐르면, 누구든지 나와 거의 비슷한 형상이 나타날 것이다. 그래도 아직은 몸에 심각한 변화가 일어난 것은 아닌 것 같다. 학교에서 발생된 어려운 모든 과정을 인고의 노력을 다하여 참고 견뎌나갈 만큼 체력이 강하다고 생각한다. 오랜 기간 동안 너무나 많은 압박을 학교 당국으로부터 받아왔다. 그리하여 하는 말이지만, 인간의 육체에 정신적 이상, 신체적 이상이 오는 것은 너무나 당연한 논리일 것이다.

병원 당국의 말도 되지 않는 엉터리 척추 마취 실수로 유발되어 신체적인 장애를 안고 있는 나에게 학교 당국은 이루 말로 형용할 수 없는 참담한 고통과 심적인 부담감을 주는 이유는 무엇일까?

나는 학교 당국의 엉뚱한 처사에 의해 심신에 너무나 많은 고통을 받아 이제는 절대적인 안정이 필요하다. 신체적인 장애와 견뎌내기 힘든 온갖 난관을 초유의 인내력과 끈기로 임하여 학교생활을 했다. 아무리 혼자서 감당해 내기 어려운 상황이 발생하여도, 강한 정신력으로 학생들 수업에는 차질이 생기지 않게 행동했다. 생각지도 않은 엉뚱한 일이 발생하였어도, 오랜 교직 경륜을 통해서 임기응변을 발휘하여 그 때 그 상황에 맞게 적절하게 대처해 나갔다.

건강에 이상이 있는지 유무도 의사로부터 검진을 받아 건강함을 수시로 확인했다. 그래도 안심이 안 되어 나는 항상 몸조심했다. 건강이 최우선이라는 의사 선생님의 그 말에 어긋나지 않게 건강에 주의를 기울여 모든 상황에 맞게 대처해 나갔다. 학생들의 장래를 걱정하는 선생님의 단출한 생각이 엉뚱한 학생들이 수시로 저지른 잘못에 대하여 관용을 베풀어 용서를 하게 만들었다. 그리고 성실한 대부분의 다른 학생들이 피해를 입지 않도록 최선을 다하여 수업시간에 임했다.

지금도 열심히 그리고 최선의 노력을 경주하면서 학생들을 지도하고 있다. 그런데도 왜 나는 공평한 논리로 준거하여 학교 당국이 일 처리를 하지 않는지 알 수 없다. 부모님으로부터 물려받은 신체 조직의 미성숙과 뜻하지 않은 불의의 사고로 야기된 신체 기능의 불능화가 학생들을 인간답게 세상을 살아갈 수 있도록 지도할 능력이 없다. 라고 학교 당국이 판단하는 것에 대하여 사뭇 의문이 재기된다. 앞에서 발생한 터무니없는 일들은 재단 소유자인 재단이사장님이 가진 권위의식 때문에 발생된 것이라고 단정하고 싶다.

권위의식이라는 말이 대수롭지 않게 생각하는 사람들도 있을 것이다. 하지만 이것은 건전한 생각을 가지고 열심히 생활하는 한 개인을 집단으로부터 도태시켜 생매장을 하는 근원이 된다. 더욱이 권위의식이 집단 이기주의에 의해 야기되었다면 한 개인을 모든 사회인들로부터 그 권리를 함몰시켜 영원히 삶을 영위할 수도 없게 하는 아주 무시시한 형태의 발상이 될 것이다. 아무런 교육적 행위를 할 수 없게 지역사회교육부의 문서 수발의 업무를 수행하게 하는 것으로 만족하지 않고 학교 당국은 나의 동태를 면밀히 살피는 선생님을 나의 옆 반 수업에 고정 배치해 놓고 학교에 방해되는 일을 하지 않나? 하고 수시로 감시하였다.

나의 직관력을 총동원해 추론해보면, 아마도 권력을 등에 업기를 원하는 누군가가 나의 수업 현장에 있었던 일거일동을 윗사람들에게 보고하고 있는 것으로 알고 있다. 내가 매번 수업시간에 들어가면 쓸데없는 짓거리를 일삼는 학생들에게 치유할 수 없는 마음의 상처를 입고 있어도 옆 반에서 수업을 하고 있는 대부분의 선생님들로부터 어떠한 도움도 받지 못했다. 몹쓸 학생들에게 그렇게 시달려도 자기들의 일과 무관한 것으로 일관하여 버렸다. 그 순간, 나의 뇌리를 스치고 지나간 생각들은 같은 직장에 함께 근무하는 선생님들의 직장 동료애는 어디론가 사라져 버렸다는 것이었다. 교정에 남은 것이라곤 자기들의 영욕을 위한 이기주의 의식밖에 없어 안타까웠다. 그 반 수업을 마치고 의욕을 잃고 담담한 표정을 짓고 털레털레 걸어 나오면서 우리가 처한 교육 현실의 암담함에 대해서 곰곰이 생각을 해 보았다.

먼저, 대부분의 사람들이 바른 인생을 살려고 노력하지 않고 무사안일과 자기의 영익을 위하여 앞장을 서서 나아가려고 하는지에 대해 의문이 재기되었다. 가치 없는 인생을 살 바에는 학생들에게 부끄러움을 느끼고 교직을 그만두고 차라리 다른 삶을 택하는 것이 더 낫지 않을까? 하는 생각이 들었다. 교무실 같은 부서에 소속이 되어 있는 선생님들과 어떠한 과모임을 가진 적도 없었다. 그 이유인 적설, 내가 그 과에 배속이 되기만 하면 이런저런 핑계를 대면서 과모임 자체를 생략해버렸다. 거기에다, 그 과에 근무하는 어떠한 선생님들한테서도 회식 자리와 간담회 장소에 초청을 받은 적도 없었다. 그 선생님들하고 존경심에서 우러나오는 인사다운 인사를 나눈 적도 없다.

내가 먼저 인사를 하면 일부러 안 들은 척하고는 딴전을 피웠다. 이런 상황에서 교직원 상호 간에 믿음과 신뢰를 바탕으로 하는 정다움이 싹틀 수 없다고 본다. 한마디로, 교무실은 따스함에 대해서 그 어디에서 찾아볼 수 없는 삭막한 분위기 그 자체로 변해 있었다. 대부분의 교무 업무는 나의 의지와는 전혀 다른 방향으로 진행이 되었다. 어떤 힘이 작용되어서 그런지 모르나 교무실 분위기 자체가 전반적으로 이상야릇한 방향으로 흘러갔다. 나는 그 분들한테 아무런 잘못을 저지른 적이 없는데도 불구하고 우리 부서에 소속이 되어 있는 선생님들은 의기투합하여 모든 분야에서 나의 행동반경을 좁혔을 뿐 아니라 노골적으로 '왕따' 시켰다. 교사 근무 경력이 자기들보다 훨씬 많음에도 불구하고 선배 선생님으로 각별하게 대접을 하지 않는 것도 화가 나는데 어떤 선생님은 한 번도 본 적이 없는 사람처럼 아주 냉랭하게 고개를 돌려버리고 마는 경우가 허다했다.

직원 상호 간에 그 전에 있었던 따뜻한 직장 동료애는 찾아볼 수 없어 안타깝기만 하였다. 그 이유인 적설, 많은 직장동료들이 윗사람의 눈치만 보고 행동을 하는 것이 지배적이고 그들의 행동반경이 자기들만의 무사안일을 바라는 영욕 위주로 살기 때문인 것 같다. 나와 비슷한 형태로 따돌림을 당한 사람이 많이 있을 것이다. 한국은 원래 정이 많고 예의 바른 국가라고 세계적으로 정평이 나 있다. 내가 살고 있는 곳이 한국에서도 경상북도 상주라는 조그마한 소도시이다. 나는 진솔한 자세로 학생들이 희망찬 미래로 도약할 수 있도록 최선을 다해 노력하는 선생님이다. 내가 적을 두고 있는 학교에서 이런 엉뚱한 일이 발생된 다는 것이 전혀 이해가 되지 않는다. 더욱이, 학생들을 가르치는 신성한 교육 현장에서 말도 안 되는 엉뚱한 일이 일어나고 있다.

내가 근무하고 있는 학교에서도 이루 말로 형용할 수 없는 엉뚱한 상황이 많이 일어나고 있는데 이와 같은 형국으로 치닫고 있는 학교들도 많을 것으로 알고 있다. 근무 여건이 많이 나은 학교에도 상황이 이런데, 일반

기업체에서 근무하는 사람들의 고통은 이에 비하지 못할 정도로 심할 것이다. 2000년 이후 거의 매번 나에게 준 업무 분장은 문서 수발이었다.

교육 경력도 많고 모든 분야에 다재다능한 제주를 가진 나에게 이런 대접을 하다니 아무리 바르게 생각을 하려해도 학교 당국의 편파적인 교육행정으로 피해밖에 보지 않아 억울했다. 타 부서에는 문서 수발을 따로 두지 않고 지역사회교육부에 나를 문서 수발로 두어 고통을 감수하게 만들어 직장을 그만둘 마음이 생기게 하였다.

오랜 교직 경력이 있는 사람을 그런 자리에 배치한다는 것은 교권 탄압인 동시에 한 개인의 권리와 자유를 말살하는 행위인 것이다. 더욱이 내가 담당하고 있는 학년의 보충수업도 다른 과의 선생님이 담당하게 하는 것도 나 자신의 존재 자체를 인정하지 않고 무시하는 비인간적인 처사이다. 아무리 학교장 선생님의 권리가 엄청나다고 하더라도, 담당 과목 선생님을 배제하고 다른 선생님을 그 자리에 보충 수업을 진행하게 하는 것은 자기의 권리 밖에 있는 일을 함부로 처리하는 구시대적인 발상이다. 이 말은 곧 바로, 아주 잘못된 방식으로 진행된 구태의연한 고정관념이라고 못박아 강조하고 싶다.

비록 교장 선생님의 명령이라 어쩔 수 없이 따르긴 했지만 내가 하는 것은 고작 같은 부에 소속이 되어 있는 선생님의 문서 몇 부를 문서 기록장에 기록하는 일밖에 없고 나머지 모든 업무는 철저하게 배제 시켜놓았다. 그래도 나는 그분들의 어이없는 행동을 탓하는 것을 삼가고 수업시간이 많아 정신없이 바쁘다 보니 알찬 수업 진행을 위해 최선의 노력을 경주하였다. 학교장 선생님이 나를 이렇게 만들 권리가 있는지 궁금하다. 각 학교마다, 교장 선생님의 명령에 따라 지켜야 할 내규가 있는 것으로 알고 있다. 과의 선생님들이 협의회를 열어 결정할 사항인 보충수업이나 과의 현안 문제에 대해서 나를 배재하도록 만들어놓고 같은 교과의 선생님들을 일정한 장소에 모이게 하여 상의 처리하였다.

학교 재단 측이나 관리자들께서 학교 경영과 운영의 묘미를 살리지 않고 독단적으로 처리하는 경향이 있어 말이다 학교에 근무하는 선생님이면 누구든지 다른 선생님과 똑같은 대우 받기를 원할 것이다. 나는 무슨 업무든 맡기면 충분히 소화해낼 수 있는 능력을 가지고 있다.

관리자 분들께서 어떠한 업무를 주든 맡아서 한 번도 그 업무를 잘못 처리한 적이 없고 능수능란하게 해냈다. 지금이라도 나에게 어떠한 업무를 맡기더라도 잘 해낼 수 있다. 라는 자부심이 있다. 오랜 교직의 경험이 있는 사람이 다른 선생님들이 하는 일들을 왜 못하겠나? 불과 얼마 되지 않는 기간이지만 2004년 6월부터 2007년까지, 학교 당국은 전 분야에 걸쳐 전혀 생각지도 않은 많은 불이익을 생기게끔 조성했다. 그것도 여러사람이 담합하여 온갖 비열한 방법으로 생고생을 시켰다. 이 시기는 비애와 생고생의 연속이었다. 얼마 안 되는 기간 동안에 나는 무수히 많은 고통을 받아 인생이 한스러웠을 뿐 아니라 인간으로서 받아서는 안 될 고충도 많았다.

내가 가지고 있는 능력을 제대로 발휘해 보지도 못하고 그 많은 시간을 헛되이 내 자신을 지키는 방어벽을 구축하다 보니 연구다운 교재 연구도 제대로 하지 못하였다. 거기에다 자유로운 시간이 없어 휴식다운 휴식을 한 번도 취한 적이 없어 안쓰러운 나의 마음을 달래느라고 혼이 난 적이 한 두 번이 아니었다. 서로 돕고 신뢰하는 의식이 충만해 있었다면 그런 엉뚱한 일에 휘말려 아까운 시간을 허비하지 않아도 되었을 것이다. 차라리 그런 시간에 교재 연구를 할 시간을 주었다면 아마도 엄청난 양을 했을 것이다.

직원 회의 시간 때마다 교장 선생님, 교감 선생님이 번갈아가면서 나의 수업 진행과 모든 교육 활동이 불성실하다고 직 · 간접적으로 자주 거론하였다. 그럴 때마다 나 자신이 정말 그런 것 같은 기분이 들어 학생들이나 교직원들이 죄책감 아닌 죄책감으로 고민할 때가 허다했다. 그런 말을 들을 때 나는 교직을 그만두고 싶은 생각이 들었다. 하지만 나는 학교생활을 불성실하게 해본 적도 없고 학생들 앞에 능력이 없는 교사로 낙인을 받은 적도 없다. 평생을 교사로 지내야 하는 현재의 나의 심정은 우리에게 가로 놓인 교육 현실이 원망스러웠다. 그 이유는 진솔한 자세로 앞만 보면서 열심히 살아온 나에게 학교 당국은 말도 안 되는 허무맹랑한 말만 골라 되풀이 하여 나의 마음을 안타깝게 했다. 온몸이 찢어질 정도로 아픔을 느꼈다.

그 당시 직원 회의 석상에서 일반 선생님들에게 교장 선생님께서 말씀하신 한 가지만 이야기하면 우리 학교 선생님들 중 한 분 선생님은 교사로서의 역량이 부족할 뿐 아니라 수업 진행방법 상에 문제점이 많아 그만 두게 해야 된다고 판단하는데 그렇게 하지 못해 안타깝습니다. 교내 순회 중 그 선생님이 수업하는 장면을 보니 진행이 미숙할 정도로 능력이 없는 것 같이 보이고 자기 마음에 들지 않는다고 해서 학생들에게 대하는 태도가 교사라고 생각되는 곳이 한군데도 없어 이렇게 가만히 두어서는 안 된다고 판단하여 재단이사회를 열어 징계 조치를 취해야 하는 것이 옳다고 생각하니 모든 선생님들은 그리 알고 계십시오.

이 말들을 직원 회의가 끝나고 난 뒤 곰곰이 생각해보니 전부다 나에 대한 이야기를 빗대어서 하는 말씀이었다. 마음이 한없이 울적하기도하고 편치 못했으나 이내 안정을 찾아 수업에 임하였다. 직원 회의가 열리는 날이면 거의 매번 나의 현안 문제와 관련된 좋지 못한 이야기들만 골라하였다.

직원 회의는 일주일에 한 번 열렸는데 그날이 되면, 심층적인 논의가 요구되는 현안 문제에 대해서는 모든 선생님들이 경청하는 식으로 일사천리로 진행하였고 10분 이상은 나의 신상과 관련된 말을 관리자 분들은 되풀이 하셨다. 그 시간이 되면 으레 나의 이야기가 나오겠구나. 하고 나는 생각할 정도였다. 직원 회의 시간을 그렇게 보내다 보니, 자연적으로 그런 환경에 완전히 적응할 수 있게 되었다. 이런 터무니없는 말을 들을 때는 언제나, 기분이 좋을 리가 없다. 직원 회의가 끝나면 교장 선생님, 교감 선생님과 그리고 같은 의식 체계를 가진 몇 몇 선생님들이 교감 선생님 책상 주변에 모여 얼굴에 승리감에 찬 표정을 띠고는 비열한 조소를 머금으며 또렷이 나를 응시했다.

평소 교감 선생님은 직원 회의가 끝난 시점이나 쉬는 시간에 여러 선생님들 자리에 가서 나를 빗대어서 험담을 한 것이 한두 번이 아니었다. 어떨 때는, 교무실 내 자리 부근에서 나에 대하여 험담하는 말이 오고 가고 하여서 그 말들이 듣지 조차 싫었을 뿐 아니라 어떨 때는, 너무 많이 들어 짜증이 나기도 했다. 도저히 기억 속에 지워버릴 수 없는 가장 안타까운 사실은 정상이 아닌 장애인인 나에게 인간으로서는 인내하기 힘든 무수히 많은 고통을 주어 견디기 힘들게 하였던 것이다. 그때마다, 나는 인고의 노력을 다하여 정신력으로 버티어 나갔다. 이러한 무수히 많은 교란 작전이 일어나지 않았다면, 나의 마음이 편하게 되어 아픈 다리의 통증도 많이 회복되었을 것이고 스트레스로 인한 뒷골의 통증도 일어나지 않았을 것이다.

군대서 자주 사용하는 원산폭격이라는 용어가 우리 학교에서 실제로 일어났다. 그것도 담합된 여러 사람들이 교묘한 방법을 강구하여 혼을 빼는 식으로 진행이 되었다. 이 방법으로 너무나 많이 당하다 보니 어떨 때는 전신이 초토화 되다시피 하여 정신을 놓곤 했다. 앞에서 내가 거론했던 모든 이야기들이 진실이었다는 것을 다시 한 번 더 밝히는 바이다. 학교생활을 하면서 내가 억울하게 당한, 잊으래야 잊을 수 없는 고통을 다시는 받고 싶지 않다.

학교생활을 하면서 내가 당했던 수많은 고통과 아픔을 누가 치유해주겠는가? 아마도 없을 것 같다. 막상 책임을 져야 할 당사자를 찾으면 아무도 그런 짓을 하지 않았다고 발뺌을 할 것이다.

나의 인생을 조작하고 왜곡한 당사자들에게 인간답게 살 수 있는 삶의 방식을 알 수 있게 교육시켜 과거에 자기들이 저지른 죄를 뉘우치고 반성하여 재생의 길을 걷게 만들었으면 하는 마음뿐이다. 지난 과거를 회상하고 있는 이 순간에도, 상처 받은 아픈 과거를 돌이켜보니 나도 모르게 눈물이 폭포수처럼 마구 흘러내린다. 이 눈물을 참느라 혼이 난 적이 한두 번이 아니었다. 누구든 성실하고 정직하게 세상을 사는 사람에게는 거기에 상응하는 대가가 주어져야 한다고 본다. 한마디로, 모든 일이 정당한 경로를 밟아 처리되는 밝은 세상이 되었으면 한다.

상대성이론과
같은 엄청난 힘에 의해 피해를 본 일들

이 세상에는 아인슈타인 박사가 발견한 상대성이론처럼 눈에 보이지 않는 엄청난 힘이 작용한다는 것을 학창 시절에 선생님한테서 배워서 대충은 알고 있다. 하지만 말로만 들어왔던 거의 신비에 가까운 엄청난 힘이 우리 학교 내에서도 작용하고 있다는 것을 오랜 학교생활에서 생긴 경험으로 직감할 수 있었다. 이러한 느낌은 여러 번 피해를 본 당사자 외에는 전혀 감지할 수 없을 정도로 교묘하게 은폐되어 있었다.

오랜 경험에 의해서 생긴 직감력을 발휘하여 장시간 동안 은밀히 분석하여 그 해답 중 일부분을 그려내었다. 이러한 가공할만한 파괴력을 가질 수 있게 하는 힘을 생성하는 데는 절대로 혼자의 생각만으로는 안 된다.

여러 명이 조직적인 체계를 갖추고 일사불란하게 행동해야만 목표했던 도달점에 이를 수 있다. 내가 당했던 여러 경험담에 비추어 보면 동화나 만화책에서만 그려볼 수 있는 신비에 가까운 엄청난 힘이었다. 여러 명이 합작하면 가공할만한 엄청난 힘이 생긴다는 것을 교내외에서 말로는 도저히 형용하기 어려운 피해를 여러 번 당하면서 느껴온 직감으로 그렇다, 라고 은근히 추정할 뿐이다. 하지만 지금은 그 사람들의 행동반경만 보면 확실히 알 수 있다.

교내에서 내가 받은 눈에 보이지 않는 음성적인 피해를 들어보면 우리 학교에 근무하는 선생님이면 나보다 나이가 많든 적든 상관하지 않고 내가 먼저 정중하게 인사를 한다. 하지만, 어떤 선생님은 하루 전에는 나에게 상냥하게 대했다가도 그 다음날이면 갑자기 돌변하여 나를 전혀 알지 못하는 사람으로 취급하였다. 그때 나에게 취한 얼굴 표정은 정말 냉랭하고 얼굴 표정이 완전히 굳어 있었다. 한마디로 저런 사람들도 나의 동료인가? 하는 의문이 재기될 정도였다. 어느 날, 갑자기 말을 먼저 걸어오면서 굉장히 상냥하게 웃었다. 그리고 나를 대하는 행동도 굉장히 조심스러웠고 친절한 척했다. 허울 좋은 표정으로 나에게 잘 대하는 척했다가 며칠이 지나면 전혀 모르는 사람처럼 취급하였다. 이 장면은 마치 피아노 음반의 높낮이와 같았다.

이렇게 각양각색으로 자기의 행동반경을 변동하여 행동하는 사람이 한두 명이 아니었다. 이러한 분위기가 교무실 내에 전반적으로 지배하고 있으니 그 상황이 어떻게 전개되고 있는지에 대해서는 여러분들의 상상에 맡기겠다. 오랜 기간을 같은 울타리에 생활하면서 터득한 상식으로는 전문적으로 교육을 받은 사람이 아니고는 이러한 일을 저지를 수가 없다. 두 번째로, 수업을 하러 교실에 들어가면 각반마다 공부를 하기 싫어하고 엉뚱한 짓을 하는 학생들이 있다는 것을 많은 학생들을 다루어 보아 익히 알고 있다. 학기 초에는 조용히 면학하든 반의 학생들이 무슨 힘이 작용되어서 그런지 몰라도 갑자기 심적인 변화를 일으켜 엉뚱한 짓을 일삼았다.

그 중 몇 몇 학생들이 이상야릇한 소리를 되풀이하여 나의 수업 진행을 고의적으로 방해했다. 또 다른 어떤 학생들은 조를 짜 돌아가면서 나를 화를 내게 만드는 방법을 강구했다. 이 고단수의 방법에 휘말려 참지 못하여 나는 언성을 높였고 이로 인해 그 반의 수업은 엉망으로 되어 버리고 말았다. 이런 짓을 하는 학생들에게 학생이 그런 행동을 해서는 안 된다고 두 손을 잡고 애원도 해보기도 하고 혼을 내어 조용히 수업하라고 당부하기도 하였다.

하지만 나의 이러한 간절한 당부도 아무런 소용이 없었다. 이 학생들도 선생님의 간절한 애원을 거부하고 계속 딴짓을 했다. 조용하기는커녕 시끄럽게 소리 질러댔다. 그래도 안 되니 나중에는, 몇몇 몰지각한 학생들이 담합하여 쓸데없는 행동으로 일관하여 나의 투철한 교육의 신념을 무너뜨리려고 하였다. 동시에 옳고 그름을 정확하게 파악하는 판단력조차 혼미하게 만들었다. 하여튼 모든 방법을 동원하여 정신을 못 차리게 뒤흔들었다. 이런 상태가 한 20분 동안 계속되니 반 전체가 아수라장이 되어 내가 담당한 반의 50분 수업은 엉망이 되었다. 일부의 학생이라도 진정시키고 수업을 계속 진행하려 해도 마음이 안정을 찾을 수가 없었다. 떠드는 학생들을 조용히 시키기에 급급하여 수업 진행 자체가 되지 않아 안쓰러웠다. 많은 교육 경험이 있는 나인데도 그 학생들이 왜 그런 식으로 되었는지에 대한 확실한 이유를 알지 못하겠다. 오랜 학교생활에서 터득한 경험을 통해 추측을 해보면, 아마도, 실권이 있는 누군가의 명령을 하달해 이 명령을 받은 자들이 담합하여 나를 애먹이려고 만든 조작극인 것 같았다.

다음은 교무실 분위기이다. 한마디로, 교무실은 일반 회사 방식으로 일사불란한 행동 체개로 활동하고 있어 자율적이고 능동적인 모습은 그 어디에서도 찾아볼 수가 없었다. 나이가 젊은 선생님이 오래 근무한 선배 선생님에 대하는 기본적인 예는 그 어느 곳에서도 찾아볼 길이 없었다. 교장 선생님과 행동을 같이 하는 사람들이 마치 큰 글발이라도 얻은 사람처럼 자신을 과시하고 위용을 부리면서 교무실 온 사방을 떠들고 돌아다녔다. 이런 사람들이 교무실 전체의 분위기를 엉망으로 만들어 놓았다. 교무실 전체의 분위기를 좌지우지하는 관리자 선생님들께서도 이런 상황으로 교무실이 변하는 것을 환영하고 있었다. 화기애애한 대화로 꽃을 피워야할 교무실이 참담한 모습으로 변모되었다.

2000년 전에도 교무실 분위기가 다소 딱딱하였지만, 지금 같은 분위기는 아니었다. 2000년부터는 학교 전체 분위기는 실권이 있다고 생각되는 사람들에 의해서 파행적으로 행해져 왔다. 피해를 보는 당사자들 중에는 항상 내가 포함이 되어 있었다. 피해를 본 일례 중 한 가지는 내가 수업이 없는 시간을 골라 교재 연구도 하지 않고 간접적인 방법을 동원하여 교묘한 술책을 부려 나를 빗대어 비난하거나 비방하는 사람들이 나의 책상 부근 빈자리에서 1시간 내내 웃고 떠들어댔다. 이로 말미암아 급기야는, 조용히 연구해야 될 교무실이 떠들썩하다 나중에는 시장에 온 것처럼 어느 곳 할 것 없이 양 사방에 혼탁한 모습으로 변하였다.

이 사람들은 주로 과자나 오징어 다리, 맛살 종류의 것들을 주고받고 먹으며 떠들어댔다. 무엇이 그리 좋은지 얼굴에 만면의 미소를 짓고는 서로 좋다고 야단법석이면서 온 교무실이 떠들썩하도록 소리 내어 이야기를 주고받았다. 한참을 이런 상태가 계속되다 보니 정신이 혼미하여 나는 더 이상 참을 수 없어 그 사람들의 이름을 부드러운 목소리로 불러 조용히 타일렀다. 선생님들 제가 교재 연구 중이니 조용합시다. 할 이야기가 있으면 밖에 나가서 하시는 것이 어떨까요? 라고 약간 애교를 띠는 어조로 정중하게 말했다. 하지만 그런 내 말에는 안중을 두지 않고 교무실이 떠들썩하도록 더욱더 시끄럽게 굴었다. 처음에는 대화의 내용을 자기들만의 이야기 내용으로 주고받으면서 떠들었다. 그러다가 나중에는 자기들하고는 아무런 관계가 없는 나에 대한 대화 내용으로 바꾸어 진행하였다.

그 방식은 대화의 내용이 단순한 내용으로 전개하다 나에게로 급진전하여 대화의 내용을 바꾸어 서로 말다툼을 하다 화살의 불똥이 나에게 떨어지게 대화를 유도했다. 지금 생각해보니 그때의 일들은 사전에 면밀히 분석하여 의도성 있게 진행한 것 같다.

한마디로, 여러 명이 나를 고의적으로 화를 내게 만드는 아주 고단수적인 수법이었다. 그때의 상황들을 다시 그려 보면, 그 사람들 중 한 사람이 질문 같지 않은 질문을 해왔다. 그래서 나는 아는 둥 마는 둥 억지로 긍정적인 표시로 고개를 몇 차례 끄덕이고는 일부러 아무런 대답을 하지 않고 내가 하던 일을 계속해 나갔다.

상황이 자기들이 생각해 두었던 목표대로 진행되지 않으니 행동반경을 바꾸어 생각해두었던 다음 단계의 행동을 계시했다. 약간 조급한 마음으로 변모 되어 입가에 연신 음흉한 비웃음을 보이더니 한 사람씩 차례차례로 나에 대한 이상야릇한 이야기를 하였다. 그렇게 하니 나도 모르게 나의 마음 자체가 뒤흔들리기 시작했다. 그런 식으로 시도해도 안 되니, 동시다발적으로 나를 험담하고 비방하는 말을 연신 내뱉었다. 대화를 이상야릇한 방향으로 유도를 해도 일부러 못 들은 척하면서 교재 연구에 집중하여 흩트려진 나의 마음을 안정시키려고 노력했다.

정도가 너무 심하게 전개되어도 침착성을 잃지 않고 안정을 취하려고 노력했다. 하지만 마음먹은 만큼 쉽게 나의 의도대로 되지 않아 안타까웠다. 대화의 내용이 내가 가진 나의 본래의 모습과 완전히 다른 방향으로 전개하였을 때에는 화가 머리끝까지 치밀어 올라 분을 못 참는 경우도 있었다.

말도 안 되고 어이가 없는 상황이 교무실에서 하루 이틀만 있는 것이 아니고 교무실 내 자리에 앉아 연구할 때 자주 일어나니 너무도 안쓰러웠다. 그 외에도 취할 수 있는 모든 방법을 동원하여 나를 꼼작하지 못하게 눈에 보이지 않는 밧줄로 묶어 놓고 견디기 힘든 온갖 심문을 가하는 것이었다. 여러 명이 단결하면 한 사람 쓰러지게 하는 것은 일도 없다. 라는 옛날의 고사 성어와 같이 우리 학교도 겉으로는 평범한 학교와 같지만 내면으로

파고 들어가면 엄청스런 일을 자행하고 있다.

선생님들에게 자행한 고단수의 음모술수를 파악하려고 하면 전문적인 사고 능력을 가진 자가 우리 학교에 같이 생활하면서 은밀하고도 철저한 파악을 해야 많이 그 일부분이라도 알아낼 수 있을 것이다. 그것도 서로 간의 대화 내용을 장시간에 걸쳐 정밀 분석하지 않는다면 그 해답을 절대로 찾을 수도 없을 뿐 아니라 문제를 해결하는 실마리를 풀 수 있는 단서조차도 발견할 수 없을 만큼 조직적이고 계획적으로 모든 일을 은밀하게 진행하고 있다. 하여간 이 학교에서 교직을 수행하던 여러 해 동안 보이지 않는 이상한 힘에 의해서 말로 이루 형용할 수 없는 고통도 많이 받았다.

그때마다, 인고의 노력을 다하여 당면한 모든 어려움을 극복해 나갔다. 이러한 일들은 비열한 수법을 가진 조직이 아니고는 절대로 이러한 행동으로 사람을 괴롭힐 수 없다. 이로 인해 교재 연구도 옳게 못하고 빼앗긴 시간이 얼마나 많았던가? 앞에서 거론한 내용들은 학생들을 가르치는 순수한 교사가 감당해내기 어려운 정신적인 고통에 대한 것이었다. 이러한 피해를 당해 보지 않은 사람은 나 자신이 당한 고통이 어떠한 것인지 이해하지 못할 것이고 자신이 당면한 일이 아니기에 설마, 그런 일이 학생들을 가르치는 학교에서 일어났을까? 아마, 아닐 거야, 하는 식으로 그냥 웃으면서 넘길 것이다 또 그들은 자기들의 영익과 관련이 없는 그런 사실 모두를 알려고 노력도 하지 않을 것이다. 이와 같은 방식을 강구하여 조작된 음성적이고 물리적인 압박을 가하여 왔다.

그런 사실이 있음에도 불구하고, 자신들은 절대로 그러한 행동을 하지 않았다고 만인들에게 당당한 자세로 나설 것임에 틀림없다. 아마도 솔직담백하게 진술한 피해 당사자인 나를 여러 가지 말로 둘러대면서 피해망상증에 걸려 그렇다, 라고 이야기하면서 발뺌을 할 것이 분명하다.

학교 당국은 자기들의 생각을 관철하기 위해 많은 사람들에게 담합하여 내가 피해를 보도록 행동을 강구도록 요구했고 은밀한 계획에 의해 자행된 음모술수에 의해서 내가 입은 정신적인 그 피해는 누가 보상해야 하나? 또, 학교 당국은 온갖 수작을 다부려 괴롭혀 놓고는 이용 가치가 없으니 이제 와서는 나를 부적격 교사로 대외적으로 암암리에 루머를 퍼트렸다. 그렇게 하는 것으로 만족하지 않고 교내에서 학생들에게도 실력 없는 교사, 자질이 모자라는 교사라는 말을 교묘한 방법을 동원하여 퍼트렸다.

이제, 교내에 있는 전체 대부분의 학생들이 그 말을 믿을 정도로 기정사실화 되어 떠돌아 다녔다. 이 말들이 나온 소재가 분명하지 않은 채 온 학교에 퍼트려져 간접적인 고통을 받고 있는 것은 누군가가 이와 같은 이상한 말을 했기 때문에 생긴 일임이 틀림없다. 학생들을 교육시키는 신성한 학원에서는 절대로 이러한 엉뚱한 사건이 일어나서는 안 된다. 이것이 오랜 기간 동안 이 재단을 위하여 청춘을 다 바치다시피 하여 얻은 대가인가? 자기들의 이익을 위해서는 온갖 음해한 방법과 물리적인 압박, 정보 시스템을 가동하여 불리한 여건이 조성되게 만들었다. 나 개인의 약점으로 알려진 자료 확보와 수사 기관에나 볼 수 있는 정보 단원을 조직하여 개인 말살 정책 강구, 은밀한 계획을 세워 조작된 개인의 정보 누설, 엄폐와 은폐를 동원하여 교내에 음단패설 분위기 조성, 힘과 권력을 이용하여 상대방 억누르기 방법 강구, 이용 가능한 모든 술수를 사용하여 해당자 혼을 빼어 정신을 못 차리게 만들었다.

이 중 그 어느 것도 학생들을 가르치는 순수한 학원에서는 사용될 말들이 아니라고 본다. 이러한 수법은 너무도 악랄하고 교묘해서 말로는 도저히 표현이 불가능하다. 내가 이러한 가증스러운 일들로 괴롭힘을 당해왔다. 그런 일들 중 일부를 눈치챌 수 있었던 것은 오랜 세월 동안 눈에 보이지 않는 술수에 의해 온갖 압박을 받다보니 저절로 생긴 직관력이다.

교무실이 겉으로는 교재를 연구하는 굉장히 평온한 장소인 것 같이 보이지만 속의 내용을 들추어 보면 절대로 그런 장소가 아니었다. 마치 궁지에 몰린 간첩을 소탕하는 전투 현장인 것처럼 느껴질 때가 부지기수였다. 많은 사람들이 나를 소탕하기 위하여 여러 가지의 방법을 강구했다.

나는 모든 음식을 쉽게 소화해낼 정도로 건강하고 모든 운동도 자유자재로 구사할 정도로 강건했다. 하지만 인간으로서 도저히 감당해내기 힘든 장애인이 된 눈물겨운 사연이 있다. 평생 동안 치유하지 못할 아픈 상처를 준 곳은 다름 아닌 상주적십자병원이다. 상주적십자병원에서 치질 수술을 받지 않았다면 이런 사건은 일어나지 않았을 것이다.

척추 마취가 나를 장애인으로 만들 만큼 무시무시하다는 것은 내가 직접 시술을 받아보고 난 뒤에 정확히 알 수 있었다, 경상북도 상주시에 있는 상주적십자병원 당국의 엄청난 실수로 인해 건강이 악화되어 있는 사람을 학교 당국은 온갖 비열한 방법을 동원하여 괴롭힘을 가하니 당연 정신적인 스트레스도 많이 쌓일 것이다. 이것으로 인해 급기야는, 다리의 통증이 점점 심해져 다리가 심하게 떨리는 중복 장애까지 동반되어 나타나고 있다. 게다가 부적격 교사인 양 시내 곳곳마다 소문이 퍼트려져 있었다. 그리고 교내활동을 하면서도 잠시도 마음에 안정을 가질 여유를 가지지 못하도록 집요하고도 은밀한 방법을 동원하여 개인 말살 정책을 진행하고 있다.

시내에서 나의 진실이 왜곡되어 마구 전파되어 떠돌아다니고 있는 그 원인에 대한 정확한 사유를 파악해볼 생각도 않고 학교 당국이 계속해서 심적인 부담감을 주니 정신적인 피로와 스트레스가 누적되어 나타나는 것이 당연하다.

이를 치유하는데 많은 시간과 경비가 들어 교재 연구를 할 마음적인 여유도 갖지 못해 학생 지도 능력도 뒤떨어지고 있다. 앞에서도 수차례 언급했지만 상주공업고등학교에서 근무하는 동안 학교재단 측으로부터 장기간에 걸쳐 온갖 압박에 시달렸다. 값어치 없는 달콤한 말로 현혹시키는 사람들이 있어도 그 이야기에 귀 기울이고 싶지 않다.

오로지 내 자신에게 일어난 어처구니없는 일들을 정당화시키고 싶은 심정뿐이다. 현재의 심정은 수많은 기간 동안 인간으로서는 도저히 견디기 힘든 고초를 준 당사자들로부터 정신적인 고통과 신체적인 장애를 지닌 사람에게 무수히 많은 타격을 가하여 다리에 중복 장애를 가져오게 한 사람들로부터 이 피해에 대한 보상을 받고 싶은 마음뿐이다. 차후라도 이 경위에 대하여 정밀한 수사를 하여 나에게 혹독한 아픔을 준 진범이 누구인지 파악하여 다시는 엉뚱한 일로 고생을 하는 사례가 없도록 조치를 취했으면 하는 바람이다. 현재 내가 처한 심정은 그동안 일어났던 일들을 엄밀히 조사하여 이러한 엄청난 사건을 진두지휘한 당사자들이 누구인지 알고 싶기도 하고 그 사람에게 벌을 주어 다시는 우리 사회에 그와 같은 엉뚱한 일로 생고생을 당하는 사례가 없도록 해야겠다.

다른 이야기로 방향을 돌리겠다. 학교에 출근을 하면 교무실 뒤편 한 구석 일정한 장소에 차를 주차해 두고 시간표에 짜여진 대로 수업을 진행 했다. 설마, 이런 일이 있을 수 있을까? 하는 의문을 아직도 가지고 있다. 도시락을 교무실 내 자리 밑에 놓고 오전 수업을 모두 마치고 점심시간에 교무실에서 아내가 정성스럽게 장만한 도시락을 맛있게 먹었다. 도시락을 먹고 난 후 시간표에 따라 오후 수업에 임했다. 그런데 생각지도 않은 일이 반복되어 일어났다.

도시락을 먹고 나면 매일 속이 거북하였다. 그러다가 퇴근 무렵에는 속까지 따갑고 구토 증세가 생겼다. 그러한 증세가 계속 반복되어 나타나 방향을 바꾸어 나갔다. 맛있게 먹던 점심 식사량을 줄이니 상태가 많이 좋아졌다. 저녁에 퇴근을 해서 집에 오면 꼭 소화제를 먹었는데 그러니 속이 괜찮았다. 나는 평소부터 굉장히 체력이 튼튼하였다. 그래서 건강 문제에 대해서는 염려를 해본 적이 없었다. 내 건강은 내 자신이 알아서 챙겨야 한다는 생각이 들어서 도시락을 교무실에 두지 않고 내 차에 넣고 점심 시간이 되면 꺼내어 먹었다. 그렇게 하니 며칠간은 속의 아픔도 전혀 나타나지 않았고 구토 증세도 없었다. 자동차 잠금 장치를 철저히 하고 수업에 임하면 염려할 것이 없다고 믿고 있었다. 하지만 이삼일이 지나니 이것도 허사였다.

차에서 도시락을 꺼내어서 먹고 오후 수업을 전부 마치고 교무실에 돌아오면 속 아픈 증세가 전과 똑같이 나타났다. 나는 이렇게 해서는 안 되겠다고 생각해서 많은 돈을 들여 자동차 리모컨과 시건장치를 새것으로 바꾸었다. 한 일주일가량은 도시락을 안심하고 먹었고 속 아픈 증세가 전혀 나타나지 않아 참 기분이 좋았다. 일주일 정도 지나니 이것도 무용지물이었다. 그 전에 한 번도 나타나지 않은 이상한 반응까지 겹쳐서 나타났다. 꼭 술 한 잔 가득 취한 사람처럼 혀가 고부라지고 다리가 심하게 휘청거렸다. 거기에다 속 아픈 증세까지 동반되어 나타났다. 그래서 나는 도시락에 테이프를 붙여 표시해 놓기도 하는 등 여러 가지 방법을 동원하여 도시락에 손을 대지 못하게 하였다. 이러한 방법으로 해도 별로 효과를 얻지 못해 도시락을 전혀 싸다니지 못하고 있는 실정이었다.

지금은 궁여지책으로 포장이 잘된 빵과 캔 사이다를 가지고 다니고 있다. 그것도 안심이 안 되어 포장지 위에 나만이 알 수 있는 표시를 해두고 여러 겹의 스카치테이프를 붙여 학교에 가서 먹으니 마음도 편하고 전과 같이 속이 불편한 증세가 전혀 나타나지 않았다.

학교 일이 바빠 점심 도시락을 들고 가지 못할 때는 아예, 점심을 굶고 오후 수업에 임했다. '설마가 사람 잡는다.' 는 옛말이 있지만, 학교에서 이런 엄청난 일을 꾸미고 계획한다는 것을 꿈에도 생각지 않았다. 아무도 생각지 못한 일들을 그것도, 이루 말로 형용할 수 없는 엄청난 피해를 본 당사자다. 나만이 아픔과 통증을 느낄 수 있도록 교묘한 방법으로 여러 사람이 담합하여 나간다는 것은 사람이 할 도리가 아니라고 단정하고 싶다.

이 학교에서 반복된 생활을 하면서 선생님 개개인의 속성에 대해 자세히 그려볼 수 있다. 거기에다, 오랜 교직 경륜에 의해 길러진 숙달된 통찰력이 교무실에 있는 여러 선생님들의 눈빛을 보고도 의미하는 바를 감지 해낼 수 있었다. 나를 생매장하기 위한 작전에 가담된 선생님은 한 두 명이 아닌 것 같았다. 워낙 철저하게 보안 유지가 되어 있어 누구든 쉽게는 해답을 구하지 못할 것이고 섣불리 내막을 알려고 하다 오히려 그 작전에 휘말려 애를 먹을 것이라고 생각한다. 사건의 내막에 대하여 원인 분석을 철저히 해서 해당자라고 생각되는 사람들을 분리 신문하여 면밀히 조사하게 되면 해결의 실마리를 풀 수 있는 보다 정확한 자료를 구할 수 있을 것이라고 생각한다.

범행 수법이 고단수이고 고도로 발달된 지능을 동원하여 능수능란하게 활동하기 때문에 그 분야에 전문가 아닌 일반 수사요원들은 조사 자체를 진행하지 못 할 것이다. 최첨단 기술을 보유하고 있고 아주 깊숙한 내용까지 비밀에 붙여져 있을 만큼 보안 유지가 철저히 되어 있어 정확히 조사를 하는데 무척 많은 힘이 들 것이라고 판단이 된다. 하지만 어떠한 방법을 강구하든 이 파렴치한 범인들을 꼭 잡아내어 다시는 우리 사회에서 이런 엉뚱한 일을 당하여 피해를 보는 사례가 발생되지 않았으면 한다.

이러한 결단을 내리는 데에는 많은 어려움이 따랐다. 혹시 내 판단이 잘못이면 어떻게 하나? 하고 걱정을 수없이 했지만 지금은 내 자신의 판단이 정확하다는 확신이 선다. 그 이유는 오랜 시간 동안 이 문제에 대해 심도 깊게 연구해왔었다. 그리고 학교에서 일어난 엉뚱한 일들에 대하여 이런저런 방식을 동원하여 자세히 분석해 보았다. 정확한 답을 얻어내는데에는 수학 공식을 푸는 것처럼 굉장히 난해한 상황이 많았다. 하지만 오랜 경험이 어느 정도의 문제를 풀 수 있게 해주었다. 이제까지 내가 추론한 그 어떠한 것도 한 번도 틀린 적이 없었다. 상주공업고등학교에서 이와 같은 일을 누워서 떡 먹기 식으로 일사천리로 서슴없이 해내었는데 자기들이 마음먹은 그 어떠한 일을 못해내겠는가? 수많은 공작이 오고 가고 하는 상주공업고등학교! 선생님들이 사랑하는 제자들을 열과 성을 다해서 지도할 수 있는 때 묻지 않는 학원으로 되돌렸으면 한다.

눈물로 호소하건대, 제발 안심하고 마음 편안하게 교재 연구도 하고 편안한 자세로 근무할 수 있게 교무실이 조성되었으면 한다. 학교에 근무하면서 겪었던 경험담을 진솔하고 허심탄회하게 밝혀두는 바이다. 일말의 거짓이 없이 오로지 자연을 사랑하는 정신으로 팽배되어 성실한 자세로 학생들을 가르쳤고 그리고 학생들과 사랑과 대화로 어우러져 진솔한 삶 그 자체를 보여주고 있다. 학교 선생님이라는 사람이 이 부끄러운 일을 만인에게 알려 송구스러운 마음밖에 들지 않는다. 학교생활 동안 느낀 점이 있다면, 어떻게 행동반경을 취하는 것이 옳은지 또, 무엇이 진실이고 무엇이 허구인지에 대한 의문이 제기될 때가 한두 번이 아니었다.

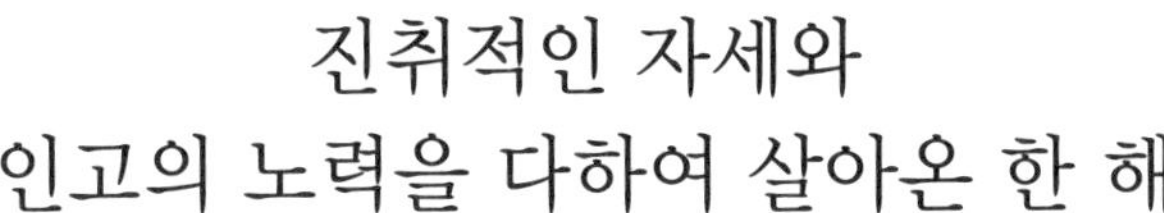

진취적인 자세와 인고의 노력을 다하여 살아온 한 해

1982년 5월 말부터 2005년 지금 현재까지 24년 이상의 세월 동안 상주공업고등학교를 내 집처럼 아끼고 사랑하는 마음으로 열과 정성을 다하여 근무하여 왔다. 그리고 교사의 기본적인 자세를 잃어버리지 않고 학교생활을 했다. 그리고 언제나 진솔한 자세로 수업에 임하여 제자들을 성실히 가르쳐왔었다.

세월은 정말 청산유수와 같이 빨리 지나갔다. 가만히 생각해보니, 이 학교에서 생활한 지도 나의 큰 아들이 23살 되었으니 강산이 네 번 이상 변할 정도의 긴 세월이었다. 현재 내 나이와 견주어 보면, 이제까지 살아온 반 정도의 세월을 올바른 교사 관을 가슴에 간직하고 헌신적인 활동을 하면서 학생들을 지도했다.

하지만 이렇게 진솔하게 산 나에게 현 학교재단이 안겨준 것은 영원히 치유할 수 없는 마음의 상처뿐이었다. 학교란 학생들의 교육의 백년대계를 위하여 교사들이 책무를 다하여 가르칠 수 있는 분위기를 조성하고 교사들이 자기들이 지니고 있는 역량을 발휘할 수 있도록 시설을 확보하고 권리

신장에 앞장을 서야 한다.

내 자신이 이 학교에 근무하면서 얼마나 많은 시련과 고통을 겪었느냐 하면, 너무나 많아 도저히 말로는 형용을 할 수가 없다. 지체장애 2급인 나에게 학교장 선생님이 배려하여 수업 담당 선생님에게 이야기하여 편안하게 시간표를 짜게 하여야 한다. 도리어, 학교장 직권으로 상주공업고등학교에서 수업 시간표 편성이 제일 힘들게 해놓았을 뿐 아니라 온갖 음해한 술수로 수단과 방법을 가리지 않고 모든 부분에 불이익을 당하게 조성해놓았다. 그리고 틈만 나면 교내에 부적격 교사라는 호칭이 공공연하게 떠돌아다니게 하였다. 나는 이 불명예서 벗어나기 위하여 전보다 교재 연구와 다른 분야에 대해서도 많이 연구했다. 학생들 수업에 임하느라고 정신이 없었고 학교 당국의 간악한 모든 술수를 막다 보니 나의 교권 신장 방안에 대해서는 전혀 신경 쓸 시간이 없었다. 영어는 교재 연구를 수시로 해도 그 내용이 워낙 방대하여 하면 할수록 해야 할 부분이 많았다. 한마디로, 끝이 보이지 않았다.

여분의 시간을 쪼개어서 2005년도에 불이익을 심하게 당한 사례만 골라 적겠다. 나는 사립 고등학교에서 오랫동안 근무하여 온 관계로 우리 학교의 특성과 속성을 확실히 알고 있다.

우리 학교 설립자가 생각한 기준에 맞게 생활하려고 보이지 않는 노력도 많이 했다. 사립학교 특유의 환경에 적응하기 위하여 인고의 노력도 많이 하였다. 수업이 없을 때는 그 대부분의 시간을 교무실에서 보내었다. 또 교무실에서는 꼭 필요한 말 외에는 말을 아껴 하였다.

그리고 아무리 난해한 시련이 닥쳐왔어도 나의 마음속 깊이 내재해있는 인내심을 동원하여 참고 꾸준히 생활했다. 하지만, 학교장 선생님은 직원회의 석상에서 공공연하게 나의 신상과 관련된 문제를 두고 왈가왈부하였다. 그때 사용한 모든 말은 진실과는 달리 왜곡된 표현이었다는 것을 24년 가까운 세월을 교단에 서서 학생들을 가르쳤던 교사의 모든 양심을 걸고 맹세하는 바이다. 2005년도에 불이익을 당한 사례를 적어 나의 한 맺힌 마음을 달래어 보고 싶다.

① 학교는 학생들을 가르치는 신성한 교정이지 정보기관이 아니라고 생각한다. 어떠한 방식으로 했는지 모르지만 나의 개인적인 사생활의 비밀이 누출되어 교내외로 떠돌아다녔는데 시간과 틈만 나면 이를 악용하여 이상한 루머를 퍼트려 내가 활동하는 범위를 축소하게 만들었다. 이렇게 하는 데는 한 사람의 힘으로 절대로 할 수 없다고 단정하고 싶다. 내가 가지고 있는 정확한 사고를 뒤흔들리게 만들고 아무한테도 이야기하지 않은 말들이 내가 이야기한 것처럼 오도되는 이유를 알고 싶다. 과거의 잘못된 관행은 전부 버리고 모든 학생들에게 꿈과 희망을 가지고 열심히 활동하는 학교로 변모시켰으면 하는 것이 나의 바람이다. 신상을 타인에게 누출시켜 한 개인을 압박하는 방편으로 삼으면 안 된다. 또 이를 악용하여 개인의 인권을 유린하는 터무니없는 곳에 사용이 되지 않았으면 한다. 나 개인의 능력으로 이것을 전부 다 파악해내기 어렵다. 다만, 오랫동안 이 학교에서 근무하면서 생긴 직관력으로 은근히 추정할 뿐이다.

② 학교장 선생님이 일부 학부형들과 담합하여 내가 마치 부적격 교사인 양 좌지우지하는 것은 한 개인을 말살시키는 행위라고 단정하고 싶다. 당사자 외는 아무도 알지 못하게 엄폐하여 두고 은밀히 이러한 행위를 서슴없이 자행하는 당사자들은 그들 앞에 불운이 닥칠 것이라고 믿고 싶다.

③ 수업 상태가 건전하지 못하고 성향이 굉장히 불성실한 학생들이 많아 수업을 진행하는데 어려움이 많이 따랐다. 수업 진행이 힘든 반에서 수업

을 마치고 교무실에 돌아오면 내 정신이 아닐 때가 부지기수였고 어떨 때는 머리가 아프고 몸이 굉장히 피곤했다. 거기에다 신경이 날카로워지고 예민해져 별로 신경을 쓰지 않을 부분도 심각하게 고민하였다. 이런 상태가 되고 보니 어느 누구에게도 말을 걸기조차 싫었다. 일부 몰지각한 학생들로부터 수업시간 내내 시달려 정신을 제대로 못 차려 거의 혼절할 상태가 되었고 다리가 완전히 풀려 교무실에 들어오면 학교장 선생님은 내가 잘 보이는 일정한 장소에 대기해 있다가 내가 보이면 잠시 쉴 시간도 주지 않고 수시로 교사 휴게실로 불렀다. 긍정적으로 받아들일 수 있는 말은 없고 차마 듣기에 거북한 말들만 골라하여 기분이 몹시 나빴다. 그 당시의 상황으로 미루어 볼 때 나의 육체에 마지막 남은 힘까지도 빼려는 의도였음이 분명했다. 과연 어떤 말들을 했기에 이런 말을 했을까 하는 의문을 가지는 사람들을 위해 학교장 선생님이 교사 휴게실에서 나에게 했던 말들을 일목요연하게 정리해보겠다. 그 말들은 다음과 같다.

"제가 시간이 날 때마다 교실을 순회하는데 성 선생님은 교실에서 학생들에게 수업 시간에 교사의 신분으로서는 절대로 해서는 안 되는 욕설을 하였습니다. 교사가 학생들에게 어떻게 불온한 언어를 사용합니까? 이는 학생들에게 교권을 무너트린 행위 자체입니다. 또, 학생들을 지도하기에는 부적절할 정도로 건강 상태가 좋지 않다고 판단이 되어 학교장인 제가 3년 전부터 명예 퇴직하라고 했는데 아직 결정을 하지 못한 이유는 무엇입니까? 그러지 말고 9월 22일까지 말미를 줄 테니 집에 가서 사모님과 명예퇴직에 대해 상의하여 결정 사항을 나에게 알려주십시오. 만약 명예퇴직을 못한다면 전 직원들이 모인 자리(직원 회의)에서 성팔경 선생님을 부적격 교사로 발표를 하고 재단 이사회를 열어 징계 조치를 취할 테니 본인의 일은 스스로 알아서 하십시오. 선생님의 신상에 어떠한 불이익이 오더라도 재단에서는 책임지지 않습니다. 라고 이야기하여 마음에 갈파를 못 잡을 뿐 아니라 정신이 몽롱해지면서 아무것도 생각하기 싫었다.

이런 터무니없는 말들이 가슴 깊숙이 한이 서리게 했다. 퇴근 후에 곧장 집에 가면 이 문제 때문에 고민하여 거의 매일 잠도 자지 못했다. 이 문제로 걱정을 많이 한 관계로 몸 전체의 상태가 말이 안 될 정도로 엉망으로 변했다. 이런 일이 벌어지고 난 후에도 몸을 정상으로 회복하기 위하여 심혈을 기울여 치료해 왔다. 하지만 중첩적인 시달림으로 인해 호전 반응은 거의 나타나지 않고 건강은 악화 일로였다. (2005년 9월 8일)

④ 상주공업고등학교는 학교라고 명칭을 붙어 있지만 내가 보는 관점으로는 한 개인이 운영하는 회사 방식으로 진행되고 있다. 선생님들 중 많은 사람들이 자기들의 안녕만 생각해서 나에게 불리한 여건 조성에 앞장섰다. 모든 사항이 체계적이고 조직화 되어 있어 그 사람들의 행동반경을 쉽게 파악하는 것이 힘들다. 그리고 이 사람들의 행동은 천편일률적이고 일사불란하다. 학교재단이사장님이나 관리자 두 분의 지시만 받으면 개인의 의사를 존중하려는 생각은 아랑곳하지 않고 이 사람들은 나에게 이롭지 못한 행동을 서슴없이 저질러왔다. 학교 당국은 개인의 의견은 대개 무시하여 독단적으로 일 처리하는 경향이 있다. 한마디로, 학교법인이사장님은 절대적인 권리를 지닌 소유자이다.

⑤ 나는 진취적인 사고와 능동적인 의식으로 맡은 바 소임을 다하고 있다. 내가 바른 의식으로 근무하려고 해도 재단 측의 의사를 전적으로 따르는 많은 선생님들이 담합하여 내가 항상 잘못된 일만을 저지르는 형편없는 교사로 학생들에게 오인하게 만들었다. 1990년 이후로 자주 그런 일이 있었다. 하지만 교권을 탄압하는 정도는 미약하여 심적인 타격을 별로 느끼지 못했다. 2005년에는 이루 말로 형용할 수 없을 정도로 많은 교권 탄압

행위를 저질러 스트레스를 많이 받았다. 스트레스를 조금이라도 덜 받기 위해서는 인고의 노력과 능동적으로 대처해 나가는 임기응변이 필요했다. 내 자신이 그동안 재단 측으로 받은 불이익은 짐작을 할 수 없을 정도로 무수히 많다. 내 자신이 오랫동안 이 학교에서 근무해온 관계로 이 학교가 지닌 속성에 대해 잘 알고 있다.

나는 자존심을 버리고 좋든 싫든 오랜 세월을 이 학교의 분위기에 맞추어 살아왔다. 나에게 주어진 모든 환경이 매우 불합리하게 조성이 되었어도 어떠한 불만을 토로하지 않고 오랜 세월을 극기와 자아 성찰로 학생들에게 인간다운 삶을 영위할 수 있는 참교육에만 전념하였다. 그리고 학교에서 행하는 부도덕한 행위 자체를 대부분 잊어버리려고 혼신의 힘을 다해 노력했다. 대부분의 학생들이 내 말을 잘 따르고 나의 의사를 존중하는 이유는 일부 학생들에게 국한되어 지도하지 않고 모든 학생들을 내 자식처럼 아끼고 사랑으로 대하는 데에 있다.

수없는 아픈 사연을 남긴 격동의 세월이 무수히 많이 흘렀다. 아직까지도 학교에 그대로 근무할 수 있는 것은 학생들과 나 사이에 사랑과 대화의 끈끈한 정이 연결되어 있기 때문이었다. 학교 당국은 나에게 유리한 프로그램을 짜서 제시한 적이 한 번도 없었다. 그리고 편안한 마음으로 근무할 수 없게 여러 가지 방법을 동원하여 나를 집요하게 괴롭혀 왔다. 2005년도에 당했던 억울한 사건은 나의 신상과 관련된 중요한 문제를 직원 회의 시간에 학교장 선생님이 거론하는 것이었다. 그 이야기의 대부분은 내가 교직 생활을 더 이상 수행할 수 없을 만큼 건강상 심각한 문제를 앓고 있어 수업 진행을 하는데 어려움이 많다. 라는 것이었다. 여러 가지 경황으로 미루어 볼 때 수업 진행상에 장점보다 단점이 많아 부적격 교사라고 단정을 지었다, 고 했다.

그때 그 이후로는 직원 회의 시간에 관리자 두 분이 여러 가지 이유를 들어 나를 부적격 교사로 내몰아 나의 마음을 몹시도 안타깝게 했다. 이것으로 양이 차지 않아, 단도직입적인 방법을 교사들에게 요구했다. 그것은 다름 아닌 나의 거취 문제를 교사들의 찬, 반으로 결정하자는 것이었다. 이것은 염연한 교권 침해이고 교사의 고유의 권리 자체를 무너트리는 파렴치한 행위 그 자체라고 생각하고 싶다. 관리자 선생님의 발언에 대해 나 자신의 입장을 밝히면 분명히 교사의 고유 권리를 짓밟는 말도 안 되는 소리라고 확언하는 바이다. 나에게 도움을 줄 말씀을 하실 선생님의 이야기는 듣겠지만 나 개인의 인권을 오도하는 이야기는 듣지 않겠다. 오로지, 나 자신의 인권 수호를 위하여 최선의 노력을 경주하겠다.

⑥ 수업 시간표 작성은 장애인인 내가 감당하기 어려울 정도로 힘이 들게 짜놓았다. 나의 형편을 전혀 고려하지 않은 처사였다. 이것으로 부족하여 나의 모든 권위를 무너트리는 행위를 여러 명이 담합하여 저질러왔다. 여러 명이 조직적으로 담합하여 나의 수업 시간표를 가장 힘이 많이 들게 편성하였다. 여기서, 나는 담합된 힘의 위력이 얼마나 큰지에 대해서 확실히 인지할 수 있었다. 그 일례를 들어보면 다음과 같다. 나의 수업시간은 수업시간을 바꾸지 못하도록 고정 배치시켜 놓았다. 다리 아픈 내가 감당하기 너무 힘든 상황들뿐이었다.

수업시간도 다른 선생님들 보다 많은 데에다 내가 수업하는 반이 전부 3층, 4층에만 편성이 되어 있어 수업하기가 불편하였고 시간도 많이 걸렸다. 한 반의 수업을 마치고 이동하여 다음 반 수업에 임했다. 시간표를 지그재그로 짜 놓아 이만저만 불편한 것이 아니었다. 게다가 이웃해 있는 반의 선생님들은 나에게 전혀 도움을 주지 않는 사람들만 골라 놓았다. 이렇게 하는 것으로 만족하지 않고 온갖 비열한 모든 방법을 동원하여 나에게 괴로움을 주었다. 관리자분들은 학생들이 열심히 수업에 임하도록 촉진

역할을 하는 것이 아니라 대부분의 경우 수업시간에 잘못되기를 바라는 마음으로 내재되어 일거일동을 철저히 감시했다. 그러다가 수업시간에 조금이라도 학생들하고 문제가 생기면 왜 그런지에 대한 사유를 묻고는 옳은 상황 판단도 하지 않은 채 나에게 질책 가까운 말을 하였다. 2005년도 수업을 진행하면서 느낀 일이지만 나에게 불합리한 곳이 한두 군데가 아니었다.

나의 수업시간을 이 정도로 고정 배치하여 시간표를 짜려면 은밀한 장소에 모여 나를 괴롭히는 방법에 대해서 연구도 많이 했을 것이고 나에게 불이익을 주는 말도 안 되는 엉뚱한 작당을 부리느라고 시간도 많이 걸렸을 것이라고 생각한다. 내가 직접 보지 않았기 때문에 그러한 작당을 계획한 사람이 누구인지에 대하여 확실히 언급은 못하겠지만 내 생각에는 학교에 실권이 있는 여러 사람들이라고 단언하고 싶다. 여러 사람들이 특정한 장소에 모여 내 자신의 인권을 유린할 수 있는 방법에 대하여 연구도 많이 했다. 아무리 생각을 해봐도 이 엄청난 일을 꾸미는 데는 절대로 수업 담당계 혼자의 힘만으로는 되지 않는다고 확언하는 바이다. 지나간 무수히 많은 해들도 이와 같은 방식을 사용해왔을 것으로 알고 있다. 그 이유인 적설, 매년 거의 비슷한 형태의 시간표를 가지고 수업에 임했기 때문이다. 아마 시간표 짤 때에 많은 사람들이 일정한 장소에 모여 은밀한 계획을 세워 주도면밀하게 나에 대한 말살 정책을 편 것 같다. 매년 수업을 진행하면서 느낀 일이지만 내 수업하는 옆 반에는 나의 행동 일거일동을 감시하는 선생님들로 편성이 된 것 같았다. 그러한 사실 모두를 알게 된 원인은 해당 반 수업을 마치고 교무실에 오면 내가 수업했던 반의 모든 이야기가 교무실에 퍼져 있었다. 이 얼마나 무시무시하고 끔찍한 사건인가? 일단 선생님에게 수업을 맡겼다면 수업 진행 자체는 수업 담당 교사 이외에는 아무도 모르는 것이 당연한 논리이다.

⑦ 내 자신은 병원의 마취 실수로 하반신이 마비된 후천적인 원인으로 야기된 지체 2급 중증장애인이다. 거동이 불편한 나를 학교 당국은 이루 말로 형용할 수 없을 정도의 온갖 비열한 방법으로 인권 유린을 가하였다. 그뿐만 아니라, 학교 당국은 모든 면에 있어서 인간으로서는 도저히 견디기 어려운 시련만 주었다. 학교 당국은 나의 복지를 위해 어떠한 노력도 하지 않았다. 그들이 나에게 준 것은 감당하기 어려운 고통과 스트레스뿐이었다. 정신 장애가 중첩되어 나타나도록 여러 가지 인간이하의 짓을 했다. 이것으로 인해 지금은 장애가 점점 심해지고 있다.

⑧ 학교장 선생님께서는 직권이라는 명목으로 수업시간도 불리하게 편성을 하도록 수업 담당계에게 유도하였을 뿐 아니라 눈에 보이지 않는 인간답지 못한 방법을 동원하여 교무실에서 다른 선생님과 격리시켜 일명 왕따를 만들어 놓았다. 그 외에도 인간이라면 도저히 견디기 힘든 괴로움을 수시로 주어 내 자신이 스스로 교직생활을 포기하도록 유도했다. 그로인해, 장애 정도가 더 심해지고 있다. 거기에다, 약간의 우울증 증세가 겹쳐서 나타나니 정말 죽을 맛이다. 학교장의 신분으로 교육 경력이 많은 사람에게 이런 나쁜 행위를 수시로 자행할 수 있는지 의아하기만 하다.

⑨ 진솔한 자세로 열심히 학생들을 가르친 대가로 학교 당국이 나한테 준 혜택은 무엇인가? 아무리 생각을 해보아도 아무 것도 없었다. 관리자 두 분이 나에게 준 것은 온갖 비열한 방법을 강구하여 집요하게 괴로움을 느끼게 만들었다. 다른 선생님과의 유대 관계를 끊게 만들려고 눈에 보이지 않는 방법을 강구하여 선생님들의 접근을 막았고 교무실에서 가장 좋지 않은 곳에 좌석 배치하였다. 그렇게 하는 것으로 만족하지 않고 관리자 두

분은 일반 선생님들이 나에 대하여 옳은 판단을 할 수 없도록 비양심적인 술수로 감언이설 하였다.

관리자 선생님들의 그 말을 그대로 믿고 대부분의 선생님들이 나를 선생님으로서 자질이 부족한 사람이라고 생각했다. 학교재단 측이나 당국이 나에게 준 것이 무엇인가? 라고 묻는 사람이 있으면 인고의 아픔과 고통뿐이라고 답을 하겠다. 24년 가까운 세월을 학교 발전을 위해 열심히 노력하고 살았다면 현실에 맞는 적당한 처우를 해주지 않았을망정 객관적인 판단을 하여 형평성에 맞는 대우를 해주어야 한다. 고참 선생님으로 대접받아 본 적도 없지만 현 재단 체재에서 그런 것은 언제나 나와는 동떨어져 있었다. 항상, 관리자 두 분은 부적격 교사로 낙인을 찍어 두었다. 이런 연유로 해서 교무실에서 나 자신의 위치는 말로는 표현이 안 될 정도로 엉망이었다. 나 자신을 지키는 일은 충실하게 학교 근무를 하면서 진솔한 자세로 학생들을 열심히 가르치는 것이라고 생각을 해서 그대로 실천을 했다. 또 누가 간접적으로 나 자신을 험담했어도 아무런 내색도 하지 않고 오로지 혼신의 힘을 다하여 인간답게 살았을 뿐이었다.

⑩ 이 학교에서 오래 근무하면서 느낀 점이다. 우리 학교는 선후배 선생님이 따로 없다. 재단의 실권을 등에 업었다고 생각하는 사람들이 교무실에서 목에 힘을 주고 버릇없는 행동과 말을 일삼는 것이 보통이다. 그럴때마다 나는 후배 선생님에게 말과 행동을 조심하고 잘못된 자세는 고쳐야 한다고 말해 왔다. 이런 부류의 선생님들은 나의 말에 귀 기울이지 않고 도리어 도도한 행동을 취하면서 자기가 생각하는 모든 기준이 옳다고 우기고 온 교무실을 누볐다. 겸손한 자세를 그 어디에서도 찾아볼 수 없었고 다만, 잘난 체하는 태도를 취하였다. 추측하건데, 아마도 힘이나 권력이 있다고 생각하는 자가 이런 식의 방식으로 행동해도 무관하다고 지시한 것이라고

단정하고 싶다.

⑪ 관리자의 조작에 의해서 교과 협의회 다운 교과 협의회는 전혀 이루어 지지 않았다. 그리고 학교 예산 소요와 영어과 운영 방안과 관련된 중요한 사안에 대해서는 한 번도 나한테 논의한 적이 없었다.

⑫ 학교에서의 모든 일 처리는 교사들의 협의를 거쳐 원만히 처리되는 것이 아니라 대부분은 권력이 있는 사람들이 독단적인 판단에 의해서 일사천리로 진행되었다.

⑬ 학교는 학생들이 바르게 살도록 인성을 기르는 신성한 교정이 아니라 개인이 권력이나 힘에 의존하는 경향이 높다. 그리고 학교 운영 방식은 사기업체 식으로 행하고 있다.

⑭ 앞에서 논한 내용은 2005년도에 교무실에서 발생한 내용 중 우리 학교의 실태가 어떻게 전개되어 가고 있는지 알아둘 필요가 있는 것 같아 현직에 있으면서 느꼈던 일 중 일부만 발췌해서 글로 표현하였다. 이를 참고로 해서 학교 사회에 있어서 무엇이 진실이고 무엇이 허구인지를 알 필요성이 있다.

⑮ 말과 행동이 일치하는 모범된 스승의 상을 보이는 것이 모든 선생님들이 지녀야 될 근본 자세이다. 학교 재단 측 관계자들과 관리자 신분에 있는 사람들은 학생들을 지도하고 있는 선생님들이 편안한 마음으로 학생들을 가르칠 수 있게 근무 여건을 조성해야 한다. 대부분의 사립 학교의 실태는 선생님들의 복지 향상에 대해서는 전혀 신경을 쓰지 않고 자기들 마음

에 들지 않는다고 판단이 되는 교사가 있으면 온갖 비열한 방법을 동원하여 정리하는 것은 교사다운 행위가 아닌 것 같다. 모든 교사들은 학생들에게 아름다운 마음으로 다른 사람을 아끼고 배려하는 정신이 충만하도록 가르침을 주어야 한다.

2005년 학기 동안 가장 견디기 힘들었던 점은 다리 아픈 나에게 사전에 아무런 예고도 없이 여러 명의 선생님이 담합하여 정신적, 신체적 고통을 주었다. 이런 경우를 당해 보지 않은 사람은 나의 처지를 이해하려고 하지 않을 것이다. 이 고통으로 인해, 지체장애 2급인 나는 다리 떨림이 훨씬 심해졌을 뿐 아니라 심리적으로 불안정해짐을 느껴 수업을 진행하는 데에 상당한 지장을 초래하고 있다. 교무실에서의 나의 위치는 24년의 교육 경력이 있는 사람에게 대하는데 한군데도 객관적인 판단에 의해서 교무 업무를 배정한 곳이 없었고 그 당시의 나의 모든 여건이 형편없었다. 또 학생들에게 왜곡된 사실을 유도하는 등 눈에 보이지 않는 음성적인 힘을 가하여 사제 간의 좋은 관계 유지를 방해하였다. 그 외에도, 시간이 주어질 때는 언제나 온갖 비열한 수단과 방법을 동원하여 나를 수시로 괴롭혀왔다. 한 개인에게 이런 엄청난 피해를 조장할 수 있었던 것은 조직적이고 단합된 힘이 연결되어 작용하였기 때문이다. 교육 일반 논리에 대하여 전문적인 학식을 가진 사람도 우리 학교에서 일어나고 있는 내력을 쉽게 간파하기는 쉽지 않을 것이다. 만일 그런지에 대한 내막을 알아내기 위하여 감사를 실시한다하더라도 문제의 근본만 파악하는 데에 상당한 시일이 소요될 것이라고 본다. 학원 내에서 이런 엉뚱한 일이 일어나서도 안 된다. 학교는 순수함 자체를 잃어버리지 않은 신성한 교육의 현장이다.

끝으로, 2005년 9월 22일 2교시 수업을 마치고 교무실에 들어와 내 자리에 앉으려는 순간 교장 선생님께서 나를 부르더니 교사 휴게실로 오라하였다. 그래서 나는 수업 자료를 책상 위에 얹어 놓고는 학교장 선생님께서 부르시는 명이기에 피곤함도 잊은 채 아픈 다리를 이끌고 교사 휴게실에 급히 갔다.

교장 선생님 옆에는 교감 선생님도 함께 앉아 있었다. 교장 선생님이 하시는 말씀이, 저번 2005년 9월 8일에 내가 집에 가서 명예퇴직에 대해서 사모님과 상의하라고 했는데 상황이 어떻게 전개되고 있는지 나에게 물었다. 그래서 나는 이렇게 대답을 했다. 큰 아들인 성기석이 군 제대를 하면 집이 좀 안정이 되어 내 자신의 문제도 조금 정리하기 쉬울 것 같다고 하였다. 그랬더니, 학교장 선생님은 화를 내면서 다짜고짜로 다그쳐 말했다. 3년 전부터 명예퇴직을 하든지 아니면 휴직계를 내어서 다리를 치료하라고 했는데 이 말도 듣지 않고 오늘까지 이런저런 핑계를 대면서 성 선생님은 차일피일 미루어 왔었다. 성 선생님에 대한 일을 더 이상 그냥 묵과만 할 수 없다.

재단 이사회를 열어서 면직 처분을 내리든지 아니면 파면 조치를 취할 테니까 그리 아시고 경상북도 교육청에 보고하면 교육부에서 사실 여부를 확인하러 오니까 기다리라고 했다. 나는 담담한 표정으로 교장 선생님께서 하신 말씀들을 경청하기만 하였다.

학교장 선생님의 모든 이야기를 듣고 나니 나도 모르게 화가 머리까지 치솟았다. 나는 자리를 박차고 일어나 나의 진심 모두를 이야기했다. 그 내용은 다음과 같다. 이 일을 나와는 결부시키지 마시고 알아서 처리하라고 이야기를 하였다. 그러니까 교장 선생님은 언성을 약간 높이시더니 '제가 작년에도 명예퇴직 수당을 종이 쪽지에 적어서 선생님에게 그 내역을 보여주었습니다. 좋게 마무리를 지으려고 했는데 무슨 똥배짱이 있는지 나의 성의 있는 말도 무시하였습니다. 그리고 수업시간에 선생님이 학생들에게 교사로서 하지 않아야 할 행동을 서슴없이 자행한 부분들을 요목조목 상세하게 물어 보기도 하고 제가 교실에 들어가 학생들한테서 진술서를 많이 받아 두었습니다. 진술서 내용을 보니 학생들 앞에 제가 죄를 진 것 같아 낯이 뜨겁고 부끄러워 차마 고개를 들 수 없었어요. 그리고 2005년 학기에 3학년 1반 학생들이 수시로 컴퓨터 전원을 뺐는데, 성 선생님은 학생들이 왜 그러한 행동을 한 줄 압니까? 좀 부끄러움을 느낄 줄 아십시오. 성 선생님 일 처리 때문에 바빠 이만 가겠습니다.' 하고는 냉정한 표정을 짓고는 그 자리를 떠났다.

2000년도에 관리자로 우리 학교에 부임해오면서부터 받은 인상이지만 인자하고 자상함을 그 어디에서도 찾아볼 수 없었다. 그 분은 고도로 전문화된 기술을 총동원하여 틈만 나면 영원히 치유될 수 없는 골 깊은 상처만 남겨주었다. 또한 그것에 만족하지 않고 틈만 나면 눈에 보이지 않는 비열한 수단과 방법을 동원하여 모든 분야에 걸쳐 많은 음성적인 불이익을 주었다. 지나간 그날들을 어렴풋하게 그려보니 마음이 한껏 안쓰러워졌고 어이가 없어 한숨만 나왔다.

다음 시간에 있는 수업 준비를 하려고 교무실에 가려는 순간 교감 선생님께서 자리에 좀 앉으라고 하더니 명예퇴직에 대하여 식구들과 충분히 상의했느냐고 물었다. 그래서 나는 '그랬습니다.' 라고 말씀드렸다. 교감 선생님은 차근차근하게 말을 이어서 하였다. '직장을 그만두느냐 마느냐 하는 것은 가정의 대사이기 때문에 신중을 기해서 말을 해야 된다고 것을 알고 있습니다만 교무실에 있는 모든 선생님들이 성 선생님을 어떻게 평가하는 줄 압니까? 성 선생님이 학생을 가르치는 교사로 보기에는 너무 미흡한데가 많다는 이야기가 교무실 내에 공공연하게 퍼져 다녔습니다. 그래서 저는 그 경위를 자세히 알아보았습니다. 그 선생님들한테 나온 말을 중립적인 입장에서 상황 점검을 해보니 너무도 성 선생님이 잘못한 부분이 많습니다. 다툼의 경위가 어떠하든, 교무실에서 성 선생님과 언성을 안 높인 선생님들이 거의 없을 것이라는 생각합니다. 교무실에서 성 선생님을 도와서 말을 해줄 사람이 없어 걱정이 되어서 하는 말인데 이 기회에 명예퇴직을 하는 것이 바람직하지 않겠냐? 하는 생각이 듭니다. 교장 선생님께 잘 말씀드려서 당분간 징계위원회를 열지 않도록 부탁을 드릴 테니 모든 자존심을 버리고 현명한 판단을 하여 불이익을 당하는 사례가 없었으면 하는 마음입니다.' 라는 말씀을 듣고 조금 전에 교장 선생님께서 나에게 엄포 식으로 이야기했던 것과는 조금 달라 기분이 많이 상하지는 않았다.

오랜 교직의 경륜이 있어서 그런지 몰라도 같은 말이라도 부드럽게 상대방을 유도하여 대하니까 대화하는 순간에는 기분이 그리 나쁘지 않았다. 교감 선생님과 나의 신상 문제에 대한 이야기를 전부 마치고 교무실 내 자리에 앉아 교감 선생님께서 하신 말씀을 곰곰이 생각을 해보았다. 내가 교무실에 있는 선생님들과 말다툼을 많이 했다고 교감 선생님은 표현했는데 이것은 아주 잘못되었다고 생각한다. 나는 과묵하고 성실하다. 그래서 어떤 선생님이 말도 되지 않는 이유를 대면서 무례한 말투로 싸움을 걸어오지 않으면 한 번도 내색을 해 본 적이 없는 사람이다.

무례한 말투로 아무 잘못도 없는 나에게 언성을 높이면서 덤볐다. 이 선생님이 나에게 대했던 말을 한 번 적어보겠다. 아무도 보지 않는 한 장소로 나를 데리고 가서 나에게 이런 폭언을 사용했다. '성 선생님 시간 있으면 저와 이야기 좀 합시다. 대학 후배라 말하고 싶은 것이 있어도 안하고 참아왔는데 오늘 이야기할까 합니다. 성 선생님은 교무실에서 다른 선생님에게 아는 채도 많이 하고 도도하게 행동하는데 그 이유가 뭡니까? 제가 아는 상식으로는 성 선생님이 잘 난 것이 하나도 없고 행동이 엉망입니다. 오늘 저한테 한번 혼나 볼래요. 당신 같은 사람이 우리 학교에 근무하니 망신입니다. 이거 몽둥이로 팰 수도 없고 주먹이 울어. 다리도 온전하지 않은 사람이 안타까워. 더 이상 말하기 싫으니 빨리 가 봐요.'

나보다도 8년 이상 교육 경력이 적은 선생님이 이런 불성실한 말을 내뱉았다. 나는 이 사람과 대화를 나눈 적도 별로 없어 관심을 가진 적도 없었다. 이 사람은 평소 교무실에서 인사다운 인사를 한 적이 없었고 언제나 나에게 아주 차디찬 모습을 취했었다. 교육자로 생활했던 본분을 망각하지 않기 위하여 되도록 쌍스러웠던 부분은 생략하겠다. 나는 상대방이 싸움을 걸어오더라도 어지간한 것은 내가 잘못한 것이 많아 엉뚱한 일이 일어났다고 생각하여 그 사람에게 미안한 표정을 짓는다. 그렇게 하여 상대방의 마음을 최대한 누그러트렸다.

생각지도 않은 엉뚱한 일이 발생한 이후로는 교무실에서 엉뚱한 일이 벌어지지 않게끔 되도록 신중을 기하여 행동했었다. 종종 극소수의 선생님들과 언쟁을 벌였다. 그 이유인 적설, 이상한 말로 싸움을 걸어오는 사람들은 대부분 나보다 교육 경력이 월등히 적은 젊은 선생님들이었다.

그들은 전부다 나의 명예를 실추시키는 말을 내가 화를 낼 때까지 계속하면서 교무실 내를 돌아다녔다. 이 사람들이 사용한 술수는 아주 고단수이었다. 그 내용들은 대략적으로 이러했다. 고의적으로 내가 화를 내게 하는 말을 사용하여 싸움을 걸어온다든지 아니면 겉으로는 나를 위하는 말을 하는 척하면서 속으로 나를 몰상식하게 행동하는 저속한 사람으로 취급하였다.

교감 선생님이 그날 나에게 이야기한 것을 판단해 보니 일반 다른 선생님들과 내가 교무실에서 수시로 언쟁을 벌인다고 했는데 이 말의 거의 대부분이 사실이 아니었다. 선생님이면 누구나 교무실에서 취해야 할 바른 행동이 무엇인지 정도는 인지하고 있을 것이다. 그리고 쓸데없는 일을 저지르는 불량 선생님은 되기 싫어할 것이다.

교사라면 누구든 모범된 교사상을 지니고 행동해야 하는 것은 마땅한 논리이다. 나를 수시로 싸움만 하는 교사로 말하는 교감 선생님도 나에게 설득력 있게 차근차근하게 이야기한 점을 제외하고는 대화의 내용은 교장 선생님과 마찬가지로 일방적으로 나를 매도하는 것이 분명하였다.

그 당시에 교사 휴게실에서 교감 선생님께서 한 말들을 퇴근을 해서 자세히 분석을 해보니 거의 대부분 사실을 왜곡된 표현들이어서 참 어이가 없었다. 2005년도에 있었던 모든 일을 상세히 그리고 자세히 적으려고 해도 수업 시간이 많아 수시로 교재 연구를 해야 하는 관계로 나의 개인 신상에 대해 정리해둘 시간이 그리 많지 않았다. 그리고 시간이 있다하더라도, 대부분은 학생들을 가르치기 위한 자료 준비를 해야 하기 때문에 자세히 거론할 수 없어 안타깝기 그지없을 때가 한두 번이 아니었다.

『바라보는 곳에 희망이 있다』

2006년 학기에 업무 배정도 2005년에 실시했던 바와 거의 유사하였다. 나한테 유리하게 편성이 된 것은 그 어디에서 찾아볼 수 없었다. 같은 과 선생님끼리 교과 협의회를 열어 질 높은 수업의 실시와 효율적인 학습 방안에 대하여 연구하는 것이 동료 장학이라고 생각한다.

우리 학교는 학생들이 수업 의욕도 뒤떨어져 있고 성취도도 낮아 아무리 좋은 방습 방법을 강구하여 하여도 질 높은 수업이 전혀 전개되지 못하고 있다. 그래서 관리자들께서는 직원 회의 시간 때 동료 장학의 중요성을 강조하는 형식으로 그치고 말았다. 그 이유인 적설, 우리 학교는 실업계 고등학교라 학생들이 평소 영어에 대하여 관심이 적을 뿐만 아니라 성취 수준이 매우 낮아 교사가 다양한 교재를 활용하여 수업을 진행해도 학습 의욕을 가지고 수업에 참여하는 학생들이 거의 없다.

수시로 동료 장학을 하여 수업을 전개해도 별다른 효과가 생기지 않아 교과 담당 선생님들이 스스로 학습 의욕을 고취하는 방법을 연구하여 나아가는 형편이다. 성취도만 높이려고 학습 방법 개선할 것을 무리하게 학생들에게 요구한다면 전혀 기대하지 않은 엉뚱한 현상이 일어날 것이다. 받아들이는 수용 능력이 부족한 학생들에게 영어 학습에 손을 놓게 만드는 원인을 제공하여 영어 학습을 포기하게 만들 수도 있는 것이다. 이와 같은 실정에 있음에도 불구하고, 학교장 선생님께서는 직원 회의 석상에서 수시로 동료 장학의 중요성을 강조하여 말씀하시면서 선생님들에게 동료 장학을 할 것을 요구하는데 그 저의가 무엇인지 궁금하다.

학교장 선생님께서 수시로 강조하는 '동료 장학' 이란 말은 그럴듯한데 우리 학교에서는 '동료 장학' 이 선생님들 상호 간에 불신 풍조를 조성하는 수단으로 사용되고 있다. 게다가 말도 안 되는 동료 장학으로 그동안 나에게 얼마나 많은 피해를 주었던가?

2006년에 실시하려고 했던 동료 장학의 부당성을 피력해 보겠다. 내가 알고 있는 '동료 장학' 은 같은 과 선생님끼리 일정한 장소에 모여 교과의 발전 방안과 학생들이 지닌 현안 문제점에 대하여 집중 토론하여 효율적인 학습이 되게끔 유도하는 것이라고 알고 있다. 2006년에도 지나간 여느 해와 마찬가지로 교과 협의회를 한 번도 연 적이 없었다. 과에 대한 중요한 사안이 있으면 나를 제외한 모든 우리 과 선생님들이 일정한 장소에 모여 상의하여 결정해버렸다. 회의를 열 때는 내가 수업에 들어간 시간만 골라 하였다.

나는 2학년 교과 전체를 담당하고 있음에도 불구하고 특기적성교육에 대해서 한 번도 운을 떼지 않았다. 나를 제외한 동과 선생님들이 상의하여 나누어 먹기 식으로 특기적성교육을 담당할 학년을 정해버렸다. 특기적성에 대해서는 나에게 아무런 언급도 하지 않고 자기들끼리만 나 모르게 진행하였다.

같은 과 선생님이라 해도 나의 의견을 전혀 반영하지 않고 학년 배정을 하여 특기적성교육을 실시하는 것은 우리나라에 있는 그 어느 학교에서도 볼 수 없는 내용이다. 더욱이 비인간적인 이런 행위는 개인의 교권 말살 정책인 동시에 한 교사의 마지막 남은 자존심까지도 마구 짓밟는 행위이다. 이것은 양심을 가진 인간으로서는 도저히 저지를 수 없는 인간 이하의 짓이다.

교과에 대한 전반적인 사항을 나한테 어떠한 동의를 구하지 않고 결정해 버리는 것으로 만족하지 않고 2학기 중간고사 때부터는 시험 점수를 정확하게 관리한다는 목적으로 확인란에 동 교과 선생님의 사인과 도장을 찍었다. 아무리 동 교과를 가르치는 선생님의 확인이 필요하다 할지라도 행하는 행동이 선배 선생님에게 버릇없는 짓만 골라하는 사람하고는 정말 상대도 하기 싫었다. 아마도 학교 당국은 이 점을 노리고 그렇게 한 것 같다. 이런 각박한 환경 속에서 어떻게 인간다운 행동을 영위할 수 있는 동료애가 발휘될 수 있는지 궁금하다.

2006년 학기 초에 학교장 선생님은 직권이라는 명목으로 나를 특기적성을 담당하는 선생님의 명단에서 제외시켰다. 이런 사항이 있은 후 동 교과를 담당하고 있는 선생님들은 나와는 상의를 하지 않고 자기들 생각대로 특기 적성을 담당하는 학년을 정하였다. 특기적성 선생님을 임의로 정한데 대하여 나에게 어떠한 미안한 감을 표시하지 않고 내가 수업을 담당하고 있는 학년인 2학년 특기적성교육을 실시했다. 그런 연유로 나는 그 선생님과 상대하기 싫고 몰인정한 모습 자체를 아예 보기가 싫어서 같은 교과를 맡고 있는 다른 선생님에게 부탁을 하니 이미 그 선생님이 성 선생님 담당 학년인 2학년 채점 확인자로 연구부에서 결정을 하였다는 것이었다. 그 선생님은 나의 학년 특기적성교육을 나한테 한 번도 상의하지 않고 실시한 자인데도 불구하고 내가 맡은 학년의 채점 확인 교사로 결정이 하였다는 것은 말도 안 되는 사안이었다. 안 그래도 특기적성교육 때문에 신경이 민감한 나에게 이러한 일로 신경을 쓰게 만드는 행위를 도저히 눈뜨고 볼 수 없었다. 교내에서 시간만 나면 나에게 해가 되는 엉뚱한 일을 조작했다. 그것은 너무나 많아 언급조차 하지 못하겠다.

2000년 이후로는 특기적성교육을 담당할 마음을 아예 가지지 못했다. 영어에 있는 모든 사안에 대해서는 영어과를 주도하는 몇 사람들의 생각 방식대로 진행되었다. 그리고 교과에 대한 전반적인 사항은 나에게 아주 불리하게 편성을 해놓았다. 수많은 고초를 겪으면서도 모든 것을 인내하고 참아서 살아온 나이다. 그 간에 있었던 일들 중 상세하게 기억나는 것들만 골라 적었다. 이 내용을, 여러분들에게 그 당시의 나의 심정을 글로 비추었다.

2006년은 이 학교에서 근무한 지 25년째가 되는 해이다. 영어과에서도 가장 오래 근무했고 항상 성실하고 진솔한 자세로 교과에 임하고 있음에도 불구하고 나에게 청천벽력이 무너지는 짓을 하여 나를 슬프게 하는 사람이 누구인지 의심스럽다.

2006년도 초기에 학교 당국에서 주장해왔던 부적격 교사가 아니라는 것을 보여주기 위해 내가 살아온 세월을 정란하게 엮어서 책으로 출판하여 전국의 독자들에게 선보였다. 그 책의 제목은 『바라보는 곳에 희망이 있다』이다. 교사다운 면모로 학생들을 성실히 지도하면서 살아왔고 자연사랑운동도 최선을 다하여 경주했다. 내가 살아온 생을 2년이라는 세월 동안 거의 하루도 쉬지 않고 잘못된 부분을 수정을 거듭하여 책을 집필하였다.

이 책을 편집하면서 느낀 점은 하나의 작품을 완성하는 데에는 인고의 노력이 따라야 한다는 것이었다. 그 내용에 대해서 잠시 피력해보면, 아무것도 모르고 자랐던 천진난만한 어린 시절부터 한 가정의 가장으로 책임 완수를 하면서 열심히 살았던 때와 뭇 사회들과 어울려 하였던 자연사랑과 세상을 떠나신 할머니, 아버지를 그리는 마음에 적었던 내용 등 다양한 이런 저런 생활들을 그려 보았다. 내가 쓴 글이 작품이 될 만한 가치가 있는지의 여부를 점검받기 위해 서울에 있는 '天雨 출판사'에 출판 의뢰를 해 보았다.

전국에 나보다 월등히 실력이 좋은 작가가 많이 있는데 내가 직접 집필한 원고가 무사히 통과 될 수 있을지 의문스러웠다. 나의 작품이 무사히 통과되기를 하느님에게 빌었다. 상주에서 2시간 남짓 버스를 타고 서울 동부터미널에 도착하여 택시로 갈아타고 성동 경찰서 맞은편에 있는 출판사로 갔다. 그곳에서 나는 사장님, 실장님, 편집위원 여러 사람들과 정겨운 상견례를 하였다.

출판사에는 수많은 작가들이 오고 가고 했고 당면한 일들이 많아 나에게 주어진 시간이 그리 많지 않았다. 나는 출판사에 도착하자마자 서둘러 차 한 잔을 마시고는 나의 원고 내용이 담겨져 있는 디스켓을 꺼내 담당자에게 주었다.

출판사 관계자들이 모여 컴퓨터로 나의 원고 내용을 한 부분, 한 부분 검토를 하기 시작했다. 원고 검토에 들어간 지 여러 시간이 지나서야 출판사 관계자들이 회의실에서 나왔다. 조마조마한 마음으로 좋은 소식이 오기를 기다렸다. 결과는 나의 원고가 무사히 통과되어 책으로 발간된다는 것이었다. 그 말을 듣는 순간, 나는 가슴이 갑자기 벅차올라 한동안 기뻐서 어쩔 줄을 몰라 갈피를 못 잡았다. 나도 전국에 이름이 있는 유수의 작가들과 어깨를 나란히 하여 작품 활동을 할 수 있다고 생각하니 나 자신이 정말 대견스러웠다. 출판사의 편집 위원들의 퇴고와 내 자신이 여러 차례 원고 수정을 한 다음, 2006년 3월 4일에 책을 출판하여 전국에 이름이 있는 여러 서점에 나의 글을 내놓았다.

지금은 두 번째 책의 원고를 편집 중이다. 1권보다 더 원고의 내용을 간결하고 짜임새 있게 해야 된다고 생각하여 부단한 연구와 많은 노력을 하여 집필하고 있는 중이다.

가장 큰 난제는 독자들에게 어느 정도의 호소력을 얻을 수 있을까? 하는 것이었다. 이 점이 굉장히 쉬운 것 같이 보이지만 나에게는 정말 난해한 문제 거리였다. 하지만 정성을 다해 적었으니 독자들에게 인생을 바르게 살 수 있게 하는 좋은 지침서가 될 것으로 믿는다. 2006년 학기도 예년과 마찬가지로 학교 당국은 내가 교사로서 활동할 수 있는 무대를 최대한 줄였다. 동시에 법이 허용하는 기준을 조절하여 교권 탄압 행위를 수시로 일삼았다.

명예퇴직을 결심한 동기와 마지막 나의 교직생활에 슬픔을 안겨준 일들

다리의 동작도 점점 느려지고 몸의 균형 감각도 해가 갈수록 심해짐을 느껴 수업 들어갈 때마다 학생들한테 미안한 감이 들어 교직을 그만둘까? 하는 생각이 너무도 자주 들었다. 학교를 그만둘 때까지 최선을 다해 학생들의 바른 인성 교육에 앞장서서 나아가겠다고 다짐을 해서 그대로 실천하고 있다. 이러한 나의 생각과는 완연히 달리 학교 당국은 수단과 방법을 가리지 않고 정신을 차리지 못하게 뒤흔들었다.

2000년 이후 받은 무수히 많은 피해로 인해 몸이 만신창이 되다시피 했다. 하지만 자연사랑 운동과 인고의 의지가 나에게 보이지 않는 힘을 주었다. 이 힘은 다름 아닌 무엇이든지 할 수 있으니 참고 견디어 나가라는 것이었다. 그때부터 부단한 의지와 인내력으로 모든 어려운 난관을 극복해 나갔다. 그때 유발된 상황들을 자세히는 언급을 하지 못하겠다. 하지만 최대한 노력해서 기억에 새로운 장면들을 발췌해서 적어 보겠다.

내 앞에 가로놓인 수많은 고통을 참아내기 힘이 들어 혼자서 아무도 보지 않는 구석진 곳에 가 눈물을 흘리면서 고뇌를 한 적도 있다. 생각지도 않은 엉뚱한 일들이 수시로 터져 그것을 해결하느라 눈코 뜰 새 없이 바쁘게 보냈다. 거기에다 근무 여건이 나의 뜻과는 완전히 달리 조성되어 있어 계속적으로 교직을 수행해 나가는 것이 무리라고 판단했다. 그래서 나는 2007년 학기를 마치고 교직생활을 그만하기로 완전히 결정했다. 교직생활의 마지막이 될지 모르는 2007년 학기를 최선을 다해 학생들을 가르치기로 다짐하였다.

평생 직장이라 생각했던 교직을 막상 그만두려고 하니 아쉬움과 미련이 남았다. 내가 벌써 교직을 그만둘 나이가 되었다고 생각하니 도저히 믿기지가 않았다. 정말 세월은 유수와 같이 빨랐다. 26년간 정이 들대로 든 교정을 막상 떠나야 한다고 생각하니 그것을 사실 그대로 받아들이기 힘들었다. 지나간 무수히 많은 순간들을 자세히 그려보았다.

학생들이 착한 일을 하여 나의 마음을 한없이 기쁘게 했던 일들도 있었고 일부 몰지각한 학생들이 애를 먹여 정신을 혼탁하게 만들었던 일, 나에게 정답게 인사를 하여 수업시간에 들어가는 나를 반갑게 맞이해 주었던 일 등 지나간 수많은 기억들이 나의 뇌리를 교차하여 지나갔다.

세월이 지나면 모두다 나이를 먹어 늙게 되는 것은 당연한 논리이다. 인생이란 정처 없이 떠돌아다니는 구름과 같은 것이다. 지나간 세월 동안 학교 재단 측이 나에게 불이익을 조성한 것이 한두 가지가 아니었다. 이 학교에서 근무하였던 이십 수년 동안 학교 당국은 온갖 음해한 술수와 비열한 방법으로 나를 괴롭혀 왔다. 이로 인하여 생긴 정신적인 스트레스와 피로가 누적이 되어 심신이 만신창이 되다시피 했다.

모든 인간은 나이가 들면 누구나 나타나는 현상이지만 나의 몸동작도 해를 거듭하면 할수록 둔해지고 있는 형편이다. 현재 심정은 명예퇴직을 하루라도 빨리 해서 그동안 쌓인 심신의 피로를 풀고 싶다. 그리고 학교 일 때문에 제대로 하지 못했던 나의 아내와 자식들을 정성을 다하여 돌보고 싶고 내가 마음에 두어 왔던 일도 하고 싶다. 시간이 허락되면 8년간 계속 활동해 왔던 둑에서의 풀 깎기 자연사랑운동을 열심히 실천하여 아름답고 말쑥한 고장을 만들고 싶다.

교직생활 마지막 해에 있었던 다양한 일들

나는 2006년 겨울 방학이 시작되자마자 내 처에게 교직을 그만두는 연유에 대해서 말하였다. 그러자 내 처는 그동안 가족들을 위해서 수고 많았다고 고개를 끄덕였다. 그리고는 밝은 미소를 띠우면서 존경스런 눈빛으로 나를 은근히 바라보았다. 이제까지 가족들을 위해서 고생 많았다는 표시로 어깨를 살며시 두드리면서 연신 고개를 끄덕였다. 이제 아들 둘 다 군대를 제대하여 큰 놈은 대학교에 다니고 있고 작은 놈은 직장생활을 하고 있다. 둘 다 사회를 어느 정도 알 만큼 성숙하였다. 그리고 자기들 앞에 주어진 일들을 능동적으로 처리할 정도의 나이도 되었다.

명예퇴직을 하면 아픈 다리를 치료도 하고 편안한 마음으로 집에서 보내라고 했다. 아내의 이 따스한 위로의 말을 듣고 나는 눈시울이 뜨거워졌다. 하지만 한 가지 아쉬운 점이 있다면 한 가정의 가장으로서 책무를 다하지 못하고 교직을 그만두려고 한 점에 대해서는 죄책감 아닌 죄책감을 느꼈다. 직장을 그만두고 싶은 원인으로 몇 가지가 있다. 나보다도 실력이 월등히 뛰어난 젊은 세대들이 취직을 못하고 방황하고 있다. 그래서 모든 사심을 버리고 나의 자리를 양보하고 싶은 마음을 가지고 있었다.

학교 재직 중 불의의 사고를 당하여 지체장애 2급이 되어 더 이상 직무를 수행하는 것이 어렵다고 판단했기 때문이다. 지체장애 2급이 경위에 대하여 일목요연하게 적어보겠다.

1987년 봄 무렵 치질이 심하여 수술을 받기 위해 상주적십자병원에 입원했었다. 그 당시 병원의 병원장인 박종욱이는 자신의 친구에게 마취 시술을 부탁했다. 이 사람은 상주적십자병원 의사도 아니었고 마취 의사 자격증도 없는 민간인이었다. 한 민간인의 마취 시술 잘못으로 인하여 지체장애 2급의 장애인이 되어 몸 거동이 많이 불편하여 본의 아니게 학생들 수업에 많은 지장을 초래한 것 같아 미안한 마음이 든다. 무엇보다도 근본 원인은 학교 측으로부터 직(간)접으로 받은 정신적인 피해와 육체적인 고통으로 생긴 복합 장애 때문이다. 교직을 천직으로 생각하고 몸을 아끼지 않고 열심히 학생들을 가르쳐 얻은 보람도 많았다. 하지만 잃은 것이 더 많아 나의 심정을 한층 더 안타깝게 했다. 오랜 기간을 끈끈한 정으로 엮여 함께 생활했던 직장 동료들이 내가 이 학교를 떠날 때가 되니 그 전에 가지고 있었던 동료애는 없어지고 허무함만 나에게 안겨주었다.

나를 왜곡하는 그 모습을 보고 갑자기 교무실에서 선후배 선생님들이 서로 정답게 대하면서 직장생활을 했던 지나간 시절들이 그리워졌다. 그 외에도 학교생활을 그만두고 싶은 이유는 많이 있었다. 직장생활을 처음 시작할 때는 정열을 불태워 학생들을 지도하였다. 하지만 이런 열정적인 나의 마음이 2007년 학기 초부터 식어가기 시작했고 왠지 모르게 학교생활에 혐오감을 느꼈다. 지금 나의 심정은 교직생활을 그만두고 초야에 묻혀 잘못된 과거의 일들을 나의 기억 속에서 말끔히 정리하고 싶은 마음뿐이다. 사립학교에서 근무한다는 것이 힘이 든다는 점을 익히 알고 있었지만 이렇게 힘이 드는 줄은 꿈에도 몰랐다. 우리 학교에서 일어난 과거사를 되도록 잘 간추려서 잘된 부분만 마음속에 담아 두려고 해도 내가 받은 피해가 너무나 많아 잘 되지 않았다. 같은 학교에서 오랫동안 근무하면서 느낀 점을 적어보겠다.

젊음의 혈기가 왕성했던 시절에는 인생의 어려움을 모르고 생활했지만 이 학교에서 20년 이상을 근무해보니 생각한 것보다 너무도 엉뚱한 것이 많아 힘이 들었다. 하지만 26년이라는 긴 세월을 인고의 노력으로 내 자신을 지킨 점은 정말 대견스러웠다. 교직생활 도중 뜻하지 않는 불의의 사고로 지체장애 2급이 되었다. 나는 그런 몸을 이끌고 온갖 수난을 다 물리치고 뜨뜻하게 살아왔다. 오랜 기간을 보냈던 경험담에 비추어 사립학교가 지닌 특성에 대하여 말해보겠다.

첫 번째로, 없는 사실을 있는 것처럼 꾸미는 엉뚱한 조작도 많았다. 두 번째로, 개인 사생활의 일거일동을 감시한다. 세 번째로, 선생님과 학생들 사이에 여러 가지 방법을 동원하여 불협화음을 가지게 만든다. 하여튼 사립학교는 간혹 좋은 뜻을 내포하고 있는 부문도 있었지만 전반적으로 좋지 못한 것이 훨씬 많았다. 지나간 세월을 돌이켜 보니 1999년까지는 학생들이나 교직원으로부터 따뜻하게 감싸주는 정이나 믿음에서 나오는 사랑스러운 보살핌도 많았다.

2000년부터는 그런 것을 꿈을 꾸지도 못했다. 나에게는 다시 돌이킬 수 없는 아픔을 많이 준 시기가 있었다. 그때가 바로 2000년부터 2007년까지였다. 아픔을 느껴도 아프다고 소리 한마디 못하고 쥐 죽은 듯이 생활한 시기였다. 어떨 때는 내가 생활하고 있는 곳이 학교인가? 라는 의문이 들었다. 그런 마음이 들어도 한 집의 가장으로서 책무를 다해야 한다는 생각이 마음을 뭉치게 했다.

그 이후로 인고의 노력을 다하여 앞만 보면서 살아왔다. 그럭저럭 학교생활을 하다 보니 20년이 넘은 세월이 흘렀다. 학교를 근무하면서 느낀 점은 내가 행하는 것이 정당하다고 판단이 되어도 나의 뜻을 관철하려고 하지 못했다. 교무실에서 큰소리 한번 제대로 하지 못하고 될 수 있는 한 말을 아껴 왔다. 그리고 나의 주관적인 생각은 아예 내세우지 못하고 다른 사람의 말만 경청하면서 오늘까지 묵묵하게 생활했다.

덧없는 세월은 빨리 흘러 2006년도 겨울 방학이 되었다. 지역신문에 기고할 원고도 쓰고 교재 연구를 하다 보니 지난날의 아픈 사연들을 어느 정도 잊어버릴 수 있었다. 겨울 방학을 한 지가 엊그제 같은데 벌써 반 이상 지나갔다. 수없이 많은 고통에 의해 야기된 마음의 상처가 아물어 가고 서서히 안정을 되찾기 시작할 무렵에 광란의 폭풍우가 찾아왔다.

2007년 1월 30일은 다시 생각하기 싫은, 치가 떨리는 날이었다. 상쾌한 기분으로 집 앞 도로에 버려졌을지도 모르는 휴지를 줍기 위해 대문에 갔다. 우연히 편지함을 들여다보게 되었다. 그런데 편지함에 무엇인가 들어 있었다. 무슨 좋은 소식이라도 왔는가 싶어 편지함에서 동봉된 봉투를 꺼내었다. 놀랍게도 그 편지는 학교장 직인이 찍힌 내용증명 문서이었다. 동봉된 봉투 안에 어떤 내용이 들어 있을까? 하여 마음의 갈피를 잡지 못하고 주위를 서성거렸다. 이내 안정을 되찾아 차근차근 편지를 뜯어보았다. 그 내용은 나를 의아하게 만들었다. 내용인 적설, 학교장 본인이 성팔경 선생님이 학교에 근무하는 상황을 여러 가지 각도로 점검해 보니 정신적으로 상당히 문제가 있는 것으로 판단된다고 하였다. 그래서 학교장 선생님은 정신과가 있는 국공립병원에서 정밀 감정을 받아 그 진단 결과를 2월 7일까지 재단 측에 통보하여야 한다고 했다. 참 어이가 없고 말도 안 되는 이야기였다.

젊은 시절 때부터 청춘을 불태워 아름다운 학교 건설을 위해서 최선을 다해 근무하였다. 그런 나를 학교장이라는 직분을 가진 사람이 정신병자처럼 취급하다니 어불성설이다. 그동안 받은 무수히 많은 불이익도 억울한데 무슨 청천벽력이 무너지는 소리인가? 이런 식으로 인간을 매도하는 것은 절대로 인간이 취할 수 있는 도리가 아니다. 그것도 자기보다 교직 경력이 훨씬 많은 선배 선생님 보고 함부로 내뱉는 그 모습이 너무도 안타까웠다. 학교에서 나에게 온갖 고초를 겪게 한 당사자인 교장 선생님이 집에까지 정신병자라는 오명을 씌워 가족들에게 고개를 못 들게 한 일에 대하여 분이 터져 죽을 지경이었다. 나를 정신병자로 매도하다니 이것은 절대로 있을 수 없는 인간 이하의 짓이다. 입술을 꾹 다물고 인내하여 그 다음 내용을 읽어보았다. 사립학교의 인사 일정이 바쁘니 병원에서의 검사 결과를 늦어도 2월 7일까지는 알려 달라는 것이었다. 안쓰러운 마음으로 편지를 반복해서 수십 차례 읽어보았다. 아무리 생각해보아도 그 편지의 내용은 나에게 너무나 가혹한 행위 그 자체였다.

학교 재단 측으로부터 수많은 피해로 받아 인사불성이 된 나에게 정신병자라는 누명을 씌워 한 순간에 쓰러트리려고 하는 속셈, 인간이라고 하면 이러한 행동은 못할 것이다. 그리고 교직자가 이러한 행동을 해서는 절대로 안 된다. 다른 사람을 괴롭히는 일은 한 번도 해본 적이 없고 언제나 상대방을 배려하는 마음으로 살아왔다. 그래도 내 자신의 생각이 잘못되어 다른 사람에게 피해 주는 일이 없는 가를 살펴왔다. 이런 나를 정신병자로 취급하다니 그렇게 말한 의도가 무엇인지 한 것 의심스럽다.

학교 재단 측이 나의 신상에 불리한 불이익을 주어도 어떠한 불만을 표시하지 않고 무관심으로 일관하였다. 오로지 진솔한 자세로 학생들 교육에만 신경을 쏟고 아무런 내색을 하지 않고 참고 살아온 나이다. 아무리 돌이켜 생각을 해보아도 나를 정신병자 취급한 당사자는 하늘에 떠다니는 뜬구름 잡는 소리를 하고 있다고 주장하는 바이다. 학교 당국이 행하는 엉뚱한 처사를 보고 어이가 없어 말이 제대로 안 나와서 애를 먹었다. 정신병자의 모습으로 멍하게 천장만 바라보았다. 학교의 명령이니 어쩔 수 없다고 생각하여 처량한 모습을 하고 내 처와 함께 집 앞에 주차해 놓은 자가용을 타고 상주에서 한 40분 정도 거리에 있는 김천도립병원으로 향하여 내달렸다. 그 병원 앞에 도착하여 이정표를 보고 원무과로 갔다. 원무과에 들려 내가 진료 받기에 적합하다고 생각한 과에 진료 신청을 했다. 되도록 빨리 검진을 받아 내 자신이 정상임을 확인하고 싶었다. 안절부절 못하면서 20~30분가량을 신경과가 있는 복도를 왔다 갔다 하였다.

내 진료 차례가 빨리 오기만을 기다렸다. 그러던 차에 한 간호원이 내 이름을 큰소리로 불렀다. 그래서 나는 또렷한 목소리로 대답을 하고는 서둘러 진료실에 들어갔다. 담당의사에게 내가 받고자 하는 진료 내역에 대해서 말하니 의사 선생님이 가쁜 숨을 몰아쉬면서 하는 말씀이 이 병원에는 정신과가 없고 경상북도 내에서 국공립 병원 중 정신과가 있는 곳을 잘 모르고 구미 순천향병원에는 정신과가 있다고 했다. 그래서 나는 큰 아들이 몬 자가용을 타고 구미에 있는 그 병원을 향했다. 순천향병원의 원무과에서 정신과 진료 접수를 신청을 하고 안내에게 물어보았다. 친절하고 상세하게 정신과로 가는 길을 가르쳐주어 너무 고마웠다.

엘리베이터를 타고 2층에 내려 접수를 마치고 진료실 앞에서 기다렸다. 한 30분쯤 기다리니 정신과 담당의사 선생님께서 들어오라. 했다. 진료실 안으로 들어가 의사 선생님에게 다정다감하게 목례로 인사를 하였다. 그리고 받고자 하는 진료 내용에 대하여 요목조목 내비추었다. 의사 선생님은 내 말이 이해가 안 간다는 표정으로 연신 고개를 살래살래 흔들었다. 의사 선생님이 하시는 말씀이 검사를 해달라 하니 어쩔 수 없이 하기는 하겠으나 내가 아는 상식으로는 검사를 하나마나 똑같은 결과가 나올 것이다. 라고 하였다. 의사 선생님은 차근차근하게 말을 계속 이어 나갔다. 국공립 병원은 경북도내에서는 대구에 있는 경북대학교병원밖에 없다고 하면서 경북대학교병원에서 검사를 해봐도 우리 병원과 거의 똑같은 검사 결과가 나올 것이라 했다. 재단 측이나 학교장 선생님께서 요구한 병원이 국공립 병원이라 어쩔 수 없이 그 병원에서의 진료 받는 것을 포기하고 경북대학교병원의 정신과로 가서 진료를 받기로 정하였다.

대학을 다니면서 대구에서 몇 년을 기거한 적도 있어 대부분의 거리는 잘 알고 있었다. 하지만 경북대학교병원이 있는 곳은 내가 처음 가는 곳이었다. 북대구 톨게이트에서 고속도로 관리요원에게 병원 가는 길을 물어보았다. 그 병원은 그곳에서 그리 멀리 떨어져 않은 곳에 있어 좋았다. 경북대학교병원이 종합병원이라 것을 그 전부터 많은 사람들에게 들어 익히 알고 있었다. 종합병원이라 규모가 방대할 것이라고 생각을 하고 있었지만 병원 안으로 들어가서 직접 눈으로 확인을 해보니 상상외로 엄청나게 컸다.

병원을 찾은 방문객들에게 물어 정신과 병동을 알아냈다. 정신과는 6층에 있었다. 간호원에게 물어보니 5층에 있는 원무과에 접수를 하여야 한다고 했다. 엘리베이터를 타고 5층으로 내려가 원무과에 진료 접수를 하고 6층에 있는 환자 대기실에서 기다리고 있었다. 이런 생각 저런 생각들에 의해 마음이 혼비백산하였다. 아무리 생각을 해봐도 일이 잘못되어도 많이 잘못된 것 같았다. 아무런 정신적인 장애가 없는 날을 정신병자로 취급하다니 세상에 이런 일이 있을 수 없다. 정신적인 결함이 없다는 것을 증명할 기회가 왔다고 생각하니 그래도 마음이 한결 편안했다. 그렇게 생각한 나의 예상은 빗나갔다. 종합병원에서 진료를 받으려면 미리 예약을 해두어야 한다고 했다. 진료를 가장 빨리 받을 수 있는 날짜는 2월 5일 오후 2시경이었다. 그래서 나는 일정이 급하니 될 수 있는 한 빨리 검사를 받아야 한다는 말을 했다.

진료실 밖에서 학교장 선생님에게 휴대폰을 걸어 사실 전모를 이야기하였더니 며칠 늦더라도 검사 결과를 교장실에 전달해달라고 하였다. 그렇게 하겠다고 서슴없이 이야기하였다. 피로한 몸을 이끌고 병원에서 나오니 아무 생각도 나지 않았고 심신이 피곤해서 집에 도착해서 쉬고 싶은 마음뿐이었다. 검사 날짜가 빨리 도래하기를 손꼽아 기다렸다. 기다리니 시간이 더 가지 않았지만 그래도 이틀이 그대로 지나갔다.

월요일 아침이 되자 만에 하나라도 검사 결과가 정신병자라고 판정이 나오면 어떻게 하나 하고 조급증이 나기도 했다. 이내 안정을 되찾아 검사를 받을 만반의 준비를 하고 대구로 출발했다. 진료를 받기로 예약했던 2시간 전에 병원에 일찌감치 도착을 하여 환자 대기실에 기다렸다. 기다리니까 시간이 더 안 갔다. 그때 가진 내 마음을 자세히 표현할 수 없지만 한마디 말해 죄를 지어 끌려온 죄수와 같았다.

얼마를 환자 대기실에서 기다리고 있으니 진료실 안에 있던 한 간호원이 내 이름을 부르면서 들어오라 했다. 나는 대기실에서 일어나 담당 진료 의사님께 사유를 이야기했더니 50만 원을 원무과에 납부하고 난 뒤에 요목조목 정밀 진단을 받아야 한다고 이야기하였다. 그래서 나는 의사 선생님에게 자세한 경위에 대하여 이야기했다. 학교 재단 측에서 진단 결과를 기다리니 최대한 빨리 검사해 줄 방안을 마련해달라고 간절히 부탁을 했다. 그런 말을 하니 담당의사는 냉랭한 목소리로 말하였다. 재단 측이 선생님에게 보낸 공문도 필요하고 진단하는 데에는 2개월 이상 소요된다고 하였다. 진단에 필요한 경비는 3백만 원이 들지 아니면 그 이상이 들지 해봐야 안다는 것이었다. 그 말이 나를 격분하게 해서 마음에 갈피를 못 잡았다. 앞뒤를 가릴 여가도 없이 무턱대고 진료실을 빠져나왔다. 하지만 의사 선생님으로부터 긍정적인 답을 얻기 위하여 재차 진료실에 들어갔다.

학교에서 나에게 보낸 공문을 보여주면서 내가 처한 안타까운 처지를 이해해 달라고 했다. 결과는 1차 진료 때하고 똑같았다. 몹시도 답답한 기분에 젖은 상태로 진료실을 부리나케 빠져나와 학교장 선생님에게 병원에서 있었던 근황에 대해 설명을 하였다. 그리고 내가 검사받아야 할 곳이 꼭 국공립 병원이어야만 하는 이유를 물어보았다. 정신병자라는 말을 한 것도 교장 선생님이고 진단을 받을 필요가 있다고 생각한 곳이 학교 재단 측이니 병원 진료경비 문제는 어떻게 하느냐? 고 학교장 선생님에게 답을 할 것을 요청했다. 재단 측에서 요구한 병원이 국공립 병원이니 그곳을 준수해야하고 경비 문제는 성팔경 선생님이 정신적으로 심각한 문제가 있으니 이를 파악하는 데는 본인 스스로가 지불해야 한다는 것이었다. 그 말을 듣고 나도 모르게 격분하여 교장 선생님께 따져 물었다. 검사 경비를 내가 왜 지불해야 하나? 현재 아무런 이상 없이 가정생활과 학교생활을 충실히 하고 있다.

더욱이, 학생들을 지도하는 데에 어떠한 문제가 야기되지 않고 있다. 교장 선생님 말씀이 너무 심하지 않는 나고 따져 물었으나 언성을 높여 명령식으로 다그쳐 말했고 나의 말에는 아무런 반응도 보이지 않고 전화를 끊었다. 해결할 수 있는 아무런 답을 얻지 못해 답답한 마음으로 교감 선생님께 전화를 걸어 교장 선생님과 나눈 대화 내용을 말했다.

이 말을 전부 듣고는 그냥 얼버무렸다. 교장 선생님도 확실히 답변 못하는 일을 내가 어떻게 하라고 하는 말밖에는 없었다. 교장 선생님한테 구하지 못한 해결책을 교감 선생님한테 얻으려고 했는데 아무런 방도를 구하지 못해 난감했다. 마땅한 해결책을 나 혼자 찾을 수밖에 없었다. 구미 순천향병원에서라도 심리 검사를 받아 내 자신의 심리 상태가 정상임을 알리고 싶었다.

대구에서 구미 순천향병원까지 가는 데에는 약 1시간 정도 소요되었다. 원무과에 가서 재차 접수 신청을 하고 2층에 있는 정신과에 가서 환자 대기실에서 나의 진료 차례를 기다렸다. 한 30분 정도 기다리니 내가 진료받는 차례가 되었다. 저번에 만났던 그 과장님이 반갑게 나를 맞이하면서 검사를 해보나 마나 똑같지만 학교 당국에서 성팔경 선생님이 학생들의 수업을 못할 정도로 정신적인 장애를 안고 있는지에 대해서 심리 검사를 받기를 원하고 있을 뿐 아니라 본인도 심리 검사를 받아 정상임을 알리고 싶어 하니 심리 검사 준비가 될 때까지 잠깐만 밖에서 기다리라고 있으라 했다. 조마조마한 기분으로 한 20분 정도 기다리고 있으니 심리 검사를 하는 의사 선생님이 나의 이름을 부르면서 검사실로 들어오라고 했다.

나는 차분한 자세를 갖추고 자리에 앉아 의사 선생님으로부터 장시간에 걸쳐 여러 가지 검사를 받았다. 이렇게 복잡 다양한 검사는 내 생애에 처음이었다. 2시간 이상 계속된 1차 심리 검사를 무사히 마치고 복도로 나와서 이제 모든 검사가 끝났다고 좋아했다. 나의 기대는 전혀 상반되었다. 심리 검사 담당 의사 선생님께서는 여러 장의 심리 검사에 필요한 페이퍼를 주고 요목조목 설명을 덧붙였다. 심리 검사 페이퍼를 읽어 보고 자기가 옳다고 생각하는 항목에 체크하라고 했다. 지금 준 심리 검사 페이퍼를 집에서 완전히 작성하여 다음 검사 받는 날 제출하라고 했다. 2차 심리 검사 받으면 모든 검사는 끝이 난다고 하였다. 그리고 최종 검사 결과는 2월 15일 정도 되어야 나온다고 했다. 더 빨리 검사 결과를 나오게 할 수 없느냐? 고 말하니 심리 검사 의사 선생님은 화를 내면서 말했다. 이 검사는 단순성을 요하는 심리 검사가 아니고 검사자의 정확한 심리 상태를 파악하기 위해서는 여러 심리 검사를 하여야 하니 결과가 완전히 판명이 될 때까지 기다리라고 했다. 담당 의사 선생님에게 혼쫄이 난 나는 약간 무안한 표정을 지었다. 그때부터 상담 의사가 질문해오면 그 부분에 대하여 생각나는 대로 이야기하였다. 혹시 대답하기 난해한 문제를 의사 선생님이 질문을 하면 어렴풋이 아는 것 같다는 식으로 고개를 끄떡였다. 의사 선생님이 나에게 준 몇 장의 심리 검사 페이퍼에 답을 적는데 생각 외로 시간이 많이 걸렸다. 집에서 이것을 완전히 작성하는데 거의 하루 종일 걸렸다. 2차 심리 검사

때 완전히 작성한 페이퍼를 상담 의사 선생님에게 주니 알았다고 하였다.

심리 의사 선생님은 다양한 심리 검사를 2시간 이상 동안 진행하였다. 의사가 나에게 질문한 대목 중 어떤 것은 너무 고차원적이라 대답하기가 힘이 들어 애를 먹기도 했다. 2차 심리 검사는 오후 4시경에 시작해서 7시에 마쳤다. 눈이 침침하고 머리가 무거워 쉬고 싶은 마음밖에 없었다.

각종 심리 검사를 하는데 시간도 많이 걸렸지만 난해한 여러 문제들을 풀은 관계로 머리가 아팠고 앞이 제대로 보이지 않았다. 아무런 생각도 하기 싫었다. 거의 만신창이 되다시피한 몸을 이끌고 집으로 돌아와 일찍 취침을 하였다. 그 다음날 아침 일찍 일어나 병원에서 받은 심리 검사의 결과에 대하여 생각해 보았다. 별다른 이상이 없을 것이라고 확신하고 있었지만 만에 하나 잘못된 검사 결과가 나오면 어쩌나 하고 망설였다.

내가 취할 수 있는 행동반경은 검사 결과가 잘 나오기를 기대하는 수밖에 없었다. 검사 결과가 나오는 2월 15일은 학교 등교일이었다. 학교에 출근하여 교감 선생님께 구미 병원에 검사 결과를 가지러 간다고 이야기하니 그렇게 하라고 이야기했다. 상주에서 중부 내륙 고속도로를 타고 30분 정도 내달리니 구미 병원에 도착을 할 수 있었다. 차에서 내리자마자 곧장 담당 의사 선생님에게 들렀다. 의사 선생님이 하신 말씀이 심리 검사를 받은 결과는 정상으로 나왔다. 하지만 학교 당국이 진단서가 꼭 필요하다고 하고 있고 심리 검사를 받은 본인도 진단서가 필요하다고 하니 원무과에 가서 진단서 비를 내고 떼어 가기를 바란다. 는 짤막한 말을 하였다. 그러고는 나의 얼굴을 또렷이 바라보고 고개를 가로 저었다. 담당과장 선생님은 나에게 더 이상의 관심을 주지 않고 자기 일에만 전념했다. 진단서 내역을 자세히 보니 내 자신에게는 아무런 정신적인 결함이 없는 것으로 체크되어 있었다.

나에게 아무런 정신적인 결함이 없다는 것을 알고 순간적이었지만 고시

시험에 합격한 것처럼 너무도 기뻐 어쩔 줄을 몰랐다. 한껏 부풀어진 마음을 억지로 자제하고 나는 학교 인근에 도착하여 교감 선생님께 진단서를 가지고 왔다고 하였다. 그렇게 말하니 그동안 수고 많았다고 말하면서 진단서를 행정실에 동봉하여 두라고 했다.

나는 교감 선생님께서 하라는 대로 하고 집에 도착하자마자 곧장 하교 행정실로 갔다. 행정실에 근무하는 한 담당자에게 동봉된 진단서를 맡기고 집에 돌아왔다. 일 같지 않은 일에 매달려 신경을 너무 많이 쓰다 보니 몸살 기운도 나고 전신이 피곤하였다. 그날 나는 아무런 일도 하지 못하고 허송세월을 그냥 보냈다. 그동안 누적된 피로를 풀기 위하여 잠을 잤다. 이 엉뚱한 일로 얼마나 많은 시간과 돈을 낭비하였는가? 참 말도 안 되는 허황된 짓거리였다. 동료애를 발휘하여 조금만 배려하는 마음으로 감싸주었다면 이런 터무니없는 작태는 발생이 되지 않았을 것이다. 오랜 기간 동안 여러 검사를 마치고 병원 진단서의 발급을 받음으로 해서 정신적으로 정상임이 확인되었다. 그때서야 '정신병자' 라는 오명에서 벗어나게 되었다.

이 일이 무사히 끝나고 나면 2007년 학기는 별 다른 일없이 평탄하게 지내게 될 것이라고 믿었다. 하지만 그것은 착각이었다. 학교 당국은 그 어느 해보다 심한 고통과 아픔을 나에게 주었다. 모든 것을 잊기로 마음을 먹고 명예 퇴직하여 집에서 편안하게 쉬고 싶었다. 명예퇴직을 결정한 사안에 대하여 교감 선생님에게 말씀드렸다. 노심초사하여 단언적으로 했던 말임에도 불구하고 여러 명이 담합하여 비열한 술수를 가하여 온갖 고초를 다 겪게 하였다.

이 몹쓸 사람들은 마지막 남아 있는 나의 자존심까지도 무너트리려고 여러 가지의 방법을 동원하여 인간 이하의 짓을 연신 강구했다. 이 비참한 상황에 대해서는 눈으로 직접 확인해야 알 정도로 은밀하고 고단수의 수법으로 진행이 하였다. 한마디로 말해, 나에게 절대 절명의 위기를 안겨준 해라고 표현하고 싶다.

2007년 학기는 소름이 끼치고 치가 떨려서 다시는 생각하기 싫은 해이다. 학교 당국은 26년이라는 긴긴 교직생활의 대부분 동안 나에게 얼마나 많은 괴로움을 주었는가? 이렇게 하는 것으로 부족하여 온갖 비열한 방법을 강구하여 더 이상 견디지 못하고 쓰러지게 만들었다. 이런 모습을 보고 이런 곳도 우리가 교육을 가르치는 현장인가? 하는 마음이 들었다. 학교 재단의 실세이자 재단이사장님의 조카가 우리 학교의 교감 선생님으로 학교에 부임한 해인 2000년 이후로는 학교에서 있어서는 안 될 엉뚱한 일들이 수없이 벌어졌다. 2000년도부터 정규 교과목을 가르치는 이외는 관리자의 직권이라는 명목으로 거의 모든 교과 활동에서 배제되었다. 그렇게 하는 것으로 만족하지 않고 대내(대외)적으로 활동하고 있는 모든 분야에 대하여 음해한 방법을 동원하여 불이익을 조성하였다. 외부에서 오신 인사들이 보기에는 모든 교과 활동이 원만하게 잘 이루어진 것처럼 위장해 놓았다.

하지만 교내의 교육 과정은 정당한 논리에 의해서 짜놓은 것은 없고 편파적으로 편성해놓아 이로 인해 선생님들 끼리 잦은 논란이 일어나고 있는 실정이다. 그리고 학교 당국의 말을 잘 듣지 않는다고 생각되는 선생님들에게는 고뇌와 비애를 느끼도록 분위기를 조성하였다. 일부 몇몇 선생님들이 일정한 장소에 모여 눈에 보이지 않는 비열한 수법을 자기들이 목표로 삼고 있는 선생님들에게 가하여 고뇌와 비애를 한없이 안게 했다.

교직생활을 마무리하는 시점에 바람이 있다면 학생들과 격의 없이 잘 지내는 것이었다. 이렇게 하기 위한 최우선적인 과제로 수업에 임하면 학생들을 최선을 다해 능동적이고 창의적인 모습을 지닌 사람으로 다듬고 싶었다. 이렇게 마음먹은 나의 꿈은 수포로 돌아가 버리고 말았다. 제일 먼저 나의 희망을 저버리게 만든 사건은 나를 편안하게 한다는 명목을 앞세워 클럽활동 남당교사의 명단에서 학교장 선생님의 직권으로 빼버렸다. 클럽활동 담당 교사 명단에서 제외되었던 그 연유에 대하여 일목요연하게 적어 보겠다.

나는 2년 동안 맡았던 클럽활동 건전놀이 반을 계속하여 우리 부에 배속이 된 학생들에게 자주적으로 문제 해결을 할 수 있는 능력을 배양하고 싶었고 미래 지향적으로 생각할 수 있는 모티브를 가지게 만들고 싶었다. 클럽활동 부서 조직을 담당하는 선생님이 내가 맡기를 원하는 클럽활동 희망 부서가 무엇인지를 물었다. 그래서 나는 지난해에 맡아서 하였던 건전놀이 반을 담당하고 싶다고 했다. 그런데 생각지도 않은 엉뚱한 일이 발생했다. 클럽활동 조직 편성 담당 선생님이 나에게 오더니만 결재하러 교장실에 갔는데 교장 선생님께서 성 선생님의 건전놀이반을 빼라고 하였다는 것이었다. 이 말을 듣고 허황된 기분에 젖어 마음에 갈피를 잡지 못하고 교무실 내 자리 주변을 방황하면서 돌아다녔다. 참 분하기도 하고 나의 마음이 그렇게 애처로울 수가 없었다. 교장 선생님께서 무슨 이유로 클럽활동을 담당하고 있는 선생님들 중 나의 이름만 뺐을까? 하는 의구심이 맴돌아 이를 진정하느라 애를 먹었다. 학교생활을 동안 어떤 선생님에게도 독선적인 태도로 일 처리한 적이 없었다. 그리고 항상 다른 사람을 먼저 생각하는 양보의 미덕을 좌우명으로 삼고 열심히 살아온 나이다.

이런 나에게 생각지도 않은 이상한 일이 일어날 줄은 꿈에도 몰랐다. 지난 세월들을 아무리 돌이켜 생각을 해보아도 내가 문제를 야기 하는 어떠한 일을 저지른 적도 없다. 오로지 진솔하고 성실한 자세로 근무해온 나의 상식으로는 이해가 되지 않는 일들이 너무나 많이 벌어졌다. 교무실 곳곳에서는 성 선생님이 몸이 안 좋기 때문에 배려 차원으로 클럽활동 담당 교사 명단에서 뺐다는 루머가 퍼졌다. 이 말들은 전부 어불성설이었다. 언제나 학생들과 격의 없이 정답게 활동하고 싶었던 나의 모든 희망과 의욕을 빼앗아 버린 몰인정한 행위 그 자체이다. 특별한 경우를 제외하고 매달 3번째 주 토요일에는 클럽활동이 실시가 되었다. 클럽활동이 있는 날에는 교무실에서 내 자리에 앉아 여러 가지 교재를 연구를 했다. 이 날만 되면 어떠한 선생님도 내게 말을 붙여 오지 않고 자기들끼리만 무엇이 그리 좋은지 얼굴에 만면에 미소를 짓고 웃어 대었다. 침통한 모습으로 내 자리에 앉아 다음 시간에 학생들을 가르칠 교재 연구와 여러 가지 원고를 쓰면서 나에게 도래한 외로움을 달래었다.

2000년 이후를 돌이켜 생각해 보니 창살이 없는 감옥에서 외로이 고뇌를 삼키며 보낸 것 같았다. 2000년 학기 초에 교감 선생님으로 우리 학교에 발령을 받아 온 그 해부터 오늘 현재까지 눈에 보이지 않는 교묘한 술수로 얼마나 많이 나를 괴롭혀 왔던가? 이런 분이 나를 배려한단 말인가? 아무리 생각해봐도 이치에 맞지 않는 말이다. 아마도 시청의 청소년수련원 일을 담당하고 있는 어떤 관계자와 학교장 선생님이 결탁하여 클럽활동 자체를 맡지 못하게 했을 것으로 판단이 된다. 누가 뭐라 해도 2007년은 나의 교직을 마지막이라고 결정을 한 해이다.

나는 26년이라는 교직생활을 선생님으로서의 나의 본분을 다하기 위해 혼신의 힘으로 학생들의 바른 교육에 정진했다. 나는 아직 정년퇴직 기간이 많이 남아 있다. 많은 세월이 남은 이 시기에 막상 교직을 마감한다고 생각하니 아쉬움과 미련이 나의 주위를 맴돌아 이를 진정하느라 애를 먹었다. 그 어느 해보다도 열과 성을 다해 학생들을 지도해 보려고 노력했다. 이런 나의 열망을 무참히 짓밟아버리는 참혹한 해가 될 줄은 꿈에도 몰랐다.

2007년은 정말 무시무시하고 생각만 해도 지긋지긋했다. 교장 선생님은 한 순간도 나를 가만히 두지 않고 마구 흔들었다. 성실하게 열심히 생활하는 한 선생님을 자기들의 목적을 달성하기 위한 도구로만 취급하였다. 내가 교직생활에 비애를 느끼도록 수단과 방법을 가리지 않고 나에게 엉뚱한 짓거리를 수없이 했다. 이러한 짓은 절대로 인간으로 행할 행동이 아니라고 본다. 그것도 학생들을 가르치는 신성한 학원에서 이루 말로 다 형용할 수 없는 온갖 비열한 방법을 동원하여 시림을 괴롭히는 엉뚱한 짓거리가 되풀이 하여 발생되는 이런 곳이 교육 현장인가? 하는 의문이 제기될 때가 부지기수였다. 괴로움을 주어 고통스러울 때가 많았으나 수업에 임할 때는 언제나 학생들에게 바른 인생을 살라고 당부했던 나 자신이 의젓해 보였다. 엉뚱한 짓거리가 무엇인지에 대해서는 우리 학교에서 다년간 계속해서 근무하지 않으면 그 내용을 잘 모를 것이다. 내용의 일부분만을 알아내는 데에도 상당한 시간이 소요될 정도로 주도면밀하게 조직화 되어 있다.

2007년도 학기 초에 연례행사로 재단 측은 선생님들의 교무 업무를 배정하였다. 선생님들에게 정당하게 배정된 교무 업무가 그 어떠한 곳에서도 찾아볼 수 없어 안타까웠다. 교과 협의회는 형식상으로 열긴 열었으나 같은과의 선생님들은 보충수업과 같은 중요한 사안이 있을 때는 내가 수업 들어가고 없는 시간만 골라 결정해버렸다. 영어과에 있는 중요한 현안 문제에 대해서는 형식상으로 나의 동의를 받아 한 것처럼 작성을 해놓고 실질적으로는 자기들 멋대로 처리하여 버렸다. 보충수업을 맡을 선생님 배정도 나를 제외시키고 자기들이 맡기에 편한 학년, 학과를 골라 들어갔다.

대한민국에 있는 어느 학교라도 이런 엉터리 같은 방식으로 진행되는 학교는 없을 것이다. 내가 수업을 들어가고 없는 틈을 골라 교과 협의회를 수시로 열었다. 나에게 알리지 않으면 안 되는 사안이 있어 어쩔 수 없다고 생각이 되면 나에게 통보만 하고 끝냈다. 하여튼 상황이 나에게 불리하도록 전개하였고 언제나 자기들에게 유리한 방식으로 진행하였다. 하지만 서류를 작성할 때는 모든 선생님들이 동등한 입장에서 처리한 것으로 해놓았다. 다음은 수업 시간표 배정 문제인데 장애인인 내가 활동하기 어렵게 수업 시간표를 짜 놓았다.

요일별로 짜놓은 시간을 들어보면 월요일에는 3시간 수업이 들었다. 1교시는 4층, 2교시는 3층, 4교시는 교무실에서 80m정도 떨어져 있는 신관 2층에서 학년이 다른 1학년 수업을 하였다. 화요일에는 5시간의 수업을 하였다. 수업 시간이 많아도 가장 편하게 수업을 진행하였다. 1. 2교시는 신관에서 1학년 수업을 하였고 4교시는 실습동 4층에서 2학년 수업을 실시한 다음 5교시는 교무실에서 휴식을 취했다가 6, 7교시는 실습동 4층에서 2학년 수업을 할 수 있도록 시간표를 편성 해놓았다. 2007년도 1학기 수업을 모두 마치고 난 후 느낀 점이지만 화요일에는 다른 날보다도 수업 시간이 많이 편성되었지만 수업은 다른 어떤 날보다도 여유를 가지고 진행할 수 있었다. 장애인인 내가 이동하기 편리하게 해놓아 이날만 되면 기분이 하늘로 날아 갈이 좋았다. 수요일은 4시간의 수업을 했다. 1교시는 교무실에 쉬고 있다가 2교시는 신관 2층에서 1학년 수업을 하였다.

거리를 이동하는데 부담감은 있었으나 인고의 노력을 다하여 한 7~8분 걸어서 교무실에 와서 3교시를 쉬었다. 4교시는 실습동 4층에서 2학년 수업을 마치고 부리나케 교무실로 돌아와 집에서 싸온 빵들을 가방에서 꺼내어서 먹고는 3층에서 5교시 수업을 하였다. 5교시 수업을 마치고 교무실에서 한 시간 쉬었다가 7교시는 9분 가까이 걸어서 신관으로 이동하여 1학년 수업을 했다. 목요일은 그런대로 안정을 느끼게 수업 시간을 편성해 놓았다. 1교시는 교무실이 있는 실습동 4층에서 2학년 수업을 하였고 2교시는 교무실에서 그동안 밀린 교재를 연구하였다. 3교시는 실습동 3층에서 2학년 수업을 하였고 4교시는 신관 2층에서 1학년 수업을 하였다. 점심시간과 5, 6교시는 교무실에서 밀린 교재 연구를 충분히 하였고 여남은 시간은 학생들이 나의 홈페이지를 이용하여 예(복)습을 할 수 있게끔 학교 홈페이지에 등재 해놓았다. 7교시는 신관에서 1학년 수업을 하였다.

수업하기에 가장 힘이 들도록 수업시간을 편성해놓은 요일은 금요일이었다. 실습동 건물 3층에서 1교시 수업을 마치고 10분간 정신없이 다른 건물로 이동하여 학년도 다른 학년에서 수업을 했다. 이 두 반은 가장 먼 기리에 있는 학반이다. 게다가 1, 2교시는 두 학급 다 수업 분위기가 좋지 않아 마음고생이 보통 심한 것이 아니었다. 이 두 반의 수업을 무사히 마치면 한 주의 수업이 다 끝난 것 같았다. 3교시는 교무실에서 잠시 휴식을 취했다가 4교시 수업은 4층에서 2학년 수업을 했다. 교무실에서 점심을 간단히 먹고는 실습 동 4층에서 5교시 2학년 수업을 했다. 매번 금요일만 되면 혼이 빠졌고 4, 5교시 연이어 수업을 배정해놓아 점심을 마음 놓고 먹을 시간적인 여유가 없어 소화가 제대로 되지 않아 혼이 난 적이 한두 번이 아니었다. 수업시간에는 학생들이 지루하지 않도록 다양한 학습 방법을 동원하여 흥미있게 수업을 하였다.

수업을 마치고 교무실에 들어오면 이내 웃음꽃이 사라져 버렸다. 그 원인은 교무실 자체의 분위기는 언제나 나에게는 냉랭함만을 주는 삭막한 장소이었다. 나에게 따뜻한 대화를 걸어오는 사람이 없을 뿐 아니라 나에게 어떠한 웃음을 띠울 기회도 주지 않았다. 과연 누가 편협적이고 야합적인 교무실 분위기로 만들었을까? 하는 의문이 수시로 재기되었다. 이상야릇한 분위기를 만드는 것으로 만족하지 않고 상주 적십자병원의 의사 아닌 사람 보고 마취 시술을 시키는 엉터리 마취 시술로 장애 2급이 된 나에게 어떠한 동정도 표시하지 않았다.

학교의 상황 변화가 있을 때마다 여러 명의 선생님들이 담합하여 마음이 아프게 온갖 음모술수를 가하여 스트레스를 받아 고민하게 하든지 아니면 인생의 비애를 느끼게 만들어 스스로 교직을 포기하도록 하는 분위기를 조성했다. 이것은 절대로 인간이 할 짓이 아니라고 생각된다. 괴로움을 주는 방법은 너무나도 다양하다. 그 음해한 술수는 이 학교에서 오랜 기간을 근무하지 않은 사람은 누구나 쉽게 파악할 수 없을 될 정도로 교묘하고 정교했다. 여러 명이 온갖 음해한 술수로 괴롭혀 놓고 이합집산의 형태로 모여 빈 정대고 좋다고 웃는 모습이 현재 사립학교의 실태 중 그 일부분이다. 나는 인간으로서는 도저히 견디지 못할 불이익을 수 없이 당하고도 왜 아무 말도 못하고 오늘까지 교직생활을 했는지 나 자신이 의아하게 여겨질 때가 한 두 번이 아니었다.

나와 같이 온갖 수모를 안 당한 사람은 절대로 나의 마음을 이해하지 못할 것이다. 더욱이 나의 말 자체를 인정하지 않으려고 할 것이다. 설마, 학교에서 그런 일이 일어 날 수 있을까? 아마 아닐 것이야. 하는 의문스런 말만 남기고 뒤돌아서서는 나를 빈정대는 말로 탓할 것이다. 앞에서 언급한 나의 이러한 이야기 모두는 진실이고 사실이다. '설마가 사람 잡아 먹는다.' 는 옛말이 나의 일에 결부되어 있으니 뭐라고 말을 못하겠다. 그러면 2007년도에 있었던 다른 이야기를 서술하여 보기로 하겠다.

우리 학교의 관리자(학교장, 교감) 두 분 선생님과 재단 측 주요 인사들은 나에게 아주 불리한 교과 편성을 한 것으로 만족하지 않았다. 다른 선생님들과 대화 단절 유도, 교무실 선생님들 자리 중간 중간마다 재단 측의 인사들을 배석시켜놓고 공공연하게 조작된 허위 사실을 유포하여 교무실의 분위기를 좌우하였다. 게다가 교내에 있지도 않은 엉뚱한 루머를 퍼트려 이상한 분위기 조성을 하는 등 여러 가지 면에서 학교에서 있어서는 되지 않을 일들이 너무나 많이 일어났다.

선생님들이 교재 연구하는 교무실에서 도저히 말로 형용할 수 없는 웃지 못 할 형상들이 수시로 벌어졌다. 앞에서 너무나 많이 거론했던 관계로 더 이상의 언급을 회피하고 어떤 일이 있었는가에 대해서는 여러분들의 상상에 맡기겠다. 2007년도 영어 교과 조직 편성에 대해 있었던 그대로의 사실들을 일목요연하게 적어보겠다. 학교 자체의 시수 조정 관계로 영어과 3

분의 선생님들이 해내야 할 총 시간은 59시간이었다. 영어과 선생님이 개인당 맡을 시간은 거의 20시간이었다.

학교의 관리자 선생님들은 학년마다 시험 문제의 철저한 출제를 해야 한다는 명분을 내세워 공동 출제하는 것을 원칙으로 정하였다. 그래서 각 학년마다 두 분의 선생님이 담당하도록 시간표를 짜야 한다는 했다. 참! 말은 그럴듯하고 우리 선생님들을 편안하도록 만든 방편인 것처럼 보였다. 하지만 실제로는 그러지 못했다.

이것 때문에 1학기만 마치는데에도 상당한 어려움을 겪었다. 배도 노를 젓는 상대방을 잘 만나야지 앞으로 잘 전진하여 나아갈 것이다. 그렇지 않고 앞으로 나아가는 배를 전진하지 못하도록 방해를 한다면 힘도 많이 들 뿐 아니라 온갖 고초를 다 겪어야 한다. 내 본인이 이런 시련에 시달린 장본인이다. 진도 조절 문제, 시험 문제 출제 내용, 가르칠 내용, 특기적성 담당 교사 선정 중 어느 것 하나도 내가 원하는 방향과 다르게 편성을 했다. 올해만 교직생활을 한 다음 명예퇴직하기로 결정한 나에게 후배 선생님들이 어떻게 이런 비참한 대접을 할 수 있을까? 하는 의구심이 생기기도 했다. 이런 열악하고 아주 좋지 못한 환경 속에서 생활하여도 후배 선생님에게 해내기 힘든 짐을 넘겨준다고 생각하여 어지간한 것은 참아나가기로 했다. 하지만 해도 해도 너무 심했다.

관리자 신분인 두 분 선생님(학교장, 교감)과 우리 과 영어 두 분 선생님들이 나의 수업과 교과 활동까지도 관여했다. 물론 나의 의견을 묻거나 수렴하는 경우는 없었다. 학교장 선생님의 직권이라는 명목을 앞세워 수업을 제외한 모든 교과 활동에서 배제하였다. 그 외에도 영어과와 관련있는 모든 제반 사항에 대하여 관리자 두 분 선생님과 두 영어 선생님이 상의하여 변칙적으로 일 처리했다. 이와 같이 변칙으로 일 처리하다 보니 학생들 학습에 도움이 되는 어떠한 학습 자료도 만들지 못하고 나를 반대하는 수단으로만 활용이 되었다. 학교 당국은 틈만 생기면 나를 애먹일 수 있는 방법에 대하여 연구하여 다방면에 걸쳐 수시로 적용했다. 그 사실들을 전부 다 적으려면 끝도 한도 없이 많다. 그래서 나는 그 대부분을 생략하겠다.

한 가지 꼭 남기고 싶은 말은 학교가 학생들을 교육시켜 인간다운 생활을 영위할 수 있게 하는 곳이지 학생들을 열과 성을 다하여 지도하는 선생님들의 마음을 괴롭히는 곳이 아니다. 수업시간 때마다 착하고 긍정적인 사고로 선생님 말씀을 존중해서 듣는 학생들이 많았다. 그래서 일부 몰지각한 학생들의 어이없는 행동과 선생님을 무시하는 쌍스런 이야기들은 그 반의 반원의 학습 분위기에 흡수되고 말았다. 하지만 수업 태도가 좋지 않은 학생들을 지도하는 것은 힘이 들었지만 그 학생들에게 바른 정신을 가지게 하는 데는 나의 부단한 노력이 필요했다.

학교 재단 측과 관리자 선생님 두 분, 학교 일에 적극적으로 찬동하여 행동하는 일부 몇몇 선생님들은 수단과 방법을 가리지 않고 나에게 불리한 여건 조성에 앞장서서 나아갔다. 이들 모두는 집요하고 은밀한 방법으로 나를 괴롭혀 왔고 나를 불리하게 만드는 새로운 방법들을 연구하여 매년 연례행사 식으로 적용하여 왔다. 요약하여 다시 말하면 학교 재단 측과 관리자 선생님들은 집요하고 은밀한 계산 아래 추진된 방법을 강구하여 혼을 빼어 정신을 못 차리게 했다. 게다가, 몸속에 잔존하고 있는 마지막 남은 힘까지도 사라지게 만드는 인간 이하의 짓을 서슴없이 자행해 왔다. 한 가지 아쉬운 점이 있다면 매번 엉뚱한 짓거리에 애를 먹을 때마다 시킨 사람이 누구인지 확실히 눈에 드러나지 않게 철저히 은폐되어 있었다는 점이었다. 학교라는 신성한 교육 현장에서 일어나지 않아야 될 사항과 많은 사람들이 담합하여 한없이 어려움을 겪도록 유도한 일들을 종합하여 적어 현재의 사립학교가 처해 있는 혼탁함의 정도를 여러분에게 알리고 싶다.

같은 교과에 대한 전반적인 사항에 대해서 학교장 선생님은 절대로 간섭을 할 수 없는 것으로 알고 있다. 2000년 이전에는 교과에 대한 전반적인 사항에 대하여 관리자 선생님들로부터 어떠한 내정 간섭을 받지 않았다. 학교재단의 측근이고 우리 학교의 실세인, 교감 선생님이 우리 학교에 부임해온 2000년 학기 이후부터는 교과 제반 사항에 대하여 관리자들의 관여하는 것이 기정사실화 되어 버렸다. 이 사실 모두는 26년이라는 세월을 이 학교에 근무해온 나에게 측은함을 주었을 뿐 아니라 나의 가슴을 쓰라리게 했다.

그 당시에 교감 선생님으로 우리 학교에 부임해 왔고 현재 우리 학교의 교장 선생님으로 근무하는 선생님은 2000년부터 관리자 선생님이 절대로 넘지 않아야 될 부분에 대해서도 선생님들을 관리한다는 차원으로 교과의 전반적인 사항에 대해서 적극 개입을 했다. 그리고 학교재단의 측근이자, 동일한 교과를 담당하고 있는 선생님 한 분이 교장 선생님과 담합하여 교과 학년 배정, 특기적성 수업 담당 선생님 배정, 수업 시수, 시험 문제 출제 등 교과 전부분에 걸쳐 관여했다.

나 자신이 영어과에서 제일 오래 근무했는데도 나의 의견은 반영되지 않고 완전히 무시되었다. 그들이 나에게 준 것은 오로지 이치에 맞지 않는 이론을 내세워 교과 전반에 걸쳐 불이익을 주었을 뿐이다. 학교재단 측의 말 전부를 옹호하는 선생님들은 그들과 같은 맥락을 가진 자들과 짜고 갖은 방법으로 내게 고통을 주어 매번마다 나의 가슴을 몹시 아프게 했다. 학교재단의 측근이자 동 교과를 담당하고 있는 그 선생님은 자신이 가장 가르치기 쉽다고 생각한 3학년, 2학년을 선정하였다.

학교장 선생님은 그 전에 했던 것과 같은 맥락으로 학교재단의 측근인 이 선생님을 3학년 담임 선생님으로 배정하여 다른 영어 선생님이 불만을 가지지 못하게 하였다. 나에게 불리한 여건 조성은 계속 이어졌다. 일주일에 수업하는 시간도 영어과에서 가장 적게 해놓았다. 수업계가 짜놓은 시간표에 의하면 2007년 학기에 그 선생님이 담당할 시간은 19시간이었다. 어떻게 된 영문인지 모르지만 학기 초에 수업계가 편성해 놓은 시간표를 보니 나는 세 분 선생님 가운데에서 가르치기 가장 힘든 반들이 선정이 되어 있었다. 거기에다 수업시간도 1주일에 20시간이었다. 그리고 학교장은 직권을 발동하여 보충수업과 특기적성을 담당하는 교사의 명단에서 나를 제외하였다. 평소, 학교장 선생님 말씀에 전적으로 찬동하는 몇 분 선생님들이 일정한 장소에 상의하여 처리하였다. 대한민국의 어떤 학교도 담당과목 선생님이 상의하여 처리할 사항을 학교장 선생님 직권으로 밀어붙이는 학교는 없는 것으로 알고 있다. 이러한 어려운 환경 속에서도 자연을 아름답게 가꾸는 일을 손수 실천했다. 그러면 2007년도에 어떠한 자연사랑 운동을 했는지 적어보겠다.

자연사랑을 경험을 토대로 하여 보면 자연을 항상 내 것 같이 아끼고 소중하게 여기는 마음은 하루아침에 길러지지 않았다. 자연사랑을 실천하면서 느낀 점은 다른 사람을 배려하고 소중하게 생각하는 의식을 가진 사람만이 자연을 소중하게 여긴다는 것을 알았다. 내가 거론한 이 말들을 대수롭지 않게 여기는 경우가 허다하다.

자연사랑을 한 번도 해보지 않고 자연사랑의 의미를 논하는 것은 잘못된 논리이다. 자연사랑을 몇 번 정도 실천을 해보았다고 해서 다른 사람에게 자연을 예찬한다고 하는 것을 삼가해야 한다. 자연사랑이란 '자연을 있는 그대로의 모습을 지닐 수 있게 소중하게 보존하는 것이다.' 자연사랑은 인간사랑과 결부된다고 믿는다. 자연사랑을 하루 이틀 실천하는 것으로 만족되지 않는다. 지속적으로 자연을 아름다운 모습으로 변모시키는 참사랑의 정신으로 가꾸어야 한다. 이런 사실은 오랜 기간 동안 자연사랑을 쉬지 않고 실천하면서 터득한 것이다.

자연을 보호하는 일을 지체장애인인 내가 감당해내기는 어려운 일들이었다. 하지만 나는 인고의 노력과 해낼 수 있다는 각오로 나에게 당면해 있는 모든 어려움을 타파해내고 지속적으로 자연사랑을 실천했다. 비가 오거나 특별한 개인적인 볼 일이 있어 자연사랑운동에 빠지게 되는 날이 간혹 있었다. 그럴 때마다 겪었던 일은 쉬는 날이 많으면 많을수록 자연보호운동을 하기 싫었다. 그때마다 나는 나태해졌던 의식 자체를 반성하여 자연사랑 실천 의지가 몸속에 다져지게 방향을 설정해 나갔던 것이었다.

오랜 기간 동안 축척된 자연사랑 실천 의지를 은근과 끈기로 함축하였다. 이러한 나의 단출한 정신이 마음속에 있는 모든 게으름도 타파했다. 어떻게 하는 것이 자연사랑인지에 대한 의미를 확실히 알고 자연사랑을 실천했던 것은 2000년 이후부터이다. '자연을 사랑하면 좋다.' 라는 의미를 확실히 인지한 것은 무수히 많은 땀을 흘리고 둑에서 지속적으로 풀을 깎으면서 어느 날 갑자기 생긴 생각이었다. 그날 어디에서 엄청난 힘이 생겼는지는 모르나 하루 종일 둑에서 풀을 깎았는데 시간으로 환산을 해보니 대략 8시간 정도 되었다. 아마도 자연을 사랑하는 실천 의지가 확고히 다져지지 않았다면 이러한 일들을 해낼 수 없을 것 같다. 8년의 세월을 둑에서 풀이 자람을 계속하는 기간 동안 거의 하루도 쉬지 않고 묵묵히 자연사랑을 실천한 나 자신이 대견스럽다. 상주시 당국으로부터 어떠한 관심과 도움을 주지 않아 섭섭한 마음이 그지없었다. 하지만 둑에서 자연을 사랑하는 좋은 일을 하는 동안 그곳을 산책을 하는 사람들한테서 웃음꽃을 활짝 피게 하는 말을 많이 들었다. 거의 매일 있는 일이지만 그 둑을 산책하는 사람들로부터 '수고합니다. 수고한 덕분에 말끔히 깎은 둑에서 운동을 하니 기분도 좋고 정신이 맑아 좋습니다.' 등의 말을 되풀이 하여 여러 번 들었다. 그럴 때마다 나는 기분이 좋아 어쩔 줄을 몰랐다. 그런 말을 들은 후로는 흥겨워 풀을 깎는 작업을 한층 더 열심히 할 수 있었다.

아름다운 마음을 가진 사람은 다른 사람이 하는 좋은 일을 따뜻한 말로 위로할 줄 알았다. 그와 반대로 내가 열심히 풀 깎는 작업을 보고 빈정대는 사람도 있었다. 그 말들의 일부분만 들어 보면 '나의 집에 있는 예초기를 들고 와서 풀을 깎으면 한 30분이면 다 작업을 마칠 텐데 다리도 아픈 양반이 편하게 작업을 할 수 있는데 왜 사서 생고생을 하느냐? 내가 집에 가서 예초기를 들고 작업을 해줄 테니 기다리십시오.' 라는 말을 서슴없이 해서 자연보호에 대한 동참자가 생기는가 싶어서 나도 모르게 기분이 좋았다. 하지만 아무리 기다려도 그 사람은 둑에 나타나지 않았다. 그런 말을 나에게 내뱉은 그 이후로는 다시는 둑에 오지 않았다. 이 사람은 정말 몰인정한 사람이다. 내가 그 사람 집에 있는 예초기를 들고 오라고도 하지 않았다. 더욱이 그 말들은 모두 다 자신이 자원해서 했던 말이 거짓말이라니 안타깝기 그지없었다. 인간으로서 기본 자세를 상실한 그 양반이 세상에 이익이 될 만한 일을 아무것도 못할 것이라고 생각하니 너무도 한스럽다.

또 다른 엉뚱한 짓거리를 한 사람의 이야기를 들어보겠다. 어느 여름날, 해가 서편으로 질 무렵에 등산용 자전거를 타고 내가 풀 깎고 있는 옆을 지나갔었다. 갑자기 자전거를 속력을 낮추더니 혼자서 중얼거리는 소리로 이런 말들을 내뱉었다. 그때 한 말들을 들어보면 다음과 같다. '한참 자라고 있는 풀을 왜 깎아? 가만히 나두면 될 것인데 말이야. 생고생을 하면서 풀을 깎는 이유가 뭐냐? 할 일이 그리 없으면 집에 가서 낮잠이나 잘 것이지. 쯧 쯧 정말 보기 역겨워' 라는 말을 내뱉고는 쏜살같이 나의 옆을 지나갔다. 이 쌍스러운 말에 아랑곳하지 않고 나는 작업을 계속하였다. 하지만 그 날은 왜 그런지 몰라도 몹시도 기분이 나빠 혼돈 상태에 빠진 나의 마음을 자재할 수 없었다.

마음이 안정이 안 되어 풀 깎는 작업도 많이 하지 못하고 그냥 집에 돌아왔다. 자연사랑을 지속적으로 실천하면서부터 느낀 점은 하면 할수록 자연보호를 할 곳이 많았다. 대개 일정한 곳을 선정하여 자연사랑을 실천하였다. 시간이 남으면 자연사랑이 필요한 여러 곳을 찾아 그곳을 말쑥하게 정리하였다. 그렇게 하니 마음도 한결 후련해졌고 학교에 있었던 불미스러운 일들을 대부분 잊어버릴 수 있었고 일을 한 보람도 많이 느꼈다.

2007년도에 실천했던 자연사랑은 여느 해와 같이 거의 비슷한 형태였다. 정성을 다하여 아름답게 작업을 하는데 나에게 마지막 남은 힘, 노력, 시간을 쏟아 부었다. 대부분의 자연사랑활동은 특정한 둑에서 잡풀 깎기 하면서 보냈다. 올해에 풀 깎은 길이는 대략 3200m 정도 되었다. 그 어느 해보다도 자연사랑을 위해서 열심히 노력했다. 작업을 하는 동안 그곳을 지나가는 우리 학교 학생들로부터 좋은 말도 많이 들었다. 그 중 한 이야기만 들어보면 '선생님! 좋은 일을 해주어서 고맙습니다. 덕분에 정신도 맑고 상쾌한 것 같습니다. 선생님의 그 아름다운 모습을 보니 기분도 좋고 운동도 저절로 되는 것 같습니다. 계속 수고해 주십시오.' 라고 상냥하게 웃으며 말하였다. 둑을 지나가다 나를 보면 이와 유사한 말로 그 고마움을 표시하는 사람이 많았다. 내가 둑에서 풀 깎기 자연사랑을 실천한 지도 어언 8년이라는 세월이 지났다. 지나간 세월을 돌이켜 보니 짧은 거리도 아닌 긴 둑에서 전지가위를 들고 특별한 일이 생기지 않으면 거의 하루도 빠지지 않고 꾸준히 작업을 해왔다고 생각하니 나 자신이 기특하기만 했고 그 감회가 새롭다.

풀 깎는 작업을 하면서 땀도 많이 흘렸고 말로 표현이 안 되는 어려움도 많이 따랐다. 하지만 그때마다 슬기로운 자세를 내재하여 현명하게 대처해 나갔다. 이런 나 자신의 행동에 대해 찬사를 아끼고 싶지 않았다. 어느 누구도 해내지 못한 일들을 묵묵하게 실천하면서 살아왔다. 이렇게 할 수 있었던 힘은 나 자신이 자연사랑에 대한 확고한 의지와 자연사랑 실천에 대한 투철한 사명감이 있었기 때문이었다.

8년 동안 둑에서 풀을 깎은 거리는 대략 15000m 가까이 되었다. 이 길이를 km로 환산해 보면 15km 정도 된다. 풀 깎기 작업은 풀이 자람을 시작하는 늦봄부터 풀의 자람이 끝나는 늦가을까지 하였다. 여름에는 하루 종일 땡볕이 내리 쬐기 때문에 인고의 노력 없이는 어느 누구도 작업을 할 수 없을 것이라고 생각한다. 하지만 이와 같은 날에도 빠지지 않고 풀 깎기 작업을 하였다.

날씨가 무더운 어떤 날에는 풀을 조금밖에 깎지 않았는데도 전신에 땀이 비 오듯이 줄줄 흘러내렸다. 발바닥이 너무 뜨거워 풀 깎는 작업을 중단한 적도 있었다. 해가 질 무렵이면 뜨거움이 다소 수그러들기 시작했다. 그러면 둑에서 풀 깎는 작업을 계속하였던 것이었다. 하루도 쉬지 않고 계속 작업을 할 수 있었던 힘은 해낼 수 있다는 자신감과 자연사랑에 대한 실천 의지가 확고히 내재되어 있었기 때문이었다.

다음으로는 나의 집 주변에 대한 자연사랑활동이다. 나의 집 앞에는 6m 소방 도로가 나있다. 도로 주변은 평소 차량 이동과 일반 사람들의 통행이 잦아 항상 더러운 편이었다. 이틀에 한 번 정도는 꼭 물청소하여 깨끗이 하였다. 그리고 동네 인근에 무성히 나있는 잡풀들을 뽑아 말끔히 정리했다. 게다가, 나의 집 건너편에는 건축 자재를 쌓아 놓아두는 곳이 있다. 건축 자재를 싣고 내려 도로가 많이 더렵혀져 있다. 건축 자재를 쌓아 놓은 사람은 청소를 한 번도 하지 않아 굉장히 더러울 때가 허다했다. 그때마다 내 일처럼 생각해서 나는 물청소를 하여 도로를 말끔히 청소를 했다. 아직까지 생각이 나지만 도로를 더럽혀놓고 내가 말끔히 청소를 하면 겉으로는 언제나 나에게 미안해했다. 하지만 빗자루와 청소 도구를 들고와서 직접 청소를 한 적은 한 번도 없었다. 이 얼마나 몰상식한 사람인가? 자연정화활동을 할 때마다 느낀 점은 나와 같이 관심을 가지고 자연사랑을 하는 사람이 한 사람만 더 있었으면 하는 마음이 생길 때가 부지기수였다.

나만의 관심 있는 자연사랑활동으로는 역부족이었다. 하지만 나는 자연과 약속을 했다. 아무도 실천적인 의지를 가지고 자연사랑을 하지 않아도 내 생명이 다하는 그날까지 자연사랑을 실천하여 아름다움이 지속하게 하겠다. 자연사랑을 꾸준히 실천하는 다른 장소는 연원동에 있는 내 밭 건너편 둑에 잡풀을 뽑거나 호미로 메어서 단정하게 보이도록 만들었다. 자연사랑은 해도 해도 끝이 보이지 않았다. 하지만 지속적으로 자연사랑을 실천하여 언제나 푸르고 아름다움이 가득한 고장을 만들겠다.

앞에서 거론했던 이야기지만 좀 더 상세히 내용을 적을 필요성이 있을 것 같아 2007년 학기를 상술하겠다.

내가 맡았던 총 수업 시수는 주당 20시간이었다. 일주일에 각 반마다 2시간씩 수업을 하였고 내가 맡아서 수업한 학년은 1, 2학년이었다. 1학년은 4개 반 그리고 2학년은 6개 반이었다. 수업 들어간 학년, 반을 세부적으로 나누어 열거하면 2학년은 2학년 1반, 2학년 2반, 2학년 5반, 2학년 6반, 2학년 7반, 2학년 8반을 담당했고 1학년은 1학년 1반, 1학년 2반, 1학년 3반, 1학년 4반에서 수업을 하였다. 주당 20시간 맡아서 영어 수업을 해보니 적은 시수는 아닌 것 같았다.

우리 학교 학생들은 대부분 성실하고 착하였다. 특히 장애인인 나를 성심성의껏 위로하여 줄 때 그들이 그렇게 고마울 수가 없었다. 어떤 학생들은 수업에 임하는 나에게 정중하게 인사하고 수업 받을 준비를 하였다. 또 다른 어떤 학생들은 문을 열어주며 나를 반갑게 맞이하면서 교실 안으로 부축까지 해주었다. 그 순간 나는 기분이 산뜻해지면서 마음까지 뿌듯하였다. 각 반마다 불성실한 몇몇 학생들을 제외하고는 공부를 열심히 하지 않아서 탈이지만 학습 태도는 건전했다. 대부분의 학생들은 어려운 가정환경에서 생활했던 관계로 가족의 생계유지를 위해서 졸업하자마자 현장에서 일을 해서 돈을 벌어야 하는 형편이었다. 이런 연유로 집안 사정이 넉넉한 학생들을 빼놓고 졸업을 하면 취업을 하였다.

한 가지 안타까운 것이 있다면 문제 해결 능력이 뒤떨어진 학생들이 가정으로 돌아가면 공부를 하지 않아 학부모님의 기대와는 달리 성취도가 더욱 더 떨어지고 있다는 점이다. 우리 학교 학생들의 실상을 그대로 적어보면 학교에서 공부를 거의 하지 않아 학습 의욕을 잃고 있을 뿐 아니라 매 시험 때마다 거의 똑같이 나타나는 현상이지만 전체 교과목에 대한 성적이 낮은 편이다. 그중에서도 특히 영어 교과목에 대한 성적은 매우 낮다. 영어 공부를 전혀 하지 않아 이 학생들의 장래가 몹시도 걱정스럽다.

매 시험 때마다 이 문제를 해결하느라고 애를 먹고 있는 실정이다. 매년 네 번(1학기 중간고사, 1학기 기말고사, 2학기 중간고사, 2학기 기말고사)을 치렀다. 시험 볼 때마다 염려가 되는 것은 우리 학교 학생들의 수준과 능력에 맞게 출제를 하는 것이었다. 실업계 고등학교라고 하더라도 명색이 고등학교이기 때문에 누가 보아도 난이도가 고등학교 수준에 맞도록 평가를 하여야 하기 때문에 그것이 어려웠다. 게다가 학생들의 평균 점수가 잘 나오게 최선을 다해 지도하라는 교장 선생님의 하달이 있었기에 이 문제를 해결하는 것이 더욱더 난해했다. 성취도를 높이기 위해 교재 연구도 다양한 방면에 걸쳐서 하였을 뿐 아니라 심혈을 기우려 학생들에게 동기 유발을 촉진하기 위해 흥미있게 수업을 진행했다. 그런 식으로 하니 1학기 중간고사를 치르기 전까지는 내가 가르쳤던 모든 반 학생들이 배우려고 하는 준비 자세를 갖추어 조용히 학습하였다. 그리고 거의 대부분의 학생들이 교재와 노트를 가지고 와서 학습을 하는 것을 보고 이제까지 상주공업고등학교에서 학생들을 가르쳤던 그 어떤 나날들보다 보람을 많이 느꼈다.

학교생활에서 겪었던 그 어떠한 어려움도 한순간에 떨쳐버릴 수 있었다. 이런 식으로 편안하게 생활하다 보니 삶의 의욕이 저절로 생겨났다. 기쁨을 한없이 느꼈던 순간도 잠시, 1학기 기말고사부터 대부분의 학생들의 성취도가 생각 이하로 낮아졌고 학습에 혐오감을 느껴 공부하기를 꺼려하는 학생들이 점점 많이 나타났다. 거기에다 학생들에게 무슨 힘이 작용했는지 모르지만 거의 대부분의 반의 학습 분위기가 엉망으로 변했다. 중간고사를 마치자마자 며칠 후에 2학년 수학여행, 1학년 야영이 실시되었다. 이 시기가 되면 매년 거의 똑같이 실시되는 교육 과정 중의 일부분이었다. 교내에서 수업을 하지 않고 밖에서 교외 활동이 이루어진 관계로 수업에 대한 혐오감이 생겨 공부를 하기 싫은 것은 나도 고등학교를 나왔기 때문에 잘 알고 있지만 정도가 너무 심하게 나타났다. 모든 외부 활동 과정을 마치고 학교에 돌아와 정상적인 수업을 해도 그 타성에서 벗어나지 못하였던 날들이 거의 일주일 동안 계속되었다. 각 학급마다 공통으로 나타나는 현상이지만 거의 대부분의 학생들은 공부할 생각은 전혀 하지 않았다. 거기에다 수업 분위기 자체도 굉장히 어수선했는데 한마디로 엉망이었다.

가정에서도 전혀 공부를 한 흔적을 찾아볼 수 없지만 학교를 등교해서도 학습을 할 마음 준비를 하지 않았다. 토목과 2학년 1반, 2학년 2반은 내가 수업을 담당하고 있는 다른 반과는 양상이 다르게 진행하였다. 평소 조용히 수업을 듣던 학생들 중 몇 명이 마음에 동요를 일으켜 수업 시간에 엉뚱한 이야기를 던지는 등 여러 가지 간악한 방법을 동원하여 노골적으로 나를 괴롭혔다. 그때마다 나는 다정하게 미소를 지으면서 말했다. 수업시간에 말도 안 되는 엉뚱한 이야기하지 말고 공부 열심히 할 것을 당부했다. 간절한 나의 당부를 아랑곳하지 않고 나를 조롱하는 이런저런 말을 덧붙여 떠들었다. 그런 식으로 계속 이어지다 보니 급기야는, 그 반의 수업 분위기 자체가 엉망이 되어 버리고 말았다. 더 이상 방치해서는 안 된다고 판단하여 수업시간에 떠드는 학생들이나 엉뚱한 이야기를 하여 그 반의 수업 분위기를 흩트리는 학생들이 있으면 그들 한 명 한 명의 불러 조용히 공부할 것을 당부했다. 어떨 때는 나의 이러한 간절한 부탁도 아무 소용이 없었다.

선생님의 말씀에 귀 기울이지 않고 안하무인격으로 서로 좋다고 만면의 미소를 짓고 시끄럽게 떠들 때는 몹시도 화가 났다. 이런 부류의 학생들은 떠드는 것으로 만족하지 않고 나를 희롱하는 온갖 음담패설을 주고받는 것은 보통이고 정신 사납게 온 교실이 요란하도록 떠들어댔다. 하지만 그 문제를 해결할 만한 뾰족한 방안이 생각나지 않아 안쓰러울 뿐이었다. 26년을 교직을 수행하는 동안 말도 안 되는 형상이 벌어져 고민스러울 때가 많았다. 그런 일이 일어날 때마다 그 문제들 해결할 묘책을 찾아내어 원만히 끝을 맺었다. 하지만 2007학년도에는 그 양상이 다르게 전개되었다.

2007년 학기 전에는 수업 중 심각한 일이 야기되면 옆 반에서 수업을 하던 선생님이 오던지 아니면 담임 선생님이 나서서 이 문제를 해결하였다. 하지만 2007년 학기는 문제를 야기하여 교실 내의 질서를 혼란스럽게 만드는 학생들이 있어도 지도하려는 생각이 없이 수수방관하였다. 말도 안 되는 엉뚱한 일들이 매 수업시간 때마다 토목과인 2학년 1반, 2학년 2반에서만 일어났다. 매 수업시간마다 특정한 2개의 반에서만 집중적으로 이러한 현상이 나타났다. 누구의 명령을 받고 행동했는지 몰라도 나를 괴롭히기 위한 술책을 몇 몇 학생들이 짜서 그 레퍼토리대로 수업 시작과 거의 동시에 진행하는 것을 보고 황당한 경우가 한두 번이 아니었다. 수업시간 때마다 이 학생들은 시내의 깡패들이 사용하는 쌍스러운 이야기를 하든지 아니면 몇몇 몰지각한 학생들이 옆으로 돌려가면서 조롱하여 나를 화내게 만들었다. 조용히 할 것을 심신 당부하였고 공부할 것을 종용해도 나의 간절한 부탁을 안중에 두지 않고 기고만장한 자세로 더 떠들었다.

요즘 학생들을 교육시키기 힘들다는 것을 익히 알고는 있었지만 그 정도가 너무 심했다. 그 학생들이 나에게 행한 언행은 아주 몰상식했을 뿐 아니라 비열했다. 거기에다 그 학생들이 주고받는 말의 대부분은 아주 저속한, 쌍스러워서 학생다운 면모를 그 어디에서도 찾아볼 수 없었다. 이 학생들이 사용하는 언행이나 행동 방향은 시내 조직배나 폭력배와 유사했다.

한마디로 이 학생들은 불량한 행동을 하는 사람들의 축소판이었다 이런 현상은 1학기 중간고사가 끝나고 수학여행을 다녀온 후 하루도 그르지 않고 특정한 두 개 반에서만 매 수업시간에 벌어졌다. 오랜 기간을 학교의 교사로 지낸 내가 이런 말도 안 되는 수모를 이 들 두 개 반에서 겪었다. 이들 두 개 반에서 수업을 하고 나오면 한참 동안 어안이 벙벙하고 말이 안 나와 애를 먹었다. 이들 반에서 수업을 마치고 교무실에 돌아와 내 책상에 책을 내려놓는 순간 현재의 교육이 걱정되었고 미래의 우리나라 교육이 몹시도 염려 되었다.

몇몇 학생들에게 인간 이하의 대접을 받아도 교사라는 신분을 한 번도 망각한 적은 없었다. 오로지, 사랑과 대화로 제자들을 내 자식처럼 아꼈다. 하지만 나의 이러한 애절한 노력이 소용이 없는 경우가 대부분이었다. 가장 안타까웠던 것은 일부 몰지각한 학생들로부터 엉뚱한 일을 당하여 괴로워해도 그 옆 반에서 수업을 하고 있는 그 어떤 선생님으로부터도 도움을 받지 못했다는 사실이다. 시간표를 짤 때 나에게 도움을 주지 못하도록 편성을 해놓았으니 너무도 당연한 일인 줄은 알지만 정도가 너무 심했다.

수학여행 후 몇 개 반의 좋았던 학습 분위기는 온데간데없었다. 대부분의 반의 학생들은 공부하기를 싫어했고 반마다 아주 짓궂은 학생들 몇몇이 선생님을 농락하고 휘파람을 자주 불었다. 수업시간에 그런 행동을 하지 말라고 해도 말도 듣지 않고 한 시간 내내 말썽을 부렸다. 이로 인해 수업을 진행하는데 힘이 들고 애를 먹었다. 하지만 내 자신이 교단에 선 이유는 바른 행동을 하지 않은 학생들을 인간다운 행동을 할 수 있게 지도하는 것이었다. 이런 생각이 나 자신에게 팽배한 이후로는 진정한 교사의 의미를 부가할 수 있도록 행동 방향을 설정하여 나갔다. 나의 심중이 이런 방향으로 굳혀 있는데도 불구하고 과연 수업시간 도중에 학생들 중 몇 사람이 공공연하게 엉뚱한 일을 조장할 수 있는가? 하는 의아심이 생겼다.

다른 수업시간에는 조용히 학습하는데 유독 나의 수업시간에만 이러한 현상이 생긴다는 것은 누군가가 이 학생들에게 나에게 버릇없이 행동해도 상관없다고 했을 것이라고 판단된다, 그리고 일부 몰지각한 몇몇의 학생들을 시켜 나에게 괴로움을 주라고 했음이 틀림없다고 단정하고 싶다. 참교육의 의미는 아직 덜 다듬어진 사람에게 바르게 행동할 수 있도록 가르침을 주어 인간다운 삶을 영위할 수 있도록 손질하고 다듬는 것이다. 교육자가 취할 행동 강령은 묵묵하게 모든 학생들에게 올바른 길을 걸을 수 있게 지도하는 것이다. 일부 몰지각한 학생들에 의해서 참지 못할 고통을 많이 겪어 힘이 들었어도 자연사랑에 대한 의지는 시들지 않았다.

2007년 7월 21일에 시내의 한 주간 신문인 삼백신문에 '자연은 꾸밈없는 자태로 항상 있는 그대로의 모습을 비춘다' 라는 원고를 기고하여 상주 시민들에게 자연사랑의 중요성을 재인식시켰다. 그럭저럭 하다 보니 1학기 기말고사를 치를 때가 되었다. 동 교과 선생님들과 여러 차례 상의를 하여 2학년 수업을 진행하는 다른 영어 선생님이 시험 문제를 출제하기로 하였다. 그리고 1학년은 내가 직접 출제하는 것을 원칙으로 하였다. 2학년을 가르치는 다른 선생님이 출제한 것을 보니 내가 수업시간에 가르치지 않았던 부분들이 있어 학교 홈페이지에 내가 가르치는 반 학생들이 공부할 수 있게 요점 정리하여 두었다. 학교 홈페이지에 요점 정리해 둔 것을 보더니 대뜸 화를 내더니 격조 높은 어조로 이와같이 말하였다. 출제 원안을 그대로 홈페이지에 올려놓으면 문제가 되니 지금 당장 학교 홈페이지에서 그 부분을 삭제하라고 했다.

이십 년 이상을 교사 생활한 선생님이 그런 오류를 범할리 없다. 그냥 참고해서 공부 열심히 하라고 시험 내용과 비슷하게 변경을 시켜 올려놓은 것 밖에 없다. 우리 학교는 실업계 학교라 공부에 관심을 갖는 학생이 거의 없다. 25년 이상의 교직의 경험으로 미루어 볼 때 그렇게라도 하지 않으면 학생들의 점수가 엉망이었다. 혹시라도, 내가 맡은 반 학생들의 점수가 형편없으면 그 책임을 누가 지겠는가? 당연히 담당 교사인 내가 그 책임을 져야만 했다. 내가 시험 문제 내용 중 그 일부를 누출시켰다고 온 교무실에 공표하였다. 그리고는 영어과 선생님을 불러놓고는 교감 선생님이 시험 문제를 다시 출제하라고 했다. 나를 제외한 다른 두 영어 담당 선생님이 문제를 일으킨 장본인은 성 선생님이니 가만히 있으라 하면서 자기들이 알아서 출제를 하고 출제한 문제 내용에 대해서는 마지막 수업을 하기 전까지는 보여 주지도 않았다. 시험 치룰 때 안 사실이지만 내가 가르치는 내용을 되도록 제외하는 방식으로 출제하였다. 그것도 모자라 자기들이 가르친 반의 평균 점수를 올리기 위하여 많은 시험 문제는 내가 가르친 내용과 달라서 학생들이 풀기 힘들게 해놓았고 자기들이 가르친 반 학생들에게는 예상 문제를 수업 시간에 거론했다.

저번에 장관상을 내 책상 위에 던져 놓다시피 했던 그 사람이 여러 해를 교무부장으로 있다가 2007년도에는 연구부장으로 바뀌어 보직 명을 받았다. 이 사람이 나에게 성적 관리 규정을 보여 주더니 시험 문제 출제 후에 어떠한 내용이든 비슷한 내용 자체를 홈페이지에 올려 두어서는 안 된다고 했다. 이 말은 얼핏 보면 맞는 것 같이 보이나 우리 학생들의 수준은 뒤떨어져 있어 받아들일 수용 능력이 부족해 몇 번이고 반복하여 학습을 해도 이해를 못하는 학생들이 태반이었다. 이제까지는 시험 문제 출제에 대해서 어떠한 언급도 않다가 2007년 1학기 말 고사 볼 때가 되어서부터 번개같이 설치는 이유를 모르겠다.

1학기말 시험을 다 치른 후에 그 이유를 확실히 알았다. 내가 가르치는 모든 반의 점수를 내리기 위한 작전이었다. 얼마나 비열하고 간악한가? 불행 중 다행히도, 내가 가르쳤던 2학생들은 다른 선생님이 가르친 반보다는 성적이 더 좋았다. 하지만, 1학년은 거의 대부분을 자기가 가르친 대로 시험을 출제했기 때문에 그 선생님이 가르친 반들보다 평균 점수가 20점 이상 낮았다. 정말 해도 해도 너무 심하였다. 학교 당국은 나에 대한 교권 탄압은 끝이 보이지 않고 있다. 하지만 성실하고 착한 많은 학생들이 내 주위에 모여 '선생님 힘내세요. 선생님 곁에는 언제나 저희들이 있잖아요. 저희들이 선생님을 꼭 지켜 드리겠습니다. 그리고 선생님에게 괴로움을 주는 학생들이 있으면 타일러 반성하도록 시켜 말 잘 듣게 만들겠습니다.' 이런 말을 수시로 덧붙여 하니 학생들을 바로 지도할 의욕도 생겼고 나름대로의 인생을 사는 보람도 가질 수 있었다. 세월은 빨리 흘러 여름 방학이 찾아왔다.

나는 일을 제대로 할 기회가 와서 정말로 기뻤다. 자연사랑은 그 어느 때보다도 열심히 하였다. 그리고 밀린 교재 연구도 하고 새로 출판할 원고 내용도 수시로 점검하였다. 하루의 일과는 선생님으로 수행할 모든 과정을 빠트림 없이 절차에 의거하여 규칙적으로 행했다. 누가 이렇게 하라고 시킨 것도 아닌데 매사 일 처리를 분명히 하였다. 학생들에게 언제나 다정한 미소를 띠우면서 진솔한 자세로 올바른 행동 지도에 앞장서는 나 자신이 좋았다. 세월은 생각보다 빨리 흘러 방학을 시작했는지 엊그제 같은데 다음날 개학한다고 하니 믿어지지가 않았다. 여름 방학이 끝나는 것이 굉장히 아쉬웠다.

방학은 끝이 나 다음날 개학과 동시에 2학기 수업을 시작하였다. 개학을 한 지 한 일주일 이상은 모두 다 방학의 타성에 젖어 있었다. 나 자신도 어떠한 일을 하는 것에도 싫증이 나 아무 것도 제대로 손에 잡히지 않았다. 이럴 때 교무실 분위기라도 좋았으면 어지럽혀진 나의 마음을 달래주기 쉬웠을 것이다. 수업을 마치고 허전한 마음으로 교무실로 돌아오면 대개 내 자리에 가만히 앉아 교재 연구와 다른 할 일들을 하면서 보내었다. 이때의 기분은 마치 가시방석에 앉은 것처럼 좌불안석이었다. 그 이유인 적설, 나에게 따뜻한 말을 걸어오는 사람도 없고 나의 주위에 모인 몇몇 선생님들이 따가운 시선으로 나를 노려보아 마지막 남은 마음까지도 흩트려 놓을 뿐이었다.

간혹 나에게 말을 걸어오는 사람들이 있는데 이 사람들은 마음에서 우러나오는 진정한 대화를 하는 것이 아니었다. 나에게 말을 걸어오는 사람들은 거의 전부 비꼬는 식으로 대화를 전개했다. 그때의 나의 심정은 굉장히 안타까워 어찌할 바를 몰랐다. 인간다운 삶을 영위하고자 노력하는 나에게 이러한 부당한 처사를 수시로 감행하는 것을 보고 우리의 미래 교육이 암울해질까봐 걱정이 되었다. 2학기 중간고사도 어려운 과정을 여러 번 반복한 후 무사히 막을 내렸다. 여기에 있었던 내용들도 여름 방학 전에 치러졌던 1학기 중간고사, 1학기 기말고사 때와 상황이 비슷하게 전개되어 더 이상 거론하지 않을 마음이다. 같은 교과 영어 선생님들이 나에게 도움을 주는 어떠한 행동을 취하지 않고 방해만 하여 나를 어려운 난관에 부딪치게 하는 이유를 도무지 알 수 없어 한없이 안쓰러웠다.

내가 알고 있는 거의 대부분의 학교에서는 같은 교과 선생님들끼리 교과협의회다운 협의회를 자주 열어 능동적이고 창의적인 방안을 내놓아 학생들에게 효율적인 수업을 하는 것으로 알고 있다. 대부분의 학교에서는 같은 교과 선생님들 끼리 수업이 없는 시간을 선택해 교사 휴게실이나 적당한 자리에서 따뜻한 커피 한 잔을 하면서 교과에 대한 제반 문제에 대하여 토론식으로 말을 주고받으면서 재미있고 흥미로운 대화를 엮어 나가고 있다. 하지만 나에게 그러한 정감이 넘치는 이야기는 기억하기도 까마득한 2000년 이전의 시절로 돌아가야만 했다.

아무리 견디기 어려운 환경이라 하더라도 굴하지 않고 앞만 보면서 열심히 살아온 나 자신이 대견하기만 했다. 전국 글쓰기 대회에 4번 도전하여 4번 다 상을 받았다. 자연을 사랑하는 일부 지역 시민 몇 사람만 제외하고 내가 탄탄대로를 행할 수 있도록 어떠한 도움을 주지 않았다. 하지만 자연사랑을 다른 것과 결부시키지 않았다. 오로지 시민들의 아름다운 의식 고취를 위하여 노력을 해왔다. 그 일부만 내비추어 보면 2000년에 시작하여 2007년에도 계속하고 있는 둑에서 풀 깎기 자연정화활동이었다.

자연사랑이 듬뿍 깃든 고장을 만들기 위하여 풀이 보기 흉하게 자란 둑을 말끔하게 조성하는 작업, 우리 학교 주변 정화 작업, 동네 길거리 물청소, 동네 인근 풀 뽑기 등을 지속적으로 실천하고 있다. 이 많은 일들은 학생들의 수업을 맞고 있는 선생님이 감당해 내기 어려웠다. 그런데다 지체장애 2급 장애인인 내가 그 많은 곳을 자연사랑 하는 데에는 무리가 따랐다. 하지만 인고의 노력과 봉사의 정신이 해낼 수 있게 만들었다. 숱한 어려움을 다 물리치고 당당하게 자연사랑을 해낸 내 자신이 고마웠다.

하루 이틀도 아니고 일 년 내내 규칙적으로 그 많은 일을 할 수 있었던 것은 해낼 수 있다는 인고의 노력 덕분이었다. 거기에다, 은근과 끈기로 뭉쳐진 나의 각오가 있었다. 제일 안쓰러울 때는 자연사랑을 실천할 때 몸에 이상이 생겨 허덕일 때였다. 하지만 오로지 해내어야 한다는 각오가 오늘의 나를 있게 했는지도 모르겠다. 학교 근무를 그만두면서 나의 마음을 한없이 안타깝게 한 점이 있다면, 26년을 근무하면서 대학수학능력시험 감독관을 한 번도 맡지 못하고 학교를 떠난다는 점이다. 매번 10월 중순쯤 되면 대학수학능력시험 감독관을 선정하였다. 그때마다 관리자(학교장, 교감) 선생님은 내가 감독관을 맡을 수 없는 방법을 교묘하게 연구해 해내었다. 내가 감독관 자체를 포기하는 것처럼 유도하여 그 방향대로 일사천리로 진행하였다, 양식이 있는 사람이면 절대로 이와 같은 방식으로는 일처리 하지 않는다고 믿는다. 대학수학능력시험 감독관 배정에 관한 단면 하나만 보아도 우리 학교의 실태가 어떤지 짐작할 수 있을 것이다.

학교 재단 측은 그들이 취할 수 있는 모든 방법을 강구하여 선생님들의 모든 행동 거지를 좌지우지하고 있는 실정이다. 이 얼마나 비열하고 인간 이하의 몹쓸 짓거리인가? 피해, 탄압, 압박, 고통, 침해, 몰인정, 오판, 몰지각, 몰상식, 인간 이하, 부도덕, 몰지각, 비양심, 인권 유린 등의 말을 우리 주위에서 자주 거론하는 것으로 알고 있다. 어느 것 하나 좋은 의미를 내포하고 있지 않은 말이다. 이러한 말을 자주 거론당하고 있는 나 자신의 심정이 안타까울 때가 한두 번이 아니었다. 교단에 처음 발을 내딛을 때 사랑과 대화의 정신을 가지고 학생들을 잘 가르치겠다고 무언의 다짐을 한 사람이 어떻게 우리 학교의 실태를 적나라하게 폭로하고 있는가? 학교 당국과 학교 재단 측 그리고 나에게 피해를 주기로 담합한 몇 몇 선생님들이 온갖 음해한 술수로 교권 탄압, 인권 유린, 등을 서슴없이 자행해오고 있는 실정이라 분을 참지 못하고 교직을 물러나는 이때쯤에 진실을 고한다.

하늘에 계시는 하나님에게 진실한 모습을 가지고 열심히 사는 나를 위하여 힘을 달라고 간청드릴 것이다. 암담한 우리 교육의 실태를 바로 잡아 우리나라 장래를 이끌어갈 후손들에게 아름답고 밝은 미래가 보이는 삶의 터전을 확보해 주었으면 하는 바람이다. 명예퇴직을 하여 젊은 세대들을 위해 선생님 자리에서 물러난다. 하지만 그렇다고 해서 교직에 대한 나의 애틋한 마음 자체가 물러나는 것은 절대로 아니다. 언제든지 나를 부르면 나는 그곳을 향하여 찾아갈 것이다. 나는 여생을 인생의 새로운 목표를 정하여 힘차게 전진할 것이다. 마지막으로 하고 싶은 말이 있다면 우리 사회 전반에 믿음과 신뢰 의식이 근간을 이루어 전인 교육의 바탕이 되었으면 하는 마음이다.

영광과 기쁨을 안겨준 명예퇴임식

26년 동안 정이 들대로 들었던 상주공업고등학교 교정을 떠난 것은 2008년 2월 15일이었다. 2월 들어 내가 공식적으로 출근했던 날은 나의 명예퇴임식이 있는 2월 15일을 포함해서 단 3일밖에 되지 않았다.

26년이라는 긴 세월 동안 나한테 배워 졸업생들에게 인간다운 삶을 살 수 있게 바른 교육 지도에 심혈을 기울였다. 그 사람들 중 나이가 많은 사람들은 벌써 40대 중반이 넘은 사람들도 있고 엊그제 졸업한 사람들은 20살 가까이 먹은 사람들도 있다. 단란한 가정을 꾸려 사회에 나가 뭇사람들과 어울려 생계를 꾸리는 사람들도 있고, 어떤 사람들은 전국 어딘가에 있을 이름 모를 짝과 한 쌍이 되어 복스런 가정을 꾸밀 준비를 하고 있을 것이다. 상주공업고등학교를 졸업한 제자만하더라도 어림잡아 13,000명 정도는 될 것으로 짐작이 된다.

옛날에 학생 수가 많을 때는 한 반에 60명이 넘었다. 지금은 반마다 30명이 있는데 그 절반의 인원 수가 안 되니 세상이 변해도 너무나 많이 변한 것 같은 생각이 든다.

처음 교직에 입문할 때부터 20년 가까이 학교생활을 할 때는 나름대로 보람도 많이 느꼈지만 2000년 가까이부터는 많은 부담을 안으면서 수업을 했다. 일례를 들어보면 수업시간 중에 말 같지 않은 농담을 걸어오는 학생들도 많았다. 선생님이 화를 내도록 만드는 것이 당연하게 생각하고 있다. 수업 도중 선생님이 조그만 이상한 말만 하면 교육청 홈페이지 올려 선생님을 문제시 삼게 하겠다고 이야기했다. 수업 도중 학생이 말을 안 들어 화가 나서 혹시 몽둥이라도 한 대 대면 이 학생은 교육청 홈페이지에 올려놓는다. 그 다음날 그것이 문제가 되어 다시는 그와 같은 일이나지 않게 지도하겠다는 내용의 시말서를 학교장 선생님에게 제출하고 용서를 구해야 했다. 사건이 심한 경우는 학부모님께서 학교에 직접 찾아와 담당 교과 선생님을 문책하여 다시는 이런 일이 발생이 되지 않아야 한다고 항변했다.

내가 학생들을 가르치면서 느낀 점은 이런 부류의 학생들이나 학부형들은 상당히 문제점을 많이 안고 있고 학생들의 인성이나 성적도 상당히 좋지 않았다. 내 아들처럼 아끼고 소중하게 내 마음속에 담아두었던 지난 교직생활은 이제는 나의 기억에만 살며시 맴도는 과거의 추억으로 남게 되었다.

나의 명예퇴임식은 2월 15일에 실시되었다. 그날은 다른 어떤 날보다 아침 일찍 출근하여 남산중학교에 들려 선생님들에게 석별의 정을 나누었다. 그리고는 곧장 나의 자리에 돌아왔다. 자리에 앉아 지난 과거 시절을 쭉 돌이켜 보았다. 긴 과거의 일들을 모두 돌이켜 볼 수 없었지만 연도별로 생각나는 많은 것들이 교차하여 지나갔다. 지나고 나니 아무것도 아닌 데 나를 위기 속에 빠트렸던 사건이 너무나 많았다. 그때마다 나는 백절불굴의 정신으로 내 앞에 당도한 모든 어려움을 극복할 수 있었던 것은 바른 인생을 살겠다는 나의 굳은 결의와 각오가 있는 덕분이었다.

26년을 바른 정신으로 꿋꿋하게 살아온 내가 학교생활을 정리한다고 생각하니 마음 깊숙이 한참 동안 공허함만이 맴돌았다. 그 다음부터는 눈가에 눈물만 말없이 흘러내렸다. 세월이 이렇게 빨리 흐를 줄은 생각도 못했다. 하지만 열과 성을 다하여 진취적인 자세로 앞만 보면서 열심히 인생을 살았다. 그래서 어쩔 수 없이 학교생활을 마감하게 되는 것을 후회는 하지 않는다.

명예퇴임 후에도 해야 할 일들이 너무나 많이 산적해 있다. 1987년 상주 적십자병원 당국의 엉터리 척추 마취 시술로 평생을 장애자의 신세로 살아야 한다. 신체적인 부자유가 나에게 어떠한 위기를 몰고 온다고 해도 이에 굴하지 않고 다른 사람을 위하여 좋은 일을 많이 하면서 살겠다. 시간이 나면 여러 치료를 하여 다리 신경을 살리려고 노력하겠다.

치질 수술 후유증으로 앓은 지 오래 경과되어서 그런지 몰라도 1990년대 후반기가 되니 다리 상태가 극도로 악화되었다. 가만히 나두어서는 안 된다고 생각하여 대구 시내에 있는 한 전문 신경 내과에 진료를 의뢰하여 정밀검사를 받아보았다. 놀랍게도 담당 의사 선생님은 치료가 불가능한 지체 2급 판정을 내렸다. 담당 의사 선생님의 말씀은 마취했던 척추 부분에 척추염이 발생했고 얼마 후에는 좌골신경통으로 변해 다리 상태가 급격히 악화되었다는 것이었다. 좌골신경통이 된지 얼마 되지 않아 하반신 전체에 마비 증세가 온 것으로 추정하였다.

정말 청천벽력이 무너지는 어이없는 말이었다. 1998년 말, 의사 선생님으로부터 지체장애 2급 판정을 받고도 명예퇴임을 하였던 그날까지 하루도 쉬지 않고 진취적인 자세로 인생을 살았다. 앞만 보면서 열심히 사는 나에게 너무나 많은 시련이 닥쳐왔다. 그때마다, 내 앞에 가로 놓인 장애물을 모두 제거하였다.

2월 13일은 출근 일이었다. 겨울 방학 도중에 학교에 출근을 하니 정신이 몽롱하고 기분이 얼떨떨하였다. 그날 아침에 출근하여 졸업식 예행연습을 간단히 하고 오전에 퇴근을 하여 집에 돌아왔다. 2월 14일은 졸업식이었다. 교내에 많은 내빈들과 친지들이 찾아와 학생들의 졸업식을 축하해주었다. 이날도 졸업식을 시간 안에 끝내고 졸업생들은 조용히 집으로 돌아갔다. 몇몇 졸업생들은 내 자리에 찾아와 3년 동안 잘 배웠다고 하면서 시간이 나면 선생님을 찾아뵙겠다고 하여 기분이 좋았다. 이 날도 점심 시간 가까이 되어서 교감 선생님이 집에 가도 좋다고 해서 일찍 하교하여 집에 돌아와 밀린 작업을 했다.

시간이 빨리 흘러 나의 교직생활의 마지막을 알리는 명예퇴임식 날이 되었다. 학교에 도착을 하여 그동안 좋든 싫든 함께 어우러져 생활을 했던 선생님들과 정을 떼려고 하니 마음이 정리가 되지 않아 혼났다. 사람은 한번 만나면 언젠가는 헤어지게 되어 있다. 그 시기가 빨리 오든지 늦게 오든지, 그 차이점뿐이다. 한없이 측은한 마음으로 내재하여 식이 있는 그 시간까지 눈을 아래로 늘어뜨리고 교무실 내 자리에 앉아 있었다. 나는 도저히 내 마음을 가눌 수가 없어서 식을 거행하기로 했던 30분 전에 교무실을 빠져나와 나의 식을 축하해 주기 위해 참석하신 많은 내빈들과 정다운 이야기를 나누었다.

그 사람들 중 아직도 나의 기억을 새롭게 한 것은 84살 드신 장인어른께서 나의 명예퇴직을 축하해주기 위하여 국전에 심사위원도 하셨고 부산시미전 서예부문에 심사위원으로 지내셨던 한 서예 원장님으로부터 '목여청풍(穆如淸風)' 이라는 글을 받아 보기 좋게 표구를 하여 부산에서 손수 가지고 오셨다. 두 번째는 이날 이때까지 비가 오나 눈이 오나 바람이 불어도 한결 같은 마음으로 온갖 정성을 다하여 길러주신 어머님이었다. 세 번째는 나와 결혼을 해서 자식 기르면서 고생 아닌 고생도 많이 하고 오늘 이 자리의 영광을 있게 내조해준 내 처이다. 그 고마움은 잊지 않고 내 마음 깊숙이 간직해 둘 것이다. 다섯 번째로 두 명의 자식들이 군 복무를 무사히 마치고 건강하게 잘 자라준 점이었다. 여섯 번째로 상주 시내에서 붓글씨 잘 쓰기로 정평이 나있는 분한테서 손수 지은 시를 쓴 붓글씨를 받은 점이었다. 일곱 번째로 자연사랑 회원들과 남원동 자연보호 회원들이 참석하여 나의 자리를 빛내 주었다. 여덟 번째로 선산에서 사업을 하고 있는 동생과 조카가 참석하여 좋았다. 아홉 번째로 학교 법인 재단 이사장님한테서 공로패와 금 5돈을 수여 받아 인간답게 산 나에게 뿌듯한 마음을 주었고 상주공업고등학교 친목회에서는 금 2냥과 상패로 그간의 공로를 취하하였고 같은 재단 산하에 있는 남산중학교에서는 금 5돈을 주어 명예퇴임을 축하해주었다. 열 번째 사단법인 세계문인협회 이사장님께서 큼직한 화분을 보내주어 나의 마음을 더욱 설레게 했다. 열한 번째 몇 명 안 되는 제자지만 축전과 꽃다발, 여러 개의 화분 등을 주어 나를 기쁘게 했다. 그 외에도 나의 영광스런 참석하신 분들께 진심 어린 감사를 드리는 바이다.

나의 명예퇴임식은 오전 11시경 상주공업고등학교 문헌정보실에서 실시되었다. 단상 앞에 켜진 모니터에 성팔경 교감선생님 명예퇴임식이라는 문구가 적혀 있었다. 그것을 보는 순간 전신에 전율이 오는 짜릿함을 느낄 수 있었다. 그 이유인 적설, 26년 교직생활 동안 간부명의 이름이 붙은 것은 처음이었고 교사로서의 사명을 다해내어 학생들을 가르친 나 자신이 대견했기 때문이었다.

식은 교감 선생님의 사회로 진행이 되었다. 나의 약력 소개를 간단히 피력한 다음 학교장 선생님의 축사가 있었다. 학교장 선생님은 처음으로 나를 따뜻하게 맞이해주었고 인사말도 선배님으로 대우하는 정중한 말로 5~8분간 계속하니 마음 깊숙이 내재되어 있는 응어리가 조금은 풀어지는 것 같았다.

교직생활 동안 학교 당국은 나에게 얼마나 상처를 주는 행동을 했는가?

지나간 세월들이지만 당분간은 이러한 피해 의식에서 벗어날 수는 없는 것 같다. 눈가에 눈물방울이 맺히는 것을 감지했지만 인내하여 참고 억지로 태연한 척 했다.

다음은 선물 증정이 있었다. 앞에서 거론한 것과 같이 많은 분들한테서 마음에서 우러나오는 선물들을 너무나 많이 받아 죄송한 마음이 들어 몸 둘 바를 몰랐다. 마지막으로 퇴임사를 발표할 차례가 되었다. 나는 불편한 다리를 의식하지 않고 당당한 자세로 단상에 올라 활기에 넘치는 목소리로 말을 하였다. 그때 이야기한 내용을 다 적지는 못하고 줄여서 간략하게 표현을 해보겠다.

학교장, 교감, 선배 선생님들, 후배 선생님들, 나의 명예퇴임식을 축하해 주기 위해 오신 내빈들에게 고맙다는 인사를 하였다. 정든 교정을 떠나게 됨을 아쉬워했다. 그리고 인간은 만나면 반드시 헤어지게 되어 있지만 힘내고 열심히 살라는 것을 강조하여 말했다. 또 아름답고 행복한 인생을 엮어 내기 위해서는 인생을 잘 다듬고 개척하여야 한다고 했다. 교직에 남은 선생님들에게 당부한 말은 부모님을 공경하고 어른들에게 예절 바른 행동하고 선생님들을 존경하는 사람으로 학생들에게 전인 교육을 시켜 달라는 것이었다.

이로써 나의 영광스럽고 빛나는 나의 명예퇴임식은 끝이 났다. 비록 교직에서의 나의 인생은 끝이 났지만 갈고 다듬어 보람되고 알찬 인생길을 걸어 나가겠다.

정들었던 26년의 교직생활을 마감하면서

— 퇴직 인사말(2008. 2. 15)

그동안 정들었던 상주공업고등학교 교정을 떠난다고 생각하니 눈물이 앞을 가리어 말을 제대로 잇지 못하겠다. 1982년 초 처음으로 상주공업고등학교에 발령을 받아 근무할 때는 세상 물정을 잘 모르는 젊을 때라 진솔한 자세로 앞만 보면서 열심히 살아왔다. 세월이 많이 흘러 자식들도 둘 다 육군병으로 입대하였다. 큰 놈은 한 달 간의 기초 훈련 과정을 마치고 공병대에 배치를 받아 군생활을 했으며 작은 놈은 훈련소에서 차출되어 내무부 소속으로 서울에 있는 한 경찰서에서 전경요원으로 배속되어 군 복무를 마쳤다. 이제는 제법 우리 가정도 경제적인 여유를 가질 만큼 안정적이고 우리 두 부부는 서로를 위하는 따뜻한 금실로 삶을 영위하다 보니 지금은 눈에 보이지 않는 끈끈한 정이 생겨 우리 가정을 행복하게 연결해 주고 있다. 막상 그동안 정들었던 교정을 떠난다니 현실로 받아들이지 못하겠다.

내가 이 학교에 몸담은 지도 어언 30년 가까이 지났다. 세월이 유수와 같이 빨리 흐른다. 라는 말이 거짓말같이 들린다. 하지만 그런 사실들이 나의 현실에 도래 되어 있다. 누구든 나이가 들어 늙으면 '인생무상 삶의 회의' 라는 말에 대하여 곰곰이 생각할 시간을 갖는다. 이런 문구가 현재 처한 나의 존재를 재인식하게 해준다. 우리에게 많은 기감된 말을 남긴 사상가인 '루소' 가 한 말이 기억난다. '인간은 자연에서 태어나 자연으로 돌아간다.' 는 이 말의 의미는 모든 인간은 자연의 절대 법칙을 거스르며 살 수 없다는 내용이 내포되어 있다. 그리고 세상을 타계하기 전, 우리에게 남기신 명언을 들어보겠다. 불교계에서 거성(큰 별)으로 생활하시다 입적하신 성철스님께서 하신 말씀이 내가 살아온 인생을 다시 되돌아보게 했다. '산은 산이요. 물은 물이다.' 이 말들을 자세히 분석해 보면 굉장히 심오하고 오롯한 뜻이 내포되어 있다.

아무리 돈이 많은 부자라 해도 절대로 인간의 범주를 벗어날 수 없는 것이다. 인간이 태어날 때는 천진무구하고 때 묻지 않은 참모습이었는데 사회에 나가 사회인들과 어울려 사회 규율에 맞게 생활하면서부터 진실하고 순진한 마음을 잃어버렸다. 성철스님의 그 가르침대로 다른 사람에게 믿음과 사랑을 베풀 줄 아는 순수함을 상실하지 말아야 한다고 본다. 숱한 잊지 못할 사연을 남긴 26년의 긴 세월의 교직생활 동안 있었던 일 중 기억나는 것들을 요약하여 짤막하게 적어보겠다.

직장 동료들 사이에 있었던 정겨운 일들과 서로 옳다고 왈가불가하면서 다투었던 일, 사랑스러운 제자들이 선생님 말씀을 공경하는 마음으로 부모님처럼 받들어 모셨던 일과 일부 몰지각한 학생들이 나에게 말도 안 되는 엉뚱한 일을 벌여 집요하게 괴롭힌 엉뚱한 해프닝, 풀기 어려운 모든 난관을 인간다운 면모를 지닌 순리와 대화로 해결하였던 시절들이 인제는 전부 다 흘러간 옛 추억으로 남게 되었다. 진솔한 자세로 열심히 살아왔던 내가 교직과 인연의 꼬리를 끊으려고 생각하니, 한편으로는 아픈 다리를 이끌고 이 교실 저 교실을 옮겨 다니면서 정신없이 수업을 하였던 힘들고 어려운 과정을 모두 잊고 편안하게 지낼 수 있다고 생각하니 마음이 한결 온화했지만, 다른 한편으로는 길 잃은 나그네처럼 길을 찾기 위하여 방황하는 것처럼 방향을 정하지 못하고 정처 없이 노니는 신세가 되어 안타깝기만 했다.

이 세상에 존재하는 모든 삶은 만나면 반드시 헤어진다라는 의미를 가진 고사 성어 '회자정리'가 생각났다. 나는 내 앞에 도래되어 있는 삶의 존엄한 법칙에 따라 삶을 살아가고 있지만 그동안 인생이 무엇인지도 모르고 정신없이 살았다. 그런 내가 막상 학교를 떠난다고 생각하니 인생이 덧없는 것 같다. 30년 가까운 직장생활을 했던 상주에서 얼마 떨어지지 않은 나의 고향 땅인, 선산초등학교에서 학생회장으로 뽑혀 다른 동료들의 열망을 받으며 보냈던 시절이 기억 속에 아른거리고 중학교는 같은 지역에 있는 선산중학교를 다녔다.

지금도 나의 기억에서 잊어버릴 수 없는 것이 공부를 전혀 하지 않아 성적이 떨어져 애를 먹고 따라간 기억, 선산에서 약 20km 떨어진 곳에 있는 김천고등학교에 입학하였다. 중학교 졸업할 당시에는 좋은 성적이었는데 고등학교 입학할 때의 성적은 중간 밖에 들지 않았다. 아마도 지방곳곳에 온 학생들이 공부를 잘하는 학생들이 많아서 그런 것 같다. 성적 향상을 위해 최선의 노력을 경주하며 급우들과 선의의 경쟁을 하면서 푸른 꿈을 다듬고 키웠던 시절, 대학교 2학년 때 병영집체훈련에서 연대장으로 발탁되어 학생들 앞에서 지휘하였던 시절, 불교연합회에서 각 대학교 학생들을 대표하는 회장을 역임하면서 발군의 실력을 발휘했던 시절, 대학교를 졸업하고 군대에 입대하여 모든 역경과 난관을 이겨내는 힘을 길러낸 힘들고 어려운 군대를 생활을 했던 시절, 군 제대 후에 나의 적성에 맞다고 생각되는 교직을 선정해 오늘날까지 일 해왔다. 그곳이 상주 시내에 있는 상주공업고등학교이다.

나는 평생 직장이라 생각하고 투철한 사명감을 가지고 학생들을 열심히 가르쳐왔었다. 교직생활 도중 치질이 심하여 한 병원에 입원하여 수술을 하게 되었다. 그곳은 상주적십자병원이었다. 내 인생에 돌이킬 수 없는 아픔을 준 계기가 되었고, 그 병원에 병원장의 동의 아래 의사가 아닌 민간인이 척추 마취 시술로 지금은 하반신이 마비된 지체장애 2급이 되었다. 이로 인해 교직 생활을 더 이상 수행할 수 없어 명예퇴직을 결정한 나 자신! 정말 아쉽다. 하지만 나보다도 젊고 유능한 인재가 많은 이때에 나의 모든 사심을 버리고 학교생활을 하면서 느낀 것은 만남은 쉬운데 헤어짐은 어렵다는 것이었다. 학생들과 정겨운 이야기도 주고받기도 하였고 서로가 옳다고 우기면서 왈가불가하면서 싸웠던 지난 순간들이 옛 추억으로 남게 되었다. 나는 여생을 교육 발전을 위해 헌신을 다해 노력할 것이다. 교육을 직접 담당했던 한 사람인, 본인은 상주공업고등학교를 영원히 떠난다고 생각지 않고 몸과 마음은 항상 이곳에 머물러 있겠다.

빛과 그림자 사이에 드리워진 인간의 속성

빛은 우리에게 밝음, 따뜻함, 찬란함, 아늑함, 온화함 등을 주고 그림자는 빛을 통하여 비쳐진 어두운 음영을 의미한다. 우리가 알고 있는 빛의 역할은 세상의 위치를 밝게 비추어 사물의 윤곽을 쉽게 구별하는 것이다. 하지만 빛은 우리가 생각하고 있는 범주를 뛰어넘어 다양한 역할을 하고 있다. 무엇보다도 빛은 우리 인간이 삶을 유지하는데 꼭 필요한 요소이다. 빛은 이 세상을 밝게 빛나게 해줄 뿐 아니라 우리가 이용하는 거의 대부분의 자원이 빛의 힘에 의존할 정도로 빛이 미치는 영향력은 지대하다. 사람이 보는 안목이 넓다, 좁다는 기준은 빛의 밝기가 강하다, 약하다는 것과 견주어 볼만하다.

세상을 보는 안목이 넓다, 라는 것은 곧바로 마음의 문을 넓게 열어 두어 그 사람이 필요할 시에는 언제나 그 사람에게 도움을 요청할 수 있다는 것이다. 이런 부류의 사람들을 우리는 남을 배려하고 아끼는 마음이 강한 사람이라고 표현한다. 사람에 따라 생각하는 기준이 다르고 판단하는 척도도 제각기 다르다. 인간은 객관적인 기준에 의거 현명한 판단을 할 수 있는 만물의 영장이고 모두 다 부모님으로부터 인간다운 삶을 영위할 수 있는 삶의 교육을 받으면서 자라왔다. 더구나 학교에서 선생님으로부터 반복된 인성 교육을 받아 왔다. 독립하여 사회에 나가 생활하여도 별다른 물의를 일으키지 않는다고 본다.

교육을 통해서, 인간은 사람다운 행동을 할 수 있도록 다듬어진다. 고로 장기간 교육을 받은 사람은 사회에 나가서 생활해도 어떻게 행동하여 사는 것이 바른 행동이고, 어떻게 처신하는 것이 다른 모든 이들을 편안하게 할 수 있는지를 지각할 수 있다. 빛과 그림자의 관계는 아무리 멀리하려고 해도 멀리할 수 없고 빛이 비치는 동안에는 항상 함께하는 불가분의의 관계에 있다. 다시 말해서 '영원히 떨어질 수 없는 관계' 라고 말할 수 있다. 빛이 비치는 각도나 빛의 양에 따라 그림자의 길이, 그림자의 위치나 크기, 그림자의 음영도 달라진다. 빛과 그림자는 어떠한 과식을 부리지도 않을 것이고 항상 있는 그대로의 모습을 지니고 있다. 한마디로, 언제나 자연 그대로를 유지하고 있다.

빛과 그림자의 관계와 인간 마음속에 드리워진 속성과 같은 의미를 지니고 있다고 생각하는가? 이 해법을 찾으려고 무수히 많이 노력을 해보았으나 의문점과 궁금증이 교차되어 마음속에 혼란만 가중시켰다. 여기에 대한 정확한 답을 얻기 위하여 지금도 전전긍긍하고 있는 중이다. 조상의 후덕을 입고 지구와 인연을 가지게 된 나, 맡은 바 임무를 충실히 이행하면서 인생을 많이 살아왔다고 자부하고 있으나 아직까지도 다른 사람의 마음을 완전히 이해하지 못하고 살고 있다.

내가 알고 있는 많은 사람들은 사회의 규범이나 법규를 지키려고 하지 않고 자기들 마음에 드는 방식을 고수하면서 살아가고 있는 것이다. 그 중 어떤 사람들은 온갖 미사여구를 보태어 자기 자신을 남에게 나타내고 있다. 겉으로는 다른 사람의 마음을 아주 잘 이해하는 척하는 말을 연거푸 내뱉고는 자신에게 이득이 되는 실제상황에 접어들게 되면 자신의 태도를 완전히 돌변하여 엉뚱한 행동을 일삼으면서 갖은 수단과 방법으로 상대방에게 괴로움을 준다. 그렇게 하는 것으로 양에 차지 않아 아주 비열한 행동을 일삼으면서 기어코 자신이 생각했던 목적을 달성하고 있다. 이런 행동을 하는 사람들의 행동거지를 면밀히 분석해보면 남에게 관용을 베푸는 자세는 전혀 찾아볼 수 없고 거의 대다수가 자신의 일에 이득이 되면 무슨 일이든 서슴없이 자행하는 소인배들로 구성이 되어 있다.

내가 왜 빛과 그림자를 인간이 가지고 있는 속성과 비유했는지를 아직 이해하지 못한 사람들이 있을 것이다. 빛과 그림자는 있는 그대로의 모습을 보이지만 이 세상을 사는 많은 사람들이 주변 상황에 맞게 적당히 대처한다는 사실이다. 한마디로 이런 사람들은 자기에게 이익이 되거나 자기의 영익에 유리한 방향을 찾아 행동을 한다는 점이다. 결론적으로 우리 인간의 모습도 빛과 그림자의 관계처럼 아무런 꾸밈이나 과장이 없이 유순하게 연결되어서 남을 이해하는데 앞장서서 나서야 하며 오로지 삶의 기준을 인간다운 삶을 형성하는데 최선의 노력을 경주해야 된다고 본다.

우리는 자연을 왜 보호해야만 하는가

— 2001년, 2002년 자연보호중앙협의회 자연보호誌 가을, 봄호

나는 지난 18년 동안 열과 성을 다하여 제자들을 열심히 가르치겠다는 목표 의식을 갖고 생활했다. 그런 와중에도 자연보호에 대한 깊은 관심과 실천하려고 하는 의지를 가지고 활동하고 있으며, 지금 현재도 자연사랑에 대한 소중한 마음을 실천으로 가꾸어 나가고 있다.

자연사랑이란 남이 보지 않는 가운데서도 스스로 더럽혀진 환경을 깨끗이 하는 일이라고 생각한다. 자연이란 개념에 대하여 자기 나름대로의 대략적인 의견들을 피력하고들 있지만 정확한 의미를 알고 있는 사람들은 거의 없는 것으로 본인은 알고 있다. 내가 알고 있는 자연이란 개념에 대하여 나름대로 서술하면 자연이란 사람의 힘을 보태지 않은 천연 그대로의 존재, 다시 말해서 하늘과 땅 그리고 우주에 있는 모든 것이고, 자연이란 말을 몇 개의 국가 언어로 나누어 말하면 영어의 네이처(nature), 프랑스어의 나뛰르(nature), 독일어의 나뚜르(nature), 라틴어의 나투라(nature)로 표기되며 아리스토텔레스는 자연이란 저절로 생겨나 스스로 이룩되어 갖추어져서 존재하는 모든 사물의 근본이다,라고 말하고 있다. 그러므로 자연의 본질은 항상 살아서 움직이는 상태라고 풀어서 설명할 수 있다.

20세기는 물질문명의 급속한 발달로 인해 환경오염이 극도의 심각성으로 치닫고 있다. 우리나라도 그 예외는 될 수 없다. 경제 발달로 인해 과거의 배고픈 시절을 망각한 채로 대기, 수질, 토양(오염)을 누구나 할 것 없이 막무가내로 유발하고 있는 실정이다. 훼손된 환경을 우리 스스로가 치유하지 않는다면 다시는 되돌려 살릴 길이 없고 우리 후손들은 우리를 어떻게 생각할 것이며, 자연의 질서와 조화를 누가 회복, 유지시켜야 되는가? 그것은 다름 아닌 우리 모두가 책임져야 한다고 생각한다.

쾌적한 삶의 공간을 확보하고 우리의 생명을 스스로 지켜나가기 위해서는 자연을 보호해야 하는데 먼저 자연보호에 대한 확실한 의미를 알고 우리 몸소 자연보호를 실천하여야 한다고 생각한다. 자연보호란 좁은 의미로 자연을 훼손하지 않고 좋은 상태로 가꾸고 보살피는 일을 하는 것이며, 넓은 의미로는 자연, 천연 자원도 포함하여 자연을 보호하는 일을 말한다. 자연보호에 대한 개략적인 내용을 알게 되었다고 생각하나 여기서 우리는 자연 법칙의 의미도 덧붙여 인식하여야 한다고 생각한다.

자연법칙은 온갖 자연현상이 필연적으로 보인다는 법칙 다시 말해서 일정한 조건 하에서는 A현상은 그 결과로 반드시 B현상으로 된다는 관계법칙이다. 이제부터는 자연보호에 대하여 우리 모두가 어느 정도 자신감이 생겼다고 본다. 자연을 보호하는 일에 우리 모두가 동참해야 한다. 남의 눈치를 살필 것도 없이 작은 것부터 천천히 솔선수범하여 자연보호를 하면 된다.

우리나라에도 1978년 10월 5일 정부에 의해 자연보호를 위한 범국민적 결의를 천명한 헌장이 있는데 이것이 자연보호헌장(the nature law)인데 그 내용은 자연을 아끼고 공해 요인을 없애며, 자연의 질서 보호를 유지하기 위하여 정성을 다해야한다는 전문 388자(字)와 자연을 사랑하고 환경을 보전하는 일이 모든 국민의 모임을 밝힌 236자(字)의 일곱 항(項)을 실천 사항으로 정하고 있으니 우리는 이 자연보호헌장을 통하여 자연사랑의 의지를 다져야 한다고 생각한다. 단정적으로 나는 우리 모두가 생활 주변부터 깨끗이 하고 전 국토를 푸르고 아름답게 가꾸는 일에 함께 할 것이라고 믿는 바이다.

우리가 왜 자연을 보호해야 하는가? 여기에 대한 대답은 내가 앞에서 서술한 여러 가지 내용으로 보아 짐작할 수 있을 것이지만 우리 인간이 보다 윤택하고 안락한 삶을 영위하기 위해서는 자연법칙에 따라 순리대로 살면 된다. 결론적으로 자연을 보호하는 일에 우리 모두가 적극 앞장 서서이 강산을 깨끗하고 아름다운 국토가 되게끔 노력하자.

상주 교육 무엇이 문제인가?

— 2002년 11월 19일자 새 상주신문

나는 상주공업고등학교에서 21년째 영어교사로 재직하면서 오로지 학생들을 성실히 올바르게 지도해 보려는 욕구와 의욕으로 충만하여 열심히 지도해 오고 있다. 진솔한 자세로 학생들을 가르치면서 학교생활을 계속하면서 느끼는 점인데 후대들을 위하여 상주 교육의 이념이 후세들의 백년대계를 목표로 선진 교육의 방향으로 전진하는 것이 아니라 퇴보 일로의 길을 걷고 있기 때문에 에에 참지 못해 지방에 근무하고 있는 한 교육자의 명예를 걸고 글로 나의 진심을 표현해 지역사회 교육 발전을 위해 조금이라도 도움이 될까하여 이렇게 나섰다.

상주는 예로부터 우리나라의 중요한 행정구역 중 한 곳으로 그 일임을 담당했는데, 경상도하면 경주와 상주의 지역명을 따서 정할 만큼 전국에서 상당히 유명한 곳이고 삼백(곶감, 누에, 쌀)의 고장으로 이미 널리 알려져 있고 자전거가 많기 때문에 자전거 도시라고 해도 무방할 만큼 우리나라에서 이름이 널리 알려진 곳이다. 더욱이 시내 곳곳이 전혀 오염이 되지 않고 아름답고 향기롭게 펼쳐진 대지를 지닌 자연의 혜택을 마음껏 누릴 수 있는 은혜로운 도시이다. 이런 좋은 환경을 가지고 있으면서도 교육 발전을 전혀 이루어지지 못한 점은 기성세대 및 지방자치단체가 젊은 세대들의 올바른 교육에 대해서 신경을 쓰지 않고 무관심으로 일관해버린 것 때문에 도래되었다고 믿는다.

한 예를 들면 자녀들 가운데 공부를 잘한다고 판단이 되면 무조건 대도시로 보내는 것이 더 낫다고 생각하는 부사안일주의의 방식, 이것이 곧바로 지역 교육 발전에 역행하는 행위인데 일부 시민들만 그런 것이 아니고 대부분의 시민들이 그러한 의식을 가지고 자녀들을 기르기 때문에 안타까운 마음 그지없다. 그래도 극히 다행히 생각되는 것은 극소수의 학부형들이 올바른 판단을 해서 지역사회에 있는 학교로 자녀들을 보내는 것이다. 여기서 제가 느끼고 있는 몇 가시를 서슴없이 거론하셨다.

교육이란 지식을 많이 성취하도록 지도하는데 그 목적을 두어서는 절대로 안 되고 미래지향적인 방식으로 전개되어 모든 학생들에게 긍정적인 사고를 지닌, 다시 말해서 인간의 됨됨이가 바로 길러지게 하여 서로 믿고 신뢰할 수 있는 마음이 조성이 되어 사회의 진정한 발전을 위하여 헌신적으로 노력할 수 있는 사람을 양성하여야 한다고 본다.

내가 시내에서 많이 보아왔지만 기성세대에 속하는 많은 사람들이 자라고 있는 청소년들이 바른 마음을 지니고 올바르게 생활하는 것을 바라지 않고 그저 돈벌이가 되면 무엇이든 바르게 행동하는 것인지 잘못 행동하는 것인지를 상관하지 않고 무책임한 행동을 저지르면서 사는 것을 보고 안타까운 마음 한이 없다. 그리고 또 다른 장소에서는 청소년들을 마구 조정하여 잘못된 행동 방향을 가지게 하여 서로 시기하고 다투게 하는 이 모습들을 보고 안타까운 마음을 금치 못하였고 내가 교육 현장에 발을 디딘 것을 다시금 후회하게 만들었고 그러한 그 비양심적인 행위를 눈뜨고 볼 수 없었는데 그 날 학교로 다시 돌아와서 더욱 분발하여 후세들의 바른 교육을 목표로 나의 마음을 재정비하여 분골쇄신하여 열심히 가르치려는 굳은 결의를 다졌다.

학교에서 하는 수업은 그대로 진행하데 대외적으로 한 가지 사업을 하기로 했는데 그것은 다름 아닌 자연 속에서 참된 모습을 간직하게 하는 것으로 나는 자연사랑을 지속적으로 실천하여 자라나는 새싹들이 그러한 장면들을 보고 깨끗하고 정숙한 마음으로 변모하게 하여 지역사회에서 튼튼한 시민 의식을 가지고 훌륭하게 생활할 수 있게 하루도 쉬지 않고 남모르게 자연을 깨끗이 하는 일에 꾸준히 앞장서서 해왔다.

그러한 일들을 들어 적어보면 허송세월을 보낸 지나온 나날들을 되돌아보지 않고 자산교와 연원교 사이의 300m의 둑을 4월 18일부터 9월 말까지 잡풀들을 말끔히 깎으면서 보냈고 얼마 되지 않은 곳이지만 연원 빌리지 건너편의 둑에 정화작업 및 꽃을 심어 아름답게 가꾸었고 나의 동네 주변 도로 가는 항상 건축 자재들을 즐비하게 쌓아 놓고 자기의 돈 버는 사업만 하고 제대로 돌보지 않아 항시 도로의 노면이 더러워져 있는 상태다.

그래도 나는 누구를 원망하지 않고 나 자신이 그래도 인생을 살만큼 살았고 학생들의 교육을 책임진 한 사람으로서 우리 기성세대들이 앞장서서 실천해야 한다는 생각을 가지고 내 자신이 젊은 세대들에게 무엇인가 모범된 일을 해야 한다는 각오로 뭉쳐 이틀에 한 번씩 꼭 도로의 노면을 물청소하여 깨끗이 하였으며 꽃을 심어 수시로 물을 주고 호미로 메어서 열심히 가꾸었으나 며칠 전 무수히 많은 꽃들이 차량 및 일부 몰인정한 사람들의 발에 의해서 무참히 짓밟혀 있는 장면들을 보고 호미를 들고 쓰러진 꽃들을 다시 일으켜 세우고 한없이 흘러내리는 마음의 눈물을 감추고 한참 동안 멍하니 정신이 나간 사람처럼 말없이 그 주위를 살펴보고는 이것은 오로지 내가 부족한 탓이기 때문에 누구를 원망할 필요가 없고 고쳐서 인생을 보다 더 열심히 살겠다고 다짐을 하고 그 자리를 떠났다. 내가 앞에서 거론했던 모든 점은 오로지 상주 교육의 발전을 진정으로 바라는 사람이기 때문에 그런 것이지 절대로 다른 의미는 없다.

이것 이외에도 지적할 것이 많지만 나에게 허용된 지면이 한정되어 있어서 다음에 허락이 되면 이야기하기로 하고 모든 시민들에게 부탁하고 싶은 나의 진솔한 생각을 밝히고 끝낼까 한다. 후세들의 바른 교육을 하는데 필요한 것은 큰 것을 주어 어떠한 것을 느끼게 만드는 것이 아니라 사기가 한 행동 중 잘못된 점이 있는가를 면밀히 살피고 혹시 잘못된 점이 있다고 판단이 서면 주저하지 말고 그 방향을 고쳐 인생을 사는 것이다. 내가 왜 이런 말을 하느냐 하면 기성세대들은 인생을 살만큼 살았기 때문에 자기가 한 행동이 옳은 일인지 아닌지를 스스로 느낄 수 있기 때문이다. 자라나는 젊은이들이 바로 자랄 수 있도록 다양한 관심 및 신진 교육 프로그램을 개발하여 상주 교육 발전에 앞장서는 것이 기성세대들의 당면 과제이다.

자연사랑을 실천하기 위한 우리의 당면과제

— 2002년 자연보호중앙협의회에서 발간한 잡지 겨울호

자연은 언제 보아도 푸르고 아름답고 꾸밈없으며 천연 그대로의 모습을 지니고 있다 그리고 자연은 생태계의 모든 조직을 원초적인 원리대로 순환시켜 순리적인 방법으로 질서와 조화를 이루게 한다. 우주 중에서도 지구라는 조만한 행성에서 우리 모두는 자연의 천혜로운 혜택을 마음껏 누리면서 아무 걱정 없이 생활하고 자연에 펼쳐진 무궁무진한 자원을 필요할 때마다 수시로 이용하지만 우리가 자연에게 베푸는 것은 아무것도 없고 그 고마움조차도 전혀 느끼지 못하고 현실을 살아가고 있는 실정이다. 게다가 많은 사람들이 그 혜택을 잊어버리고 살아가는 것 자체로 만족하지 않고 무분별한 행동으로 자연을 아무렇게나 훼손하여 개발해서 개인의 사리사욕을 채우기에 급급한데 이러한 상황이 계속 진행되면 가까운 미래세계에 지구상에 생존하는 모든 생물들에게 치명적인 영향을 미치게 되는 것은 자명한 사실이고 자기 자신의 이익만을 위하여 추구하는 용서받지 못할 그러한 파렴치한 행동들을 보고서 나는 지금 이 순간 경악을 금치 못한다.

우리는 조상들의 은혜로운 덕으로 인간으로 태어날 수 있게 되었고 그것도 지구상에 살고 있는 모든 생물들 가운데에서 만물의 영장이라는 인연으로 연결되어 모든 생태계 조직의 중추적인 역할을 하면서 생활하고 있다. 만물의 영장이란 생명을 지닌 생물체 중주된 역할을 하면서 세상의 모습을 마음대로 변모시켜 마음먹은 대로 운용하는 것이 아니라 자연을 원상태대로 그리고 언제나 지구를 아름다운 모습으로 계속해서 보존하겠다는 응분의 책임의식을 가지고 모든 생물들이 똑같이 자연의 혜택을 마음껏 누릴 수 있도록 슬기롭고 은연한 자세로 자연 그대로 보존시켜야 할 의무가 있다고 나는 생각한다. 다시 한 번 더 나를 이 세상에 만물의 영장으로 태어나게 해준 것을 조상님들께 두 손 모아 감사드리고 인간 본연의 기본 자세를 잃지 않고 그 보답으로 주위에 있는 자연부터 소중한 마음으로 항상 아끼고 사랑할 것이고 생명이 계속되는 한 자연사랑운동을 계속할 것을 엄숙히 다짐한다.

만물들 중에서도 그 으뜸인 우리 인간이 해야 할 일은 지구를 아름답고 쓸모 있는 낙원으로 가꾸어 언제나 푸르고 깨끗한 강산을 후손들에게 물려주어야 하는 것이다. 자연사랑의 기본 이념을 바탕으로 생활해야 한다고 판단하는데 우리 모두는 자연을 잠시 빌려 사용하다가 세월이 흐르면 말없이 자연으로 다시 되돌아가야만 하는 하늘이 주신 필연적인 운명을 띠고 이 세상에 태어났다. 여기서 인간이 해야 할 일은 우주의 오묘한 법칙과 끊임없이 변천하면서 질서와 조화를 이루고 있는 대자연의 절대 원리를 존중하면서 모든 공해 요인을 제거하여 생명체의 안전한 삶의 터전을 확보해야 하고 자연의 질서와 조화를 회복하는데 정성을 다하여 노력하여야 한다고 본다.

앞에서 서술한 만물의 영장으로서 인간이 마땅히 해야 하는 그 본분을 잊지 않으려고 나는 심혈을 기울여 거듭 생각해보고 애써 보았지만 처음에는 무엇을 해야만 자연을 사랑할 수 있는지에 대한 뚜렷한 착상이 떠오르지 않았지만 생각을 거듭하여 얻은 결론은 자연의 일부분이지만 얼마 되지 않은 곳이라도 시간을 내어 자연 곁에 머물면서 그곳을 아름답게 가꾸고 꾸며나가는 것이라고 단정을 하고 자연사랑에 대한 나의 인생의 행보를 설계하여 소신껏 자연을 아끼고 친애하기로 결심을 하였다.

그 중 올해 열심히 활동하였던 실천적 자연사랑을 하였던 예들을 나열해보면 2002년 4월 18일부터 비가 오지 않거나 특별한 개인적인 볼 일이 없는 날이면 나의 집에서 약 1km 떨어져 있는 연원교~자산교의 300m의 둑 주변을 전지가위로 잡풀들을 깎으면서 생활을 했는데 하루 동안 작업을 많이 할 때는 8시간 정도 했는데 대부분의 경우 작업을 시작할 당시에는 무료함과 착잡한 기분이 전신에 만연하여 풀을 깎았으나 작업을 시작한 지 한 시간 정도 지날 때는 앞서 거론했던 모든 상황들이 역전되어 전신이 땀으로 흠뻑 젖고 오직 자연을 사랑하고 싶은 참사랑의 정신이 몸 전체에 가득 메워져 풀 깎는 일에만 몰두할 수 있게 되었다. 물론 인내력과 인고의 참을성이 내재하여야만이 이러한 작업을 할 수 있을 것이라고 본다.

중도에서 작업을 포기할까 하는 생각도 많이 들었지만 자연과의 약속했던 굳은 맹세를 저버리게 하여서는 안 된다고 생각하여 정말 열심히 작업에 임하였다. 4월 말부터 9월 말까지 이런 작업을 거의 하루도 쉬지 않고 하였는데 땀도 한없이 많이 흘렸고 고생도 많이 하였지만 지금은 나의 마음속에는 훈훈한 보람으로 가득 차 있다. 그 이유는 자연을 친숙한 사랑으로 대하였고 누구를 의식하지 않고 진솔한 자세로 정말 열심히 자연사랑을 실천하였기 때문이다. 1시간만 둑에 무성히 자란 잡풀들을 깎으라고 하면 어쩔 수 없이 그 작업을 하기는 하지만 성의 없이 작업이 이루어질 것이고 혹시 며칠 후에 시간이 나면 이 장소에 다시 와서 똑같은 일을 같이 하자는 말을 넌지시 건네면 여러 가지 일로 인해 바쁘다는 핑계를 대면서 오지 않는다.

내가 이런 말을 할 수 있는 근거는 같은 학교에 있는 학생들이나 평소 친분이 두터운 사람들에게 이런 말을 건네 보고 느낀 경험담이다. 더운 여름날 가만히 있어도 땀이 줄줄 흘러내리는데 한낮에 전지가위로 풀을 깎으라고 하면 이 말을 듣고 얼마나 당황하겠는가?

몇 해에 걸쳐서 쉬지 않고 이런 작업을 계속해왔던 터라 풀 깎는 작업에 꽤 익숙해져 있고 언제나 친숙하게 자연보호를 하면서 자연과 더불어 살아왔기에 이제는 자연의 참된 모습을 제대로 느끼면서 나의 인생의 여정을 올바로 정하여 인생의 길을 나아갈 수 있다. 내가 자연사랑을 지속적으로 행하면서 말하고 싶은 것은 자연사랑을 몸소 실천하고 열심히 자연을 아끼는 사람만이 자연과 순수한 대화를 주고받을 수 있다고 믿고 싶다. 왜냐하면 올해 내가 5개월 이상 동안의 풀 깎는 자연정화활동을 통해서 부드러운 미소를 머금은 자연의 모습을 정확하게 그려보았고 정성을 다하여 절친한 모습으로 전지가위를 들고 풀을 깎으려고 할 때마다 '반갑습니다.' 라고 맞이하는 자연의 은은한 소리를 들을 수 있었다.

혹시 내가 표현한 그런 말들에 의문이 생기는 사람이 있다면 내가 했던 것과 유사한 자연사랑의 일들에 몰두해 보는 것을 권장해보고 싶다. 나의 의견을 있는 그대로 제시하면 자신을 속이지 않고 친근한 자세로 자연을 대하게 되면 응분의 혜택은 우리에게 반드시 다시 돌아오고 건강하고 아름다운 시민 의식이 길러지고, 믿고 신뢰하는 마음으로 서로를 대하게 되어 깨끗하고 향기 높은 국토가 조성이 될 것이다. 이렇게 되기 위한 선제 조건은 누군가가 자연을 아끼고 사랑하는 마음을 가지고 솔선수범하여 실천해야 하는데 현실 세계가 이것을 중요하게 받아들이지 않고 등한시하는 경향이 많은 것 같다.

8월 말에 실시된 자연보호 지역 행사에 오랜만에 참석을 하여 그 내용을 점검해 보고 느낀 대로의 이야기이지만 그 행사는 격식에 얽매여 진행되었는데 행사 내용에 대해 간단히 피력해보면 그 행사에 참석한 모두는 시청에서 미리 준비한 자연보호 표어가 적힌 어깨띠를 두르고 담당자 중 몇 명이 자연보호 훈화를 간단히 하고 난 후 행사장 주변에 흐트러진 쓰레기를 약 1시간가량 줍는 것으로 끝나는데 대개의 사람들의 인식도 자연보호란 그렇게 하는 것이라고 생각하고 있지만 내가 보는 '자연보호'란 누가 보든 안 보든 자연과 더불어 하면서 참사랑의 의지를 가지고 지속적으로 자연사랑을 해야 하는데 이런 일들은 보기에는 아무것도 아니고 쉬운 일처럼 보이지만 정말 힘이 많이 들고 어려운 일이다.

그러면 내가 알고 있는 자연이란 개념에 대하여 나름대로 서술해보면 자연이란 사람의 힘을 보태지 않은 천연 그대로의 존재, 다시 말해서 하늘과 땅 그리고 우주에 있는 모든 것이고, 자연이란 말을 몇 개의 국가 언어로 나누어 말하면 영어의 네이처(nature), 프랑스어의 나뛰르(nature), 독일어의 나뚜르(nature), 라틴어의 나투라(nature)로 표기되며 아리스토텔레스는 자연이란 저절로 생겨나 스스로 이룩되어 갖추어져서 존재하는 모든 사물의 근본이다, 라고 말하고 있다. 그러므로 자연의 본질은 항상 살아서 움직이는 상태라고 풀어서 설명할 수 있다.

일례로 올해 쉬지 않고 풀 깎기 작업을 하면서 양 무릎에 통증을 많이 느껴 매일 주무르거나 파스를 바르는 등 하면서 치료하였고 양손의 손가락 관절이 심한 운동으로 인해 부어오르거나 아픔을 느낄 때가 부지기수였지만 그로 인해 마음 아파하거나 괜히 그런 일을 했구나 하는 생각을 전혀 하지 않았고 없고 자연과 함께 하면서 생활했던 지난날들이 좋고 보람으로 가득 차 나날의 생활들을 알차게 보내고 있다.

앞에서 거론했던 바와 같이 누군가의 희생이 따르지 않고는 자연을 옳게 사랑하지 못한다는 것을 알지만 현실 세계는 너무나 냉철하고도 의식 자체가 자연사랑과는 너무도 거리가 멀게 행동한다. 전국적으로 몇 명 정도가 자연사랑을 실천하고 있는지 몹시 궁금하다. 잘못 된 이야기일는지 모르지만 내가 추측하기로는 거의 없을 것으로 간파된다. 그 이유는 나와 인근해서 살고 있는 시민들 중 전지가위나 쓰레기봉투를 들고 풀을 깎거나 쓰레기를 줍는 사람들을 보지 못했기 때문이다.

간간이 자연보호 행사날에 어떤 단체들이 사람들의 출입이 잦은 저수지 주위나 유명한 고찰 주변에서 쓰레기봉투를 들고 간헐적으로 쓰레기를 줍는 것을 보았지만 지속적으로 자연사랑을 행하는 사람은 한 번도 본적이 없었다. 정말 안타까운 현실이다. 정화작업을 열심히 하면서 생활했던 둑에서 느꼈던 일이지만 지나가는 행인들을 보고 느낀 이야기이지만 거의 대부분의사람들은 땀을 흘리고 열심히 풀 깎기 작업을 하고 있는 나에게 어떠한 정다운 미소도 짓지 않고 그리고 감사의 내용이 담긴 말을 건네지 않고 그냥 묵묵히 지나가는 모습들을 보고 한없이 마음이 울적해짐을 가슴에서 느낄 수 있었다. 둑가에서 거의 하루도 빠지지 않고 열심히 자연정화작업을 하면서 느낀 점은 요즘 세계를 살고 있는 사람들은 정이 너무 메말라 있고 비록 자기 자신은 올바른 마음을 가지고 인생의 길을 걷지 못하더라도 남을 위해서 자기 자신을 헌신하면서 열심히 생활하고 있는 사람들에게는 아낌없는 격려와 찬사를 보낼 줄 아는 참사랑의 마음을 가졌으면 한다. 정다운 말들을 아끼지 않고 사용한다고 해서 돈이 드는 것도 아니고 그 사람의 명예에 손상을 입는 것도 아니고 자신의 프라이드가 실추되는 것도 아니다. 다만 서로 믿음과 신뢰에 바탕을 둔 사회가 조성이 되어 자연사랑이 저절로 이루어지게 될 것이라고 믿는다.

추석을 며칠 남겨둔 날에 나는 자연을 정말로 아끼고 사랑하는 사람으로서 나의 집 바로 앞 동네 길거리와 연원동 둑에 얼마 되지 않지만 약 300

포기의 꽃을 심고 수시로 물을 주면서 열심히 가꾸고 있다. 이외에도 2002년도에 자연을 정말 아끼고 존중하면서 자연사랑을 몸소 실천했던 여러 가지 일들이 있지만 소신껏 한 나의 행동이기에 더 이상의 알림을 거두절미하고 이쯤에서 끝내고 결론적으로 하는 이야기이지만 우리 모두 다른 사람을 절대로 의식하지 말고 자연사랑이 모두의 의무라는 마음가짐으로 굳게 다져서 지속적으로 자연보호운동을 진솔한 행동으로 실천을 해야하며 우리 모두는 자연을 재인식하여 각종 오염과 파괴로 멍들어 있는 자연의 질서와 원 상태대로 회복. 유지하게 하는데 정성을 다하여 앞장서서 자연사랑을 실천하는 것이 우리의 당면과제이다.

삶의 큰 그릇

— 2003년 10월 10일자 주간 상주신문

우리 앞에 전개된 인생의 행보를 정확하게 아는 사람은 아무도 없다. 다시 말해서 인생이 어디에서 와서 어디로 가는지 아무도 모른다. 다만 우리는 흘러가는 세월 속에서 나이가 한 살 두 살 먹으면서 나름대로의 인생을 바로 사는 법을 조금씩 알게 된다.

우리 모두는 자연의 은혜로운 혜택을 무궁무진하게 받고 그 신비로운 미소를 가슴에 간직하면서 마음이 통하는 사람끼리는 서로의 고민을 나누어 이야기하면서 그 고통을 수시로 달래주고 의지하며 잠시 동안 속세의 온갖 설움을 멀리한 채로 인생의 기로에 서서 살포시 은근한 믿음으로 승화시켜 마음 한 구석 속에 산재해 있는 미련을 아무도 모르게 대지 위에 살며시 토해 놓고 자신의 공허함에 쌓인 육신 그리고 이제까지 삶을 살면서 터득하지 못한 미로의 세계를 무의식의 원점에서 삼라만상 존재의 절대 원리의 가치를 영원히 추구하면서 존재의 가치를 엮어 나간다.

한 세상을 살면서 느껴야 되는 일은 자신이 이 세상에 존재하는 이유, 다시 말해서 무엇인가 삶의 가치를 바로 인식하고 자신이 다른 사람들을 위하여 얼마나 바른 마음을 가지고 인생을 살아왔는가? 다른 사람들이 잘한 일에 대해서 얼마만큼 아름다운 마음을 가지고 감싸주고 칭찬하면서 살아왔는지 지나간 날들을 돌이켜보면서 한번 깊이 느껴볼 필요가 있다고 믿는다. 인간은 원래 태어날 때는 때 묻지 않은 상태, 천진난만하고 순수한 모습 그 자체였다.

나이가 한 살 두 살 먹어 가면서 슬기로운 방법으로 진솔한 행동으로 세상을 살려고 하는 순수함보다도 남의 아픔을 아랑곳하지 않고 어떻게 하든 편안한 방식으로 인생을 펼쳐나가려고 하는 얍체적인 풍토가 이 세상에 만연이 되어 있어 자기의 의지와는 달리 앞에서 내가 거론한 그런 방식대로 더불어 살지 않으면 그 무리에서 도태되어 버리고 마는 안타까운 현실이다.

우리가 학교에서 나름대로 배우는 목적에 대하여 이야기하면 다양한 형태의 지식을 축적하는 것에 교육의 기본적인 방향을 두어서는 안 되고 인간으로서 지녀야 할 근본 도리를 알아야 하는데 이념을 두고 일선 학교에 계시는 선생님들은 가르쳐야 되고 배우는 학생들은 순리적인 방향으로 인생의 길을 걸을 수 있는 참다운 윤리를 배워서 가정이나 사회에서 덕을 베풀 줄 아는 사람이 될 수 있게끔 지도해야 한다. 일례를 들어보면 세상의 부도덕한 일들을 자행하는 단체에 속해 헤매고 사는 한 사람이 있었다. 이제까지 바른 마음을 가지고 세상을 살아왔고 어떻게 하든 앞에 놓인 인생도 후회 없는 삶을 살려고 최선을 다하면서 노력했다.

다른 사람에게 지속적인 관심과 사랑으로 항상 대하는 그 분의 모습을 뒤에서, 살며시 그 정겨운 모든 장면을 가만히 살펴보고는 환희의 눈물을 흘렸다.

내가 왜 그런가 하면 이런 사실이 한두 번 있었던 것이 아니고 시간이 있을 때마다 수시로 똑같이 행동을 하면서 진실하고도 참된 사랑을 베푸는 장면들을 목격하고는 어느 날 갑자기 그 사람에 대한 모든 생각이 믿음으로 바뀌어 마치 내 자신이 그러한 행동을 한 것처럼 착각 속에 빠져버리는 경우가 허다하였다. 어느 날 갑자기 그분에 대해서는 전혀 면전도 없고 아는 분도 아니었으나 나는 그 사람을 존경하게 되었다.

언제 혹시 만나게 되는 날 있으면 허심탄회하게 인생의 바른 행보에 대해서 의논하고 싶고 많은 것에 대해서 배워서 세상을 정직하고 베풀면서 더불어 살고 싶은 마음 그지없다. 그 사람의 은혜로운 행동을 보고 어느 날 갑자기 이런 마음이 저절로 생겼으며 나의 행동반경이 참사랑을 베풀 줄 아는 건실한 인간으로 변모시켰다. 고개 숙여 오늘의 새로운 모습을 지닌 나를 있게 한 그분에게 진정 어린 마음으로 감사드리고 지금부터 나는 세상의 모는 것을 사랑하면서 인생을 살 것이고 보람된 일들을 많이 하면서 열심히 인생의 여정을 걷겠다.

앞에서 내가 거론했던 그 사람을 보고 삶의 큰 그릇을 지닌 사람이라고 이야기하고 싶다. 내가 이렇게 말하는 이유는 남을 위하여 자기가 가진 모든 것을 희생하고 자애로운 관심으로 지속적으로 참사랑을 실천하는 그 모습을 보니 아무나 그런 일을 못한다고 판단이 된다. 이러한 훌륭한 일을 해내는데는 누가 시켜서 성사된 것도 아니고 남에게 이런 좋은 일을 할 수 있다는 사실을 인지하고 우리 모두도 그분의 고귀한 뜻에 맞추어 행동을 하면 좋다고 믿는다. 인생을 살아나가면서 정성껏 소중한 마음을 간직하고서 참된 사랑을 소외되거나 외로운 사람들과 함께 나누면서 그들의 마음속에 내재해 있는 지워버릴 수 없는 아픔과 고통을 같이 하면 바람직한 삶을 살았다고 나는 생각한다.

농촌 하천, 밭두렁 폐비닐과 쓰레기 뒤죽박죽 환경이 어지럽다

— 2004년 4월 16일자 상주신문

농사철이 다가오는데도 농촌 지역의 폐비닐 등이 하천 등지에 그대로 방치되어 있다. 이는 농민들의 농사일 방해와 환경오염 등을 부추키는 요인으로 작용하고 있다. 일부 농민들은 밭작물이나 하우스를 세울 준비를 하면서 지난해 사용한 폐비닐 처분이 어려움을 겪자 땅에 묻거나 소각 내지 하천 등지에 몰래 버리는 사례가 일어나 문제가 심각하다. 폐비닐이 농촌의 골칫거리로 등장하고 있는 것은 수거업체의 수거 외면과 당국의 무관심에서 빚어진 결과다. 이러한 결과는 농촌 환경 저해 및 생활환경을 악화시키고 있다. 이 때문에 우리는 당국에 폐비닐에 대한 대안 책과 지도 단속에 대한 방안을 마련 조속히 실천해 줄 것을 촉구하는 것이다.

농촌을 저해시키는 원인을 분석해 보면 쓰레기 무단투기 및 오폐수 방류를 비롯해 폐비닐의 소각, 매립 등이다. 마을 단위별로 마을 공동 집하장을 설치하거나 특정 장소를 지정, 모으게 한 뒤 한꺼번에 수거업체가 가져갈 수 있도록 해야 한다고 주장한다. 이 방법은 농민이 폐비닐을 처리하는데 도움을 주며 수거업체 역시 시간과 비용을 절약할 수 있는 지름길이며 농촌 환경오염을 예방하는데 크게 기여한다는 것이다. 이제 농사철이 본격화되면 농민들은 일손 부족과 농사일로 폐비닐 처리 해결은 어렵게 된다.

아직도 밭두렁이나 계곡, 하천 등지에 미처 치우지 못한 폐비닐이 남아 있는 것을 비춰볼 때 수거작업은 비록 늦었지만 본격적인 농사철에 접어들기 전인 지금이 적기다. 실로 농촌 환경은 백년대계를 내다보고 빈틈없는 계획을 세워 실천해야 한다. 만약 이번에 대책을 세우더라도 일회성에 그치는 것은 금물이며 매년 되풀이 되고 실천해나갈 수 있도록 정성과 힘을 다해야 한다. 이것은 환경오염을 막고 모두가 깨끗한 살아갈 의무이며 우리가 해결하고 풀어 나가야 할 과제이자 숙제인 것이다.

농민들도 나로 인해 내 지역 내 농토가 오염되지 않고 보다 나은 환경 속에서 생활할 수 있도록 하는데 심혈을 기우려 나가는 것은 물론 이웃 주민의 소각 및 위법성 발견 시 즉각 만류하며 당국에 고발하는 모범을 보여야 함을 강조한다. 또한 관계 당국의 협조가 아니더라도 스스로 마을 이장이나 새마을 지도자 등이 주축이 돼 폐비닐 모으는 일을 게을리 해서는 안 된다. 다시 한 번 당국에 폐비닐 처리에 관한 연구와 대책을 마련해 줄 것을 거듭 당부하며 좋은 결실이 있기를 기대해 본다.

준법정신으로 편안해지는 생활 (정직한 사회 만들기)

— 2004년 5월 18일자 상주신문

지난 4월 25일은 법의 날이었다. 법의 지배를 확립하고 법을 통한 세계 평화를 이룩하며 법의 생활화를 기하기 위하여 제정된 날이다. 법이란 사회생활의 질서를 유지하기 위하여 국가 기관에서 제정하여 채택된 규범이며 국민의 의무적 행동 준칙의 총체를 말한다. 또한 법이란 체계적이며 물리적인 강제가 가능할 뿐만 아니라 도덕에 대해서도 저급성, 강제성, 상대성 등의 특성을 가지고 있다. 또한 우리 인류가 이 세상을 살아가는 데는 정해진 원칙대로 살아야만 보다 명랑하고 행복하고 평안한 생활을 할 수가 있는데도 지금 세상은 이 정해진 원칙이 무시당하는 세상이 되고 말았으니 온갖 불행한 일들을 사람마다 당하게 된다.

'원칙' 이란 어떤 행동이나 이론사업 등에서 지켜야 할 근본적인 법칙 본칙 또는 많은 현상에 공통되는 규칙을 말한다. 그래서 '원칙법' 이란 것이 있는 데 이것은 어떤 사실을 기본적 또는 원칙적 상황을 규정하는 법규이다. 한 말의 석학이었던 순열은 그의 저서인 신감에서 당시 세상에는 4가지 중병이 깊어져 있다고 개탄했는데 그 4가지 중병이란 첫째, 거짓이 '위(僞)' 라는 중병을 앓고 있다고 했다.

지금의 우리나라 국민 특히 정치인들이 이 병에 걸려있지나 않은지 한번 각자가 깊이 반성해야만 할 때이다. '위' 란 거짓 또한 속임을 뜻하는데 돈을 차떼기로 실어 나르는 행위야 말로 무법자 강도의 행위인데도 국회 앞에서는 버젓이 위선을 연출하고 있으니 기막힌 노릇이 또 어디 있겠는가. 두 번째 중병은 사(私)라고 했다. 법은 공과 사를 분명히 구별해야만 하는데도 우리나라 대다수의 사람들은 '촌지' 에서부터 연고와 정실에 의한 봐주기를 사람 사는 인정쯤으로 가볍게 생각하고 지나가는 습성이 있으니 이것은 큰 범죄의 시작되는 것이다. 셋째, 중병은 방(妨)이라 했다. 방이란 방치한다. 방심 한다. 또는 내버려 둔다는 뜻이다.

우리 인간의 참된 행복과 자유는 세상 법의 원천인 자기 양심부터 다스리고 단속하는 가운데서 이루어지는 것인데 자기 양심부터 방심하게 된다면 그 외의 일들을 그야말로 엉망진창이 되고 말 것이다. 민주주의라는 이름에 편승하여 법 제도와 원칙은 무시하고 무법과 방종이 난무하고 있으며 무례한 행동을 용기로 착각하고 정직을 가장히여 남의 아픈 곳만 골라 늘추어내기를 좋아하는 사람들도 많은 세상이다. 온 나라를 삼킬 것만 같은 분수에 넘치는 사치와 소비 생활로 400만이 넘는 국민이 신용불량자가 생겼는데도 아직도 정신 차리지 못하고 비틀거리고 있으니 이처럼 우리 경제가 겪고 있는 위기의 근원은 정신적 빈곤으로 인한 심리적 불안정 때문인바 이러한 원인 역시도 따지고 보면 생활 원칙을 떠난 삭고 방식에서 오는 폐단이라 할 수 있다.

우리가 법을 지키는 일에 있어서는 비단 큰 문제만을 논할 것이 아니고 극히 작은 일까지 챙겨야만 할 것이다. 교통 법규만 하더라도 사소한 법규 위반에서 심지어 귀중한 목숨을 잃는 큰 사고를 당하게 된다는 사실을 기억하고 좀 수고스러워도 법규를 지키는 것이 안전한 길이고 명랑한 길이며 빠른 길인 사실을 깊이 깨달아만 할 것이다. 우리가 가장 자연스럽게 준법

정신을 지키려면 세상에는 비밀이 없다는 사실을 마음 깊이 깨닫고 신전의식으로 하나님 앞에서 살아가는 생활 습성이 꼭 필요한 것이다.

세상에는 사필귀정이란 말이 있다. 모든 만사는 바른 대로 돌아간다는 이야기다. 범법자들은 전부가 다 비밀이 보장되는 것으로 착각하는 가운데서 법을 어기게 되는데 이러한 사고방식이 만 가지 범죄의 원인이 되는 것인바 범죄의 비밀이 잠시 후 반드시 백일하에 명명백백하게 드러난다는 이 사실을 믿고 사는 사람은 범죄를 미리 예방할 수가 있는 것이다. 끝으로 한 가지 강조하고 싶은 것은 현재 내가 당하고 있는 모든 고통의 원인은 내 생활에서 법과 원칙을 무시한 데서 오게 되었다는 이 명명백백한 사실을 바로 깨닫고 문제의 근원은 잘못된 개념에서 온다는 공자의 말에 귀를 기울여야만 할 것이다.

존재(存在)의 의미

— 2006년 2월 24일자 삼백신문

우리 모두는 자신의 존재 내력에 대해서 하나도 알지 못하고서 지구상에 그것도 한국이라는 조만한 나라에 좋든 싫든 인연의 사슬로 연결되어 태어나 한 인생을 살아가는데, 내가 알고 있는 한 가지 내용을 거론하면 우리는 조상의 은혜로운 후덕을 입고 어느 집안의 자식으로 태어나 대대적으로 이어져 온 한 가정의 생활 수칙에 의하여 생을 살아가고 있는 것이다.

세상과 인연을 맺은 우리는 아무 것도 모르는 어린 철부지 시절에는 웃어른들의 보살핌과 관심으로 쌓여 어리광을 부리며 멋모르고 살다가 청년기를 지나 결혼을 해서 가정을 꾸려 가다가 신혼기에는 자식들을 낳아 키우는 재미로 시간 가는 줄 모르고 나날을 보내고 많은 세월이 흘러 자신에게 주어진 인생의 모든 과정을 지나면서 자기 인생의 절정기인 황혼기를 지나 모든 신체 활동이 쇠퇴하는 노년기에 접어들면 자기의 삶을 다시 한번 더 돌이켜 보게된다. 지나온 많은 세월들을 곰곰이 가슴속 깊이 그려보면서 자기가 가진 모든 것 중 어느 하나도 가지지 못하고 아무 말 없이 자신의 존재가 이승의 세계를 떠나 저승의 세계로 가게 됨을 비로소 어느 정도 알게 될 것이고 이러한 생각에 연이어서 다시는 정든 내 고향에 돌아오지 못하는 비탄함을 한없이 느끼게 되면서 다시 한번 더 삶의 허무함과 비애를 맛보면서 아무에게 말 한마디 못하고서 그저 자신의 쓸쓸한 심정을 대지 위에 연거푸 토해낸다.

이러한 나의 말들은 반평생 이상을 살면서 주위에 계시는 웃어른들로부터 자주 들었던 말들이나 아니면 나의 이웃에서 가까운 먼 친척처럼 항상 나의 곁에서 정다운 대화를 주고받던 사람들이 한 사람 두 사람 나의 곁을 떠나고 다시는 만날 수 없다는 사실을 깨닫고서 이런 말을 감히 내뱉을 수 있다. 물론 나보다도 연세가 많으시고 인생 경험이 많은 분들에게는 나의 이야기가 좀 건방지게 들릴는지 모르지만 말 한마디 한마디에 신중을 기울여 했기 때문에 너무 염려하지 않아도 될 것 같다.

모든 이들은 앞에서 내가 짤막하게 엮어서 주장한 이러한 사실들을 알고 있으면서도 구태여 의식을 하지 않은 채 그냥 살면서 가끔 자기 앞에 도래되어 올 미지의 세계를 그냥 슬며시 짚어보고 지나가버린다. 사람이 지구상에 태어날 때는 기쁨과 환희에 젖어 희망에 가득 찬 나날들을 보내지만 세월이 많이 흘러 자신의 육신이 늙게 되면 말없이 지나온 자기의 생을 되돌아보게 된다. 그때 그 순간은 어떠한 말로도 형용할 수 없이 참담하기만 할 것이라고 믿는다. 사람과 사람이 살아서 만날 때는 반가움이 있지만 막상 자기 자신이 이 세상과 인연을 끊게 되는 시쯤이 되면 망연자실한 자세로 기쁨도 슬픔도 전혀 느끼지 못한 채 자신의 육신이 그동안 정들었던 세상의 모든 것들과 사별하고 자기가 태어난 곳에 다시는 돌아올 수 없다는 사실을 알고서야 가슴속에 내재해 있는 답답한 심정을 아무에게 이야기 한마디 못하고 자신에게 토로하면서 얼마 안 있으면 자신에게 도래할 모든 일에 대해서 고민만 되풀이 할 것이라고 본다.

사람이 세상을 떠난다는 것은 어느 누구도 예외일 수가 없고 신의 가호를 그대로 받아들여만 하는 숙명적인 운명이다. 곧 바로 인간의 생명은 하늘에 맡길 수밖에 없다. 다시 한번 더 이야기하지만 우리 모두는 자기 앞에 가로놓인 정겹던 시절이 지나고 나이가 들어 노년기가 되면 쓸쓸함, 공허함, 무료함, 삶의 회의를 마냥 느끼게 되고 자신의 삶의 끝을 아쉬워하기도 하고 생에 대한 깊은 애착심을 가지고 한번 더 다른 생을 가지기를 원하지만 내가 아는 상식으로는 그런 일이 전혀 일어나지 않는다고 본다.

지금부터 내가 말하고 싶은 심정을 어떠한 가식도 없이 그대로 피력을 하면 우리가 세상에 인연을 가지고 태어난 것에 대해 생명을 주신 조상님들께 그 고마움을 표시할 줄 아는 슬기로운 지혜를 가진 사람이 되어야 할 것이다. 우리는 또 하늘이 주는 천혜로운 복을 가졌으니 모든 생명체의 원천으로서 자연의 섭리의 오묘한 법칙에 따라 끊임없이 변화하고 있는 지구를 질서와 조화를 이룰 수 있게 최선을 다해야 한다.

말로만 앞서고 행동으로 전혀 나타내지 않는, 즉 다른 사람을 현혹하여 곤경에 빠뜨리는 일을 주창하는 데 앞장서지 말고 이 사회가 믿음, 신뢰, 사랑이 어우러지는 풍요로운 사회가 조성이 되게 혼신의 힘을 경주하였으면 한다. 그렇게 하면 이 사회는 아름답고 쓸모 있는 낙원으로 변할 것이라고 믿는다. 이것은 한 사람의 힘만으로는 될 수 없다.

모든 사람들이 힘을 합쳐 앞장서서 자연사랑을 실천한다면 푸름으로 온 국토가 바뀌어 내내 아름다운 자연 경관을 그대로 유지할 수 있는 동기를 유발하여 삶의 용기를 북돋아 인간 상호 간에 화해하는 분위기가 갖추어져 저절로 올바른 삶에 대한 인식을 재고할 것이고 이렇게 되면 진정한 삶의 터전이 마련되어 아늑한 사회가 영위된다고 본다. 결론적으로 우리가 세상을 바로 살 줄 아는 힘을 길러 스스로 남을 위하여 희생할 줄 아는 마음을 다듬어 이 사회를 위하여 헌신적으로 봉사하는 것이 우리가 이 세상에 존재하면서 하는 가장 값있는 행동이 될 것이다.

자연의 속성

— 2006년 12월 20일 상주 고향신문

자연! 이 말은 우리 주위에서 너무 자주 듣고 우리의 생활환경에서 친근하게 접하는 용어지만 막상 이 단어의 뜻을 설명하라고 하면 무엇이다, 라고 단정적으로 그 의미를 설명하라고 하면 정확한 답을 알고 있는 사람은 거의 없다. 인생을 그런 대로 산 나에게 자연을 풀어서 답을 하라고 하면 자연이란 우주를 포함한 삼라만상에 있는 모든 존재 및 물질들 즉 만유의 모든 것이라고 단정하고 싶다. 이러한 원리는 너무 광범위하고 신비로워 감히 글을 쓰고 있는 나로서도 감히 그 범주에 대하여 정확히 언급을 할 수 없다.

하지만 내가 지구라는 아름답고 신비로운 행성 중에서도 한국이라는 조그마한 나라에서 20년 이상 진솔한 자세로 학생들을 가르치는 한 교사로서 평소 자연이란 의미에 대하여 바로 알고 싶고 왜 우리는 자연을 중요시하면서 살아야 되는지에 대하여 관심을 가지고 거듭하여 연구하여 왔다.

지금부터 내가 알고 있는 자연에 대하여 나름대로 서술하여 보면 지구상에 살고 있는 모든 생물체 및 식물들은 자연의 법칙에 따라 오묘하고도 끊임없이 변천하면서도 질서와 조화를 이루면서 그대로 유지하고 있다. 다시 이야기하면 지구상에 기거하고 있는 모든 존재들을 자연 그대로 두게 되면 생명체들은 그 자체의 질서를 유지하면서 생태계의 존귀한 법칙에 따라 균형을 유지하면서 자연의 혜택을 마음껏 누리면서 살다가 말없이 자연으로 돌아간다고 생각한다.

다시 말하여 자연이란 때 묻지 않은 상태 그대로의 변치 않은 상태, 다시 말하면 원래 그대로의 모습이라고 나는 단정 짓고 싶다. 이러한 상태를 그대로 유지하기 위해서는 '만물의 영장' 인 인간이 해야 될 과제는 자연의 존엄성, 자연의 고마움을 올바로 인지하여 자연을 아끼고 사랑할 수 있는 의식을 길러 소신껏 자연보호를 실천해야 한다고 생각한다. 그러기 위해서는 자연보호운동이 범국민적인 운동으로 확산. 정착되어야 되고 지방 자치단체의 자연보호를 담당하고 있는 부서에서는 다양한 자연보호 지식이 함축된 교육 프로그램을 개발하여 일반인들을 대상으로 하여 주기적으로 교육을 실시하고 담당 부서의 직원들이 합심하여 자연사랑을 선행하여 실천하게 되면 어느 날 갑자기 모든 사람들은 자연을 대하는 인식과 가치관이 달라져 올바른 자세와 진솔한 마음가짐을 갖추게 되어 자연보호운동에 솔선수범하여 참여하게 될 것이고 이 땅에는 자연보호가 저절로 이룩되어 보다 더 아름답고 쓸모 있는 낙원으로 변모되어 자연의 질서와 조화가 회복되어 쾌적한 환경 속에서 생활할 수 있게 된다고 본다.

자연은 항상 꾸밈없는 자태로 있는 그대로의 모습을 비춘다

— 2007년 7월 21일자 삼백신문

자연은 우리의 곁에 머물면서 언제나 미소를 머금고 청아한 모습으로 말없이 우리를 맞이하고 있다. 우리가 생활을 영위하는데 꼭 필요한 신선하고 산뜻한 공기, 깨끗하고 맑은 물, 아름답고 유수한 풍채를 지닌 산야, 비옥하고 기름진 농경지, 망망대해를 이루며 검푸르게 펼쳐진 넓은 바다, 냉혹한 추위를 견디다 못해 얼어 온갖 형상을 이룬 남극(북극)바다 위에 즐비하게 자리를 잡고 있는 빙하가 이루 말로 다 형용할 수 없는 모습으로 온갖 자태를 뽐내면서 마치 한 폭의 병풍에 수놓아진 그림처럼 형형색색의 형태를 갖추고 우리 곁에 머물고 있다.

자연은 언제나 자신을 과시하지도 위용 부리지 않는다. 오직 자신이 가진 모든 것을 우리에게 골고루 나누어 주고 있을 뿐이다. 더욱더 놀라운 것은 자신이 준 것에 대하여 아무런 대가도 바라지 않고 온화한 감성을 풀어헤치고 따뜻한 미소를 지으면서 우리에게 다가오고 있는 것이다. 나는 이런 자연의 순수함과 은은함을 좋아하고 사랑한다. 자연이 우리에게 베풀어준 그 고마움에 반한 적이 한두 번이 아니다. 나는 시간이 날 때는 언제나 자연 곁에 머물러 자연사랑을 하면서 지내는데 자연과 가까이 하면 할수록 가슴속 깊숙이 친숙함을 느끼게 된다.

자연을 떠나 잠시 집에 머물러 있으면 다시 자연의 곁에 가고 싶은 심정으로 변해버리고 만다. 그럴 때마다 나는 말없이 자연에 비치는 나의 모습을 마음속에 그려본다. 그리고는 숙연한 자세로 고개를 떨어뜨리고 자연 쪽을 향하여 동경의 미소를 짓는다. 시간이 날 때는 언제나 자연사랑을 실천하는데 푸근한 감정에 휩싸여 자연과 터놓고 그것도 서슴없이 대화를 주고받고는 다시 한 번 더 자연에 대한 예찬을 아끼고 싶지 않은 마음으로 변모된다.

인간은 자연이 우리의 곁에 있으면서 우리를 보듬고 지켜주어도 자연을 아끼고 자연을 사랑하는 모습을 거의 구경을 할 수 없다. 다만, 자연이 우리에게 주는 고마움을 조금도 느끼지 못하고 그저 살아가고 있는 것이다. 자연이라는 말의 의미는 너무 넓고 광범위하여 자세히는 거론을 못하겠지만 내가 아는 대로 서술하면 우주에 있는 삼라만상 모든 것들이라고 과감히 표현하고 싶다. 곧바로 생명이 있는 것들에게 생명을 원활하게 유지하게 만드는 주요한 자원이다. 이렇게 소중하고 중요한 자연을 어떻게 해야 하나? 이것에 대한 대답은 당연히 잘 가꾸고 자연을 있는 그대로 보존을 해야 한다는 것이다. 그렇게 하기 위한 주요 과제는 자연사랑을 나서서 해야 한다고 대답하고 싶다.

우리의 생명을 유지하는 데에 꼭 필요한 것들이라면 자손대대로 자연 그대로를 맛볼 수 있게 해야 한다. 그렇게 하기 위한 최우선 과제는 우리 모두가 지속적인 자연사랑을 실천하는 것이다. 우리는 자연에서 태어나 자연에서 살다가 나이가 들고 늙어 죽게 되면 자연으로 되돌아간다.

생명이 있는 동안에는 아무도 자연의 소중함을 느끼지 못할 것이고 또 알려고 하지 도 않을 것이다. 그 사람들이 지닌 목적을 펼쳐보면 후세들이야 어떻게 되 든 자기만 잘되면 그 만이라는 생각일 것이다. 급기야는 자연을 파괴하여 못쓰고 병들게 만드는 행위를 마구 저지게 된다. 우리 모두가 직시해야 할 점은 앞으로 더 이상 자연을 아끼지 않고 파괴시키는 행위를 일삼는 것을 근절해야 하고 우리 스스로가 자연을 보호해야 되는 당위성을 인지하고 자연보호를 실천해야 하겠다. 앞에서 거론한데로 자연은 아무런 가식 없이 순수한 모습을 지니고 있다. 이런 자연을 우리는 지켜야 되고 보존할 의무도 있다. 우리 모두 앞장서서 자연을 있는 그대로의 모습을 비추어지게 만들어야겠다.

아름다움이란 다른 사람을 배려할 줄 아는 마음에서 생긴다

— 2007년 12월 28일자 상주 삼백신문

이 세상에는 실로 헤아릴 수 없이 많은 생물들이 생존법칙에 의해 질서를 지키며 공생하고 있다. 대부분의 생명체들이 삶의 법칙을 지키며 살아가고 있는 까닭으로 생태계는 파괴되지 않고 있다.

모든 생명체들이 먹이사슬의 법칙을 지키고 있음으로 해서, 환경의 불균형을 가져오는 그 어떠한 문제도 야기하지 않고 있다. 만일, 이 지구상에 존재하는 생물 중 이러한 생명 고유법칙을 어기는 것이 있다면, 생태계의 원리는 파괴될 뿐 아니라 모든 생물들은 먹이사슬의 균형을 잃게 되어 치열한 삶의 경쟁을 할 것이다. 우리가 한 가지 묵과할 사실은 이런 불균형한 생명 법칙은 모든 생물체들에게 불규칙적인 삶을 살게 할 것이다. 이러한 불규칙적인 과정을 되풀이 하면서 지구상에 존재하고 있는 거의 대부분의 생물체들은 생명을 겨우 부지해 나갈 것이나 생명력이 나약한 동물들은 생활 조건이 달리된 각박한 환경을 견디지 못하고 죽을 것이다.

지구상에 생존하고 있는 다른 모든 동물들의 삶과 마찬가지로, 인간의 삶은 존엄한 생명의 법칙을 벗어나서 살 수는 없다. 인간은 태어날 때에는 천진무구하고 때 묻지 않은 상태, 한마디로, 자연 그대로의 모습을 지녔다. 인간은 자신이 혼자서 삶을 꾸려갈 수 있을 만큼 성장하면, 부모님의 정성 어린 보살핌을 떠나 독립적으로 사회생활을 영위해 나간다. 자기가 생활하기 좋다고 생각하는 일정한 곳에 터전을 잡아, 이 사람 저 사람들과 어울려 정신없이 산다.

사회 사람들의 생각에 맞추어 생활하다 보면, 자신이 한 행동이 윤리에 맞는지 안 맞는지에 대해 판단하지 않고 대충 그 사람들의 생각에 맞추어 산다. 그렇게 반복된 생활을 보니, 지난날 학교에서 배웠던 참된 삶의 방식 과정을 대부분 잊어버리고 일반사회에 만연되어 있는 삶의 방식을 터득하여 거기에 맞추어 인생의 경로를 정하여 살아가고 있다.

오랜 사회생활이 인간으로 하여금 그들의 고유의 틀을 바꾸어 인생살이를 하게 했다. 올바른 생의 기준은 그 사람이 세상 보는 관점이 넓으나 좁으냐에 따라 척도가 달라질 수 있다. 인간의 생활방식은 그들의 삶의 방식을 사회의 조류에 젖어 하루하루의 삶을 잇는다. 나이가 지극히 들어가면 갈수록 삶의 보람이 무엇인지도 모르고 커가는 자식들을 바라보며 나이만 한살 두 살 더 먹는다. 나를 다행하게 생각한 점은 수많은 사회인들과 어울려 오랜 사회생활을 했음에도 불구하고 사회를 바로 인식하는 사고로 살아왔고, 또 사회에서 통용되는 규범대로 맞춰 생활을 했다.

젊음의 혈기가 넘치고 청춘의 샘이 펌프질 하는 시기인, 20대 남녀들은 사랑이 무엇인지를 알고 남녀 간에 만나면 달콤하고 꿈으로만 여겨왔던 사랑을 주고받으면서 정이 든다. 정이 들대로 들면 둘은 결혼을 하여 다복한 가정을 꾸려 나간다. 누구나 마찬가지로 결혼을 한 지 얼마 안 되어 사랑의 결실로 귀엽고 아리땁게 생긴 자식을 얻는다. 자식 복이 많은 가정은 여러 명을 두어 기뻐할 것이고, 자식 운이 따르지 않아 아예 한 명의 자식도 못 낳아 애타게 자식이 생기기를 기다리는 가정도 있을 것이다.

자식을 가진 이들은 자식들이 성장해가는 모습을 보고 가정에 모여 정겨운 시간을 보낼 것이다. 사랑스런 대화를 주고받게 되면 서로를 위하는 마음이 생긴다. 저녁 시간에 한 지붕에 모인 가족들은 재미있는 이야기를 주고받으면서 행복으로 어우러진 즐거운 시간을 보낼 것이다. 세월이 흘러 항상 귀엽게만 생각했던 자식들이 성장하여 어른스러움이 더해간다. 그럭저럭 세월은 흘러 결혼할 나이가 될 정도로 성숙한다. 이때가 되면, 부모님의 허락을 받아 서로 사랑하는 사람끼리 만나 결혼을 한다.

첫날밤 두 부부는 평생 동안 행복하게 살 것을 언약한다. 자식을 낳으면 우리의 부모님께서 우리를 키우신 방식대로 정성을 쏟아 기른다. 모든 부모님은 자식들이 아무런 사고 없이 잘 성장하기를 간절히 바랄 것이다. 세월은 정말 유수와 같이 빨리 흘러 인생이 황혼기에 접어들게 된다. 그때가 되면 흘러가는 세월이 무정하고 지나간 세월에 대하여 못내 아쉽게 생각한다. 하지만 틀에 짜인 생활 방식에 쌓여 정신없이 살다 보면 세월이 그렇게 빠르다는 것을 전혀 감지 못한다.

자식이 완전히 성장하여 자수성가할 때까지 온 징성을 다해서 뒷바라지하면서 눈코뜰 새 없이 바쁘게 생활하다 보면 옛날 학창시절에 배웠던 슬기롭고 아름답게 사는 기준을 모두 잊어버리고 그저 현재 사회에 흐르고 있는 조류에 발맞추어 산다.

각박한 세상의 틀에 맞게 정신없이 생활을 하다 보면, 아름다움이란 의미에 대해서 생각할 겨를을 가지지 못한다. 더욱이, 자기 생활과 아름다움이라는 용어 사이에 내 비치는 의미의 중요성을 생각해 보지도 않고 주어진 환경에 맞게 삶을 대충 꾸려간다. 바른 삶의 기준을 정하지 않고 살아도 누가 말하는 사람이 없을 뿐 아니라 다른 사람의 사정을 생각지 않고 그냥 틀에 맞추어 주먹구구식으로 살아도 하루 밥 세 끼 먹는데 어떠한 문제도 야기되지 않기 때문이다. 우리 인간은 배만을 채우기 위해서 이 세상에 태어난 것은 아니다. 인간은 모든 생물들 중 가장 지력이 뛰어나고 으뜸가는 행동을 보여야 하는 만물의 영장이기에 남의 의식을 존중할 줄도 알아야 하고 남의 아픔을 자기의 아픔처럼 생각할 줄 알아야 한다. 또한 남의 어려움을 자기의 어려움처럼 대할 줄 아는 자세도 길러야 된다고 본다.

앞에서 거론한 이 말의 의미를 요약하면 다른 모든 이를 배려할 줄 아는 정신을 가져야 된다고 본다. 배려란 말은 다른 사람을 아끼고 존중할 줄 아는 마음이다. 현재 우리가 살고 있는 이 지구상에서 이러한 아름다운 의식이 사라진 근본 이유에 대해서 알아보기로 하자. 그 이유는 다름 아니라 다른 사람이야 어떻게 되든 상관치 않고 자기만의 영욕을 위한 성을 견고히 쌓는데만 신경을 쓰다 보니 그런 현상이 생긴 것 같다.

그 한 가지 일례를 들어보면 같은 아파트의 바로 옆집에 사는 사람이 무엇을 하는 사람인지 모르는 것은 당연지사이다. 그리고 이웃집에서 일어나고 일에 아예 무관심할 뿐 아니라 어떤 일이 일어났는지에 대해서도 알려고 하지 않는다. 이 말은 곧바로 이웃집의 동향에 대해서 어떠한 주의도 기울이지 않고 어떠한 관심을 가지려고 하지 않는다.

더욱더 안타까운 현상은 사회 모든 분야에 이런 이기주의 의식이 만연되어 정이 없는 혼탁함만이 극성을 부린다. 이런 잘못된 의식을 타파할 수 있는 방안에 대해서 들면 첫째로 남에게 도움을 줄 수 있는 일이라면 무엇이든지 앞장서서 솔선수범하는 사고를 길러야 하겠다. 둘째로 누가 보든 안 보든 타인에게 모범된 일을 할 줄 아는 실천적 의지를 다져야 하겠다. 이 말은 곧바로 모든 사람은 아름다운 사회 조성에 발벗고 나서야 하겠고 항상 다른 사람에게 따뜻함을 베풀 수 있는 슬기롭고 진취적인 기상을 발휘하여 최선을 다한다면 빠른 시일 안에 아름다운 사회가 조성될 것으로 믿는다. 아름다움이란 남을 아끼고 소중하게 생각할 줄 아는 마음에서 우러나온다. 결론적으로 우리 모두는 남을 배려할 줄 아는 아름다운 의식으로 팽배된 밝고 명랑한 사회 조성에 앞장서야 하겠다.

내가 알고 있는 인생이란?

— 2008년 1월 17일자 김천신문

넋을 잃은 방랑자처럼 흘러가는 세월을 못내 아쉬워하며 냇가 옆에서 잠시 발길을 멈추고는 지나온 세월을 뒤돌아본다. 한겨울 추위에 꽁꽁 얼어붙은 냇가의 얼음 사이에 희미하게 모습을 드러낸 다양한 형상의 구름을 보며 지나온 나의 인생과 비유하여 본다.

사람들은 20대가 되면 이성에 눈을 떠 사랑을 나누게 된다. 자신이 사랑한다고 생각하는 사람을 찾아 결혼을 한다. 그 후 한울타리에서 사는 가족의 구성원으로 되어 사랑과 대화가 어우러지는 단란한 가정을 꾸려갈 것이다.

젊음의 혈기로 의욕이 넘쳐 생활했던 학창시절도 기억에 까마득한 옛날이다. 부모님의 따뜻한 보살핌이 있던 시절에는 인생살이가 어려운지도 모르고 다만 이 세상이 나를 위해 있는 것 같은 착각에 빠져 제멋대로 살았다. 그런 시기에 내가 순탄한 삶을 엮어 나갈 수 있었던 것은 부모님의 정성어린 보살핌이 있었던 덕분에 생활을 하는 데에 아무런 지장도 받지 않고 살아왔다. 남자로 태어나면 누구나 이십대 중반쯤에는 힘들고 어려운 군대 생활을 하게 된다. 나도 그 시기에 군 입대를 하여 3년 가까운 세월을 군 복무를 하고 제대를 하자 부모님께서 결혼을 해서 새로운 인생을 개척하라고 해서 지금의 아내와 만나 단란한 가정을 꾸려 꿈같은 나날을 보냈다.

결혼한 지 얼마 되지 않아 부모님을 도와 과수원 일을 하다 현재의 직장에 취직을 했다. 그곳이 바로 내가 26년간 교직생활을 해온 상주공업고등학교 영어교사 자리다. 학교 일과를 마치고 나면 시내로 나가 이런저런 사람들을 만나 정담을 나누기도 하였고 술도 가끔 하면서 관계를 이어나갔다.

세상 사람들을 많이 만나다 보니 자연적으로 나타난 현상이지만 가정과 사회를 접목시키는 방법이 저절로 터득이 되었다. 십 년 가까운 세월이 흐르니 사회인들이 지닌 속성이 어떠한지 대략 짐작할 수 있었다. 그것이 나의 인생을 잘 설계하여 나아갈 수 있도록 만들었을 뿐만 아니라 나의 삶의 근본을 재설정하게 만들었다. 뭇 사회원들이 원하는 방식대로 세상을 엮어가는 것이 마음먹은 것처럼 쉽지는 않았다. 젊음이 한창일 때는 정열을 불태워 이런 저런 일들을 마음대로 할 수 있어 그런대로 인생 사는 재미가 있었다. 하지만 사람의 마음은 항상 똑같지 않았다. 인생살이를 많이 하면 할수록 인간은 세상살이를 어렵게 풀어가고 있다는 것을 알았다. 20년 이상 같은 직장에 몸담고 있으면서 이런저런 사회인들과 만나 느낀 것은 서로를 위하는 따뜻한 정보다는 이기적인 성향이 짙어지고 있었고 인간다운 삶을 영위하는 모습을 그 어디에서도 찾아볼 수 없었다.

벌써 나의 나이도 중년을 지나 황혼기에 점점 가까워지고 있다. 이 시기가 되니 인생살이의 보람보다는 공허함과 무료함만이 나의 주위에 맴돌았다. 게다가 때로는 무엇을 해야 하는 것이 옳은가에 대한 현명한 판단이 서지 않아 혼이 난 적이 한두 번이 아니었다. 나 자신에 대해서도 잘 모르는 내가 감히 인생을 논한다는 것은 부끄러운 일이지만 내가 아는 상식을 총동원하여 인생을 논해 보겠다.

우리 인생은 정처 없이 흘러가는 하늘 위에 떠다니는 구름과 같은 것이다. 우리 모두는 생명이 다하는 그날까지 값어치 있는 인생을 살아야 한다고 본다. 값어치 있는 인생이란 곧바로 의미 있는 삶을 살아나가는 것이라고 본다. 사고가 건전한 인생이란 남을 배려하고 소중하게 생각하는 마음이 충만 되어야 생성된다. 바른 인생살이는 세상을 사는 모든 사람들에게 관용을 베풀어 살고 남의 마음을 잘 이해하려는 너그러운 정성이 있어야 한다.

인생을 어떻게 살면 잘 사는 것인가에 따라 우리의 인생의 행보는 정해진다. 내가 보는 바른 인생에 대한 관점은 언제나 다른 사람에게 행복감과 기쁨을 안겨줄 수 있는 인생이다. 남을 배려할 수 있는 정신을 가지고 인생을 산 사람만이 가치 있는 인생을 산 사람이다. 다소 늦은 감은 있지만 지금부터라도 나의 생의 목표를 다른 사람에게 기쁨과 희망을 주는 것을 원칙으로 하여 삶을 살아야겠다.

사립학교 경영의 실태와 사립학교 경영자의 독단적인 사고의 원인

사립학교는 사기업체의 방식으로 운용되고 있으며 선생님들의 거의 모든 의견은 일축해버리는 경우가 허다하다. 그리고 학교에 대한 전반적인 권리를 갖고 있는 학교 법인 재단 이사장과 직계존속, 직계비속, 친인척 등의 사람들이 그 구성원으로 활동하고 있다.

운영체재는 독단적이고 획일적인 방식으로 진행하고 있는 실정이다. 이렇게 됨으로 해서 나타나는 현상은, 선생님 개개인의 의견이 아무리 보편타당한 것이라 할지라도 학교 재단에 금전적인 이익이 없다고 생각되면 이를 전혀 반영하지 않는다. 재단 실권자와 재단의 주요 인사 몇 사람들의 생각에 의해서 독단으로 일 처리를 하는 경향이 있다. 이렇게 된 근본 이유는 교육체계를 관리 · 감독하는 기관에서 사립학교 실태 조사를 정확히 하는 효율적인 시스템 구축 방안이 없어서 그런 것 같다.

공립학교나 사립학교나 동등한 대접을 받고 근무할 수 있는 여건이 하루 빨리 조성되어야 한다. 대부분의 사람들은 사립학교의 행정을 어떻게 운영하는가를 아는지 모른다. 장학지도나 감사를 할 때만 학교에서 정리한 서류만 보고 일 처리를 잘하는지 아닌지 판단하는 것은 아주 잘못된 방식이다. 그리고 사립학교에 근무하는 선생님들이 어떤 대접을 받고 있는지 아는가? 나 자신도 굉장히 힘들다고 생각하는데 다른 선생님들은 어떻겠는가? 근무 여건이 형편없고 시간만 나면 관리자들의 따가운 시선을 견디지 못할 때가 부지기수이다.

하지만 장학지도나 감사가 있는 기간에는 선생님들에 대한 대접이 융성하고 언제 그랬냐 하듯이 교무실 내의 분위기는 화기애애한 장소로 탈바꿈한다. 일 년 내내 밝고 명랑한 대화가 오고 가야 하는데 자기들 마음에 들지 않는다고 판단되는 선생님을 왕따시키거나 온갖 괴롭힘을 가하는 행위는 말로 형용할 수 없을 정도로 많다. 이런 엉뚱한 작태가 일어나도, 한 가정의 가장으로서의 책무를 다하기 위하여 온갖 정성과 노력을 다하여 인내하면서 살아온 나이다. 나라도 이러한 실상을 자세히 거론하여 사립학교에 계시는 모든 교직원들에게 편안하고 안락한 근무 여건이 조성되기를 간절히 비는 바이다.

26년이라는 학교생활에서 얻은 근무 경력으로 감히 언급하는데 사립학교 선생님들의 근무 여건이 좋아지게 하는 한 가지 방안은 각 학교의 행정실에 교육 전문 요원을 배치하여 각 학교의 실태를 파악하는 것이다. 이때 주의해야 될 사항은 1~2년 이상 동등 학교에 근무하게 해서는 안 된다고 생각한다. 그 이유인 즉설, 근무 연수가 오래되면 정에 휘말리는 경우가 있어 정확한 판단으로 일 처리를 못 할 것이다.

* 사립학교 경영자의 독단적인 사고의 원인

① 사립학교 운영체제를 확실히 관리하고 감독을 하는 기관의 부재

② 사립학교 경영자의 운영방식에 대하여 단계적으로 그리고 절차를 밟아 하지 않고 형식적인 점검을 하는 데에 있다.

③ 사립학교에 대한 장학지도나 감사를 할 시 선생님 개개인에 대한 정확한 정보를 파악하지 않고 관리자들의 말이나 정리해놓은 서류만 보고 사실 유무를 확인함

④ 학교법인재단 이사장이 학교 재산을 자기개인의 자산처럼 운용

⑤ 학교법인재단 이사장의 미래지향적이고 건설인 방향으로 학교 운영 사고의 부재

⑥ 잘못된 관습과 관행이 사회 전반적으로 펼쳐져 있음

문학세계대표작가선 531

산 넘어 강 건너 푸른 언덕을 찾아

성팔경 에세이집

인쇄 1판 1쇄 2008년 3월 28일
발행 1판 1쇄 2008년 4월 5일

지 은 이 : 성팔경
펴 낸 이 : 金天雨
펴 낸 곳 : 문학세계 출판부/도서출판 天雨
등 록 : 1992. 2. 15. 제1-1307호
주 소 : 서울시 성동구 하왕십리동 966-23 금룡빌딩 2F
전 화 : 02)2298-7661
팩 스 : 02)2298-7665
http://www.moonhaknet.com
E-mail:moonhak@moonhaknet.com

값 10,000원

ISBN 978-89-7954-377-3